Jürgen Voigt
Aus dem Logbuch des Raumschiffs Erde

Das Buch zur Fernsehserie

Das vorliegende Buch entstand im Zusammenhang mit einer sechsteiligen Dokumentarfilmserie für das Zweite Deutsche Fernsehen unter dem Titel »Aus dem Logbuch des Raumschiffs Erde«, die 1990/91 in Deutschland, Israel, im Senegal, in Kalifornien und auf den Philippinen gedreht wurde.

Buch und Regie: Jürgen Voigt
Kamera: Helmer Hosch, Siegfried Schmidt; Bernd Dieter Tillmann, Pascal Dieckmann, Lother Geiersbach
Archivmaterial: Peter W. Fera, Folker Winkelmann, Georg Pahl
Ton: Gyula Loczy
Schnitt: Annette Paulmann, Tobias Fraatz
Sprecher: Brita Subklew, Alfred Rücker
Produktionsleitung: Moritz Hansen
Fachberatung: Dr. U. Baum, Saint Louis;
Prof. Dr. P. J. Crutzen, Mainz;
Prof. Dr. H. Graßl, Hamburg;
Dr. U. Horstmann, Kiel;
Prof. Dr. H.-J. von Maydell, Hamburg;
Prof. Dr. H. Mendelssohn, Tel Aviv;
Dr. J. G. Schade, Manila;
Prof. Dr. W. Seiler, Garmisch-Partenkirchen;
Hadas Tamir, Jerusalem
Redaktion: Karl J. Joeressen
Produziert von MULTIMEDIA - Gesellschaft für audiovisuelle Information mbH
im Auftrag des ZDF

Jürgen Voigt

Aus dem Logbuch des Raumschiffs Erde

Lamuv

CIP-Titelaufnahme der Deutschen Bibliothek

Voigt, Jürgen:
Aus dem Logbuch des Raumschiffs Erde : (Begleitbuch zur sechsteiligen ZDF-Serie) / Jürgen Voigt. – Göttingen: Lamuv-Verl., 1991
ISBN 3-88977-257-9

1. Auflage, März 1991

Gesamtherstellung: Steidl, D-3400 Göttingen
Umschlaggestaltung: Gerhard Steidl
Zeichnung (S. 1): Gevehard Frhr. Grote
ISBN 3-88977-257-9

Inhaltsverzeichnis

Im Angesicht der Erde

Geordnet war die Welt
nur in der Musik.
Und die sprach stets
vom Sterben.
Wie schwer wiegt das Los
der zertretenen Assel?
Von der Antwort darauf
hängt auch alles andere ab.

Peter Hamm, Welt-Ordnung

»Ökologie« oder »Umwelt«?

Die beängstigenden Probleme von morgen lassen sich, wenn überhaupt, weder von einzelnen Nationen, noch von isolierten Disziplinen lösen - nur von einer planetarisch handelnden Menschheit und einer interdisziplinär wirkenden Wissenschaft. Auch zu dieser Erkenntnis hat eine Wissenschaft beigetragen, die wie wenige andere der Synthese verhaftet ist: ÖKOLOGIE. Von ihr handelt das vorliegende Buch. Zunächst eine Vorüberlegung:

Ökologie und ökologisch wird im heutigen Sprachgebrauch oftmals gleichgesetzt mit »Umwelt«, »Umweltschutz«, »umweltbewußt« und ähnlich lautenden Begriffen. Ursprünglich haben wir es aber mit zwei recht verschiedenen Denkfeldern zu tun: mit der Ökologie als einer wissenschaftlichen Disziplin - und mit dem Umweltschutz als einer geistigen Haltung.

Wort und Begriff UMWELT stammen von Jens Baggesen, der 1811 bis 1813 dänische Sprache und Literatur in Kiel lehrte und »Umwelt« als deutschen Ersatz für das französische Wort »Milieu« prägte. In die wissenschaftliche Fachdebatte brachte das Wort später der baltendeutsche Zoologe Jakob von Uexküll. Er zeigte, daß jede Mikrobe, jede Zecke - überhaupt jede Tier- und Pflanzenart eine ihr eigene Umwelt habe, nur der jeweiligen Art wichtig und bedeutsam, so etwas wie eine »ökologische Nische«, wie man später sagte.

Umweltschutz hingegen erklärt der Kieler Ökologe Wolfgang Tischler zu einer Frage der Erziehung, »der Geisteshaltung, des Bewußtseins über ökologische Zusammenhänge. Hierbei spielen soziologische Momente wie eingebürgerte Gewohnheiten und Wertungen bei Einzelpersonen und bei Völkern eine große Rolle. Eine wichtige Aufgabe des Ökologen liegt in der Beurteilung der Folgen, welche die Eingriffe des Menschen in eine Landschaft haben können, aber auch in dem ständigen Hinweis, daß sich nichts bessern wird, wenn der Mensch glaubt, auch weiterhin außerhalb der Natur stehen zu dürfen«. Tischler deutet damit an, wie eng die Beziehungen zwischen den beiden Denkfeldern »Umwelt« und »Ökologie« sind.

Ökologie ist eine naturwissenschaftliche Disziplin und somit auf meß- und analysierbare Fakten angewiesen. Name und Begriff stammen von dem Jenaer Zoologen Ernst Haeckel, geprägt zwischen 1866 und 1879, für »Haushaltslehre« (hier liegt die Bedeutung des griechischen Wortes *oykos*). Haeckel wollte die »Physiologie der Beziehungen des tierischen Organismus zur Außenwelt ... Ökonomie, Wohnung, Beziehungen zu anderen Organismen ...« studieren. Später haben deutsche, englische und amerikanische Ökologen das Bild ihrer Wissenschaft ergänzt und erweitert. Der Darmstädter Theoretiker Otto Stocker sprach sogar von einer »Existentialwissenschaft«, denn »Ökologie untersucht die Vielheit der Funktionen, welche die Existenzfähigkeit eines Organismus oder einer biologischen Gesellschaft bestimmen und ermöglichen – kurz, Ökologie untersucht die Möglichkeit eines Lebewesens zu existieren«.

Im Gegensatz zur deutschen Ökologie (mit Unterdisziplinen wie Limnologie, Landschaftsökologie, Stadtökologie, Bodenkunde, Abwasserbiologie, Ökotoxikologie u.v.m.) hat die amerikanische Schule schon frühzeitig auch den Menschen in ihrer »Humanökologie« zum Gegenstand ökologischer Studien gemacht.

Wachsende Angst vor der Zukunft, vor weiterer Umweltzerstörung, vor möglichen »Ökokatastrophen« wie Klimaerwärmung, Ozonloch, Artensterben und so weiter hat inzwischen dazu geführt, daß Ökologen, Toxikologen, Meeresforscher oder Klimatologen vom Bürger beziehungsweise von den Medien um Rat und Erklärung angegangen werden, wie etwa: »Was geschieht, wenn das Öl am Golf brennt, werden die Monsune in Indien ausbleiben?«

Auch der medienfreundliche (und selbst tiefbesorgte) Wissenschaftler ist von solchen Hearings oft überrascht und fühlt sich überfordert in seiner Rolle als »Guru« und Ratgeber der Nation. Sein Studium hat ihn dazu erzogen, messend, wägend, analysierend, beobachtend im Freiland und im Laboratorium Einzellebewesen, Populationen, Stoffkreisläufe und Wirkungsgefüge in den verschiedenen Ökosystemen der Biosphäre aufzuklären. Immer feinere Meßinstrumente sind ihm Werkzeuge, automatisch registrierende Apparate vielleicht und schnelle Rechner. Seine Forschungsergebnisse müssen, häufig nur noch in englischer Sprache, in Fachpublikationen veröffentlicht werden und richten sich an Fachkollegen, selten an die breite Öffentlichkeit. Der Geobotaniker Heinz Ellenberg sah aber schon 1976 ein Defizit und mahnte seine Kollegen: »Die Öffentlichkeit, durch sensationelle Umweltreporte und durch Bürgerinitiativen hellhörig geworden, erwartet weit mehr, als wir Ökologen überhaupt leisten können. Aber wir könnten weit mehr zur Lösung allgemein wichtiger Probleme beitragen, als wir es heute tun. Warum weichen wir so oft in individuell lösbare Teilfragen aus und stellen uns diesen Problemen nicht gemeinsam, planend und einander zuarbeitend?«

Trotz aller unumgänglichen Spezialisierung sind gerade Ökologen, die in Systemen und Vernetzungen zu denken gelernt haben, aufgerufen, das Ihre zur Beantwortung drängender Menschheitsfragen beizutragen. Daß dies, bei gutem Willen auf beiden Seiten, unter anderem auch mit Hilfe der Massenmedien geschehen kann, ist mit ein Gegenstand des vorliegenden Berichts.

Von der Fragwürdigkeit des Fortschritts

Die Älteren unter uns blicken zurück und sagen: Umweltkatastrophen sind nicht neu. Es gab sie schon in den frühen fünfziger Jahren. Nur den Slogan »Umwelt« hatte man noch nicht aufgebracht. Aber hatten wir nicht schon damals die Angst vor dem Genozid durch das gespaltene Atom? Angst vor dem Krieg in Korea, dem Kalten Krieg in Europa? Und weinte nicht mancher um die autofreundliche Kahlschlagsanierung deutscher Altstädte, denen selbst die »Kunst am Bau« nicht mehr helfen konnte?

Viele beklagten einen »Verlust der Mitte«, fühlten sich als »unbehauste Menschen«. Im allgemeinen aber wurden leise Mahnungen zugekleistert vom großen Wirtschaftswunder. Rapides Wachstum verhieß die Lösungen.

1962 schockierte Rachel Carson die amerikanische Öffentlichkeit nachhaltig mit ihrem Giftbericht »Der stumme Frühling«, der einige Jahre später auch Deutschland erreichte. Zum erstenmal mußte der zivilisierte Mensch lernen, daß seine Gifte und Abfälle nicht an den Orten der Tat bleiben, sondern sich heimlich schleichend über die Erde verteilen, sich gar potenzieren in den aufsteigenden Ketten zwischen Produzenten und Konsumenten ersten, zweiten und dritten Grades. Carson lehrte, was es heißt, im Netz gegenseitiger Wechselwirkungen gefangen zu sein. Sie leitete eine Revolution im öffentlichen Bewußtsein ein: vor 30 Jahren!

Im selben Jahr sprachen Lorus und Margery Milne erstmals vom »Gleichgewicht in der Natur«, das zum Beispiel in Australien so nachhaltig gestört worden war durch die uferlose Vermehrung der eingeführten Kaninchen, die dann brutal mit einem Krankheitserreger bekämpft wurden. Für solche und ähnliche Fragestellungen müßte auch in Deutschland Interesse zu wecken sein, glaubten wir 1967 und begannen mit den Vorarbeiten für eine Fernsehserie über ökologische Erkenntnisse in den wichtigen Bereichen »Wasser«, »Boden«, »Luft« und »Pflanzenschutz«. Mir standen damals nur wenige, verstreute Publikationen zur Verfügung, denn die Ökologie war erst dabei, außerhalb der Universitäten und Fachinstitute öffentlich wahrgenommen zu werden. Ökologen wurden gern belächelt als »Blümchenschützer«, »Botanisiertrommler«, »Naturapostel« – Vorläufer sozusagen der heutigen Alternativen.

Was tut der Mann auf dem Stoppelfeld?

Ökologie verstehen – und umsetzen in die Sprache der Medien, das war mit Literatur allein nicht zu leisten. Wir suchten das Gespräch mit dem Wissenschaftler, und wir hatten Glück.

Im Frühherbst 1967 bewohnte Wolfgang Tischler ein bescheidenes Zimmer im beschädigten Flügel der alten Kieler Universität. Ich begegnete dem (meines Wissens) ersten Professor für Ökologie an einer deutschen Universität. Ungeduldig bedeutete er mir, er wolle mir gern sein Fachgebiet erläutern, sei aber im Aufbruch zu seinen Stoppelfeldern. Ein wenig ratlos fragte ich, was er denn dort täte. »Getreidestoppeln sind Winterlager für Kleintiere!« sagte er kurz und verschwand. Am nächsten Tag hielt er mir dann aber eine Privatvorlesung über seine geduldigen Studien an Wallhecken, Ruderalstellen, über die Ökologie der Schmalwanze – alles wichtige Bestandteile der von ihm gelehrten »Agrarökologie«.

»Medienwirksamer« vielleicht als Tischler vermochte der Göttinger Geobotaniker Heinz Ellenberg seine Erkenntnisse zum Wesen und der Bedeutung eines Ökosystems bildhaft vor Augen zu stellen. Begleitet von einem Schwarm jüngerer Zoologen, Botaniker, Bodenkundler, Techniker und uns Fernsehleuten marschierte er durch den Hainsimsen-Buchenwald des Solling. »Ökosysteme sind Wirkungsgefüge von Lebewesen und Umwelt. Sie können sich weitgehend selbst regulieren, halten sich also in einem dynamischen Gleichgewicht. In jedem System sind Stofferzeuger, Verbraucher und Stoffabbauer verschiedener Art durch Kreisläufe miteinander verbunden. Überall, wo der Mensch lebt, wird er Glied von solchen Ökosystemen, ob er es weiß oder nicht. Auf primitiver Stufe ordnet er sich ein und stört kaum. Bald aber greift er ein und verschiebt die Gleichgewichte zu seinen Gunsten – das neue Gleichgewicht ist labiler. Wo liegen die Grenzen eines natürlichen Gleichgewichts, das uns Menschen mitzutragen vermag? Wir wissen es nicht.«

Im Juli 1967 ging es in die Boote. Die mühselige, zeitaufwendige Forschung an winzigen Details war in dieser frühen Zeit der Ökologie vielleicht am besten im ehrwürdigen Max-Planck-Institut für Limnologie (von griechisch limné = See) in Plön zu erfahren. Jürgen Overbeck nahm den Anfänger freundlich an die Hand und erklärte ihm den »geschichteten« Plußsee als Modell eines dynamischen Ökosystems: »Bakterien sind die Katalysatoren im Geschehen des Sees. Wir verbinden Experimente mit Freilanduntersuchungen. Wir können den See nur verstehen, wenn wir seine Stoffwechselmechanismen begreifen.«

Auch Overbeck schlug früh die Brücke von seiner Wissenschaft zu dem, was man heute »Umwelt« nennt: »Sehen Sie die grünen Wolken im Kellersee? Es sind Planktonwolken, hervorgerufen durch menschliche Abwässer, weil die Kläranlage in Eutin längst nicht mehr ausreicht!«

1967, das Jahr unseres Anfangs, stand unter dem Schrekken der zerstörerischen Öltankerkatastrophe der »Torrey Canyon«. Öl als tötende Kraft in Ökosystemen begann ins Bewußtsein der Forschung zu rücken. Im Sommer des Jahres zeigte uns, für mich überraschend und neu, Wilfried Gunkel in der Biologischen Anstalt zu Helgoland, daß es Meeresbakterien gibt, die fähig sind, Öl abzubauen.

Wir sahen Mikro-Öltropfen an der Grenzfläche Wasser-Öl, besetzt mit Bakterien, Abbauversuche in Flaschen und Außenbecken und hörten von den Schwierigkeiten, in der großen, inhomogenen Nordsee die Rolle der Bakterien im Stoffkreislauf des Meeres zu studieren. Ein mögliches Mittel gegen Ölpest sah man in: Torfmull, behandelt mit Stickstoff und Phosphorsäure und gefriergetrockneten Bakterien. Daran knüpften sich auch Hoffnungen der Industrie, Mittel gegen neue Tankerkatastrophen in die Hand zu bekommen. Die Ölteppiche im Golf Anfang 1991 zeigen deutlich, daß auch dieses Problem nicht »im Handumdrehen« gelöst werden kann. Wilfried Gunkel gehört 1991 zu den Fachleuten, die von den Medien dringend um Rat und Erläuterung gebeten wurden.

Die Fortschrittseuphorie der sechziger Jahre begann nach 1973 endgültig zu versickern. Der geachtete »Club of Rome« kennzeichnete ohne Erbarmen die »Grenzen des Wachstums«. Die Energiekrise 1973 rief für ein paar Tage das Erlebnis leerer Autobahnen hervor und den Ruf nach alternativen Energien. Skepsis breitete sich aus, hier und da schon gefolgt vom Pessimismus der Verzweiflung.

Die Auswirkungen menschlichen Handelns, lange zuvor erkannt und gedeutet von der Ökologie, wurden nun von der Öffentlichkeit begriffen. Mancher sorgte sich vor dem Urteil kommender Generationen, die fragen würden: »Warum habt ihr die drohenden Zeichen nicht wahrgenommen?«

Der Physiker und Nobelpreisträger Iliya Prigogine: »Es handelt sich um eine Welt, die wir als eine natürliche verstehen können, sobald wir verstehen, daß wir ein Teil von ihr sind, eine Welt, aus der sich jedoch die alten Gewißheiten verflüchtigt haben. Nirgendwo – weder in der Musik noch in der Malerei, der Literatur oder den Sitten – finden wir ein Modell, das für sich allein Legitimität beanspruchen kann. Überall beobachten wir vielfältige Experimente, deren Ergebnis ungewiß ist und von denen einige gelingen, während andere nur von kurzer Dauer sind. Diese Welt, die anscheinend die Sicherheit von stabilen, dauerhaften Normen aufgegeben hat, ist zweifellos eine gefährliche und unsichere Welt.«

Sie wollen etwas tun

Dieses »Logbuch«, beginnend im Frühjahr 1967, berichtet von einigen Schauplätzen einer gefährlichen und unsicheren Welt und fragt: Was hat sich während der zwei Jahrzehnte geändert in den Erkenntnissen über Ökosysteme, über Ursachen und Wirkungen menschlichen Handelns? Wie könnte (müßte) es weitergehen auf dem Weg in eine lebensfähige Welt? Und es berichtet von Menschen: Bill Davoren in Tiburon, Jürgen Schade in Cantillan, Yael

Dolev in En Gedi, Otto Huber im Rancho Grande, Parez Kardavani in der Kawir, Werner Schindele in Gambia, Siegfried Tluczikont im Ferlo ... Frauen und Männer an so vielen Orten dieses Planeten, die für etwas kämpfen. Für eine saubere Quelle, für ein Stück intakten Waldes, für eine Savanne, für das Weiterleben der Steinböcke, für eine Flußmündung. Mit wenigen Mitteln oft und karger Unterstützung tun »Einzelkämpfer« das Ihre, um Sünden der Vergangenheit zu tilgen, um etwas Lebens- und Liebenswertes zu erhalten. Es ist eine Minderheit, abseits vom breiten Strom der Alltagsmeinungen. Doch ich habe auf meinen Wanderungen viele solcher Menschen getroffen, denen das Überleben eines Stückes Natur wichtiger war als die eigene Karriere, wichtiger oft als die intakte Familie. In welcher Sprache sie sich auch verständigten – allen gemeinsam schien mir das Bedürfnis, die gestörten Beziehungen zwischen Menschen und Umwelten auf irgendeine Weise neu zu ordnen.

Nach bestem Wissen und Gewissen habe ich erzählt, was ich mit diesen Menschen sah und erlebte. Es entstand ein subjektiver, wohl auch emotional gefärbter Reisebericht – keine objektiv-wissenschaftliche Arbeit. Für Fehler und Mißinterpretationen, die mir unterliefen, bin ich allein verantwortlich und dankbar für Kritik wie Ermunterung. Ich möchte, auch mit diesem Buch, allen Dank sagen, die mit Rat und Tat geholfen haben, daß die Filme überhaupt gestaltet werden konnten, auf denen mein Bericht zu weiten Teilen beruht.

Dank sei auch jenen abgestattet, die auf seiten der Sendeanstalten erst die Möglichkeiten schufen, daß Ökologie, Umweltproblematik und Umweltpädagogik in einem beachtlichem Ausmaß öffentlicher Diskussion unterbreitet werden konnten. Dies waren neben anderen: Dr. Irmhild LaNier-Kuhnt vom Westdeutschen Werbefernsehen in Köln; Werner Nowak vom Schulfernsehen des NDR, Dr Ingo Hermann, Karl J. Joeressen und Dr. Walther Schmandt vom Zweiten Deutschen Fernsehen.

Unvergessen sind die Mitarbeiterinnen und Mitarbeiter der Deutschen Gesellschaft für Technische Zusammenarbeit (GTZ) GmbH. Sie haben das Menschenmögliche geleistet, um die Filmarbeiten zu fördern und uns ein realistisches Bild von den Fortschritten, Hoffnungen und Rückschlägen ihrer Projekte zu vermitteln – im Senegal, in Gambia und auf den Philippinen.

Meiner Frau und den Söhnen danke ich für ihre moralische Unterstützung beim Schreiben; Margret Löwi für ungezählte, wohlwollende Kritiken und dem Verleger Herrn Karl-Klaus Rabe für die Sorgfalt, die er dem Buch angedeihen ließ.

Jürgen Voigt, Februar 1991

Regenwälder und Artenvielfalt

»Wir haben nichts zu fürchten, aber viel zu lernen von dem starken, friedlichen Geschlecht der Bäume, das stärkende Essenzen erzeugt und lindernden Balsam und in deren anmutsvoller Gesellschaft wir so viele frische Stunden in Schweigen und Abgeschiedenheit verbracht haben.«

Marcel Proust, Tage der Freuden

Was wollen Sie?

Die tropischen Regenwälder sind überflüssig! Reiner Luxus, den man sich heute nicht mehr leisten kann. Bei den Zeiten, ich bitte Sie. Tropische Regenwälder stehen überall da herum, wo man etwas anderes, Nützlicheres, machen könnte: Straßen bauen oder Städte oder Äcker oder Weiden mit Rindern drauf für die Big Macs, oder wenigstens einen Staudamm, der Strom erzeugt. Die Welt wäre ordentlicher ohne Dschungel mit stacheligen Bäumen, giftigen Schlangen und piekenden Insekten. Die sogenannten Urwaldbewohner? Die Indios in Brasilien, die Negritos auf den Philippinen? Die sollten sich einen nützlichen Job suchen, anstatt Früchte von den Bäumen und Engerlinge aus der Erde zu essen. Paradies, daß ich nicht lache, wir müssen ja auch arbeiten. Das Tropenholz? Kann man zu Furnier machen für Möbel, und damit hat es sich. Ich hab doch Recht, oder? Wie meinen? O.K., ein paar tausend Quadratkilometer kann man einzäunen und gegen Eintritt zeigen, Botanischer Garten, Open-Air-Museum. Das macht sich gut für den Tourismus. Was heißt hier Lebensrechte? Ohne gute Lobby läuft bei uns nichts. Straßen haben ihre Lobby, Dammbauer, Viehzüchter. Aber Wälder? Kennt doch keiner, die brauchen keine Vertretung. Sind auch nicht so rührend anzusehen wie Robbenkinder, wenn sie gekillt werden. Nichts als stumme, dumme Bäume, die wachsen sowieso nach. Also, was wollen Sie?

Der macht Spaß, meinen Sie? Mehr Menschen, als Sie glauben, denken heute so und ähnlich. Aber nicht laut, denn modern ist, wer grün trägt. Was die Sache erschwert: Das Thema steht irgendwo in der Mitte zwischen Ratio und Emotion. Die Nützlichkeitsrationalisten sehen Kubikmeter Holz in jedem Baum, etwas, womit sich wirtschaften läßt. Die Gefühligen möchten sich identifizieren, aber wie. In der Dorflinde kann ich mich wiederfinden, kann gegen Planungsfuzzis kämpfen, die meine Linde abhacken wollen für einen Parkplatz. Aber der Ilo-Ilo-Baum auf Mindanao? Kenn ich nicht, nie gesehen – wie heißt der?

Das öffentliche Lamento um die Vernichtung der tropischen Regenwälder, das ist wie der Mann, der sich soeben das Rauchen abgewöhnte und nun jeden Raucher anmekkert. Wir, die Industrialisierten, haben unser Herz für den Wald ja auch erst vor kurzem entdeckt. Jahrhundertelang haben wir alles abgehackt in Europa, um Flächen zu gewinnen für die Landwirtschaft. Warum enden wohl so viele Ortsnamen mit -rode? Später haben wir dann aufgeforstet wie die Weltmeister. Aber wie! Keine richtigen Wälder sind das vielerorts, sondern trost- und leblose Monokulturen von Fichten. Stangenfabriken.

Stimmen wir also ein in den allgemeinen Chor des Bedauerns über den Verlust der tropischen Regenwälder, aber, wie sagt man – mit einer gewissen Nachdenklichkeit. Die da drüben ihren Bäumen zu Leibe rücken, sind Menschen wie wir, mit ähnlichen Problemen, mit ähnlichen Politikern, mit ähnlichen wirtschaftlichen Sachzwängen. Nur ärmer als wir. Drüben ist Wald ein Kapital, vielleicht das letzte, über das man noch verfügt. Kein Erholungsraum für gestreßte Touristen.

Unsere armen Vettern

Weit abseits aktueller Diskussionen um das Lebensrecht der (immer noch großen) Waldgebiete in den Tropen der Erde steht ein paläontologischer Befund, der manch einen zum Grübeln bringt: Ähnliche Urwälder wie die heutigen haben in sehr ferner Vergangenheit jenes Säugetier hervorgebracht, das sich später »Mensch« nennen würde. Oder märchenhaft ausgedrückt: Der Urwald war unsere Kinderstube. Ist das eine allzu weit hergeholte Argumentation für den Slogan »Rettet den Wald!«? Vielleicht nicht so ganz. Manche unserer anatomischen Eigentümlichkeiten, die wir heute selbstverständlich und mit Erfolg beim Autofahren und im Alltag einsetzen, stammen nämlich aus den Zeiten, da die Vorformen des Menschen (einer trägt den Namen *Dryopithecus*) vor etwa 15 Millionen Jahren durch das Geäst der Bäume hangelten. Mit zwei Errungenschaften des Lebens im Urwald verdienen Artisten im Zirkus viel Geld: Warum stürzt der Flieger beim Trapezakt nicht ab? Erstens, weil die Fähigkeit zum räumlichen Sehen seinen Augen beziehungsweise seinem Gehirn erlaubt, präzise die Entfernung zum Fänger zu messen, in dessen Armen er landen will - und zweitens, weil seine »opponierbaren« Daumen seinen Händen den fest zupackenden Griff gestatten. Räumliches Sehen und opponierbarer Daumen sind evolutionäre Erwerbungen, ohne die ein gewichtiger Waldbewohner beim Schwingen von Ast zu Ast in schwindelnder Höhe nicht überlebt hätte. Er wäre unentwegt abgestürzt und hätte keine Nachkommen gezeugt. Als die Menschenvorfahren dann gezwungen wurden, sich aus dem Schutz der Wälder in die offene, gefährliche Savanne hinauszutrauen (Klimawechsel hatten die Wälder zurückgedrängt), nahmen sie natürlich ihre Errungenschaften mit und setzten sie höchst erfolgreich ein: Mit den Händen den Knüppel festhalten und diesen dem Gegner präzise gezielt auf den Kopf hauen. Fertig. Diese besonderen Fähigkeiten, verbunden mit hoher Intelligenz und beachtlicher Lernfähigkeit, machten aus *Homo* schließlich das erfolgreichste Lebewesen auf dem Planeten.

Diese stark verkürzte Rekonstruktion stammt aus den Fundinterpretationen der Paläontologen an der Oase Al-Fayum/Ägypten und Olduwai/Kenia. Ihrem Urteil zufolge ist *Dryopithecus,* der »Waldaffe«, der Ahnvater aller heutigen Menschenaffen, und *Ramapithecus,* der sich vor zwölf Millionen Jahren aus dem Schutz des Waldsaumes begab, steht am Beginn unseres eigenen Stammbaumes.

Wie das vorzeitliche Walddasein sich ungefähr abgespielt haben könnte, versuchen Verhaltensforscher beispielsweise mit dem Studium heute existierender Primaten zu zeigen: Gibbon, Gorilla, Orang-Utan, vor allem aber Schimpanse *Pan troglodytes*. Er ist unser engster Verwandter, unser »Vetter«. Allan Wilson hat zusammen mit Marie-Claire King die Struktur einer großen Anzahl menschlicher Proteine und der von Schimpansen untersucht. Dabei ergab sich nur ein geringfügiger Unterschied: zu 99 Prozent ist die Proteinstruktur identisch!

Im November 1967 begegnete ich zum erstenmal einem faszinierenden Zoologen und Schimpansen-»Vater« in Amsterdam: Dr. Adriaan Kortlandt. Viele Jahre hatte er schon damit zugebracht, Schimpansen und ihre besonderen Lernfähigkeiten zu studieren; mehrere Expeditionen in die Urwälder Afrikas hatte er unternommen, um sie im Freiland zu beobachten. Nun erzählte er mir begeistert von einer Idee, einer »These«, die er gefunden habe, die ihn so sehr beschäftigte, daß er alles daran setzen wolle, um sie zu bewiesen. »Im Zoo, in freier Wildbahn beobachten wir, wie ähnlich diese Wesen uns sind. Fast könnte man in ihnen die Karikaturen des Menschen sehen. Ihr Gehirn ist etwa so groß wie das des Frühmenschen. Warum aber sind sie im Laufe ihrer Evolution keine Menschen geworden, sondern ›Affen‹ geblieben? Konnten sie nicht? ›Wollten‹ sie nicht, weil vielleicht das Dasein im friedlichen warmen Urwald zu bequem war? Was ist da schiefgelaufen? Ich will es wissen.«

These und Thema klangen spannend wie ein Vorzeit-Krimi. Konnte es möglich sein, daß unsere Vettern im Wald so etwas wie stehengebliebene Menschen waren? Das mußte unterstützt werden. Auch Peter von Zahn, der »Vater« des deutschen Fernsehjournalismus, fand es der Mühe wert. Das Geld für eine halbjährige Expedition nach Guinea, Westafrika, brachten zusammen: die Universität von Amsterdam, Stichting voor Wetenschappelijk Onderzoek van de Tropen, Maatschappy voor Wetenschappelijk Onderzoek in de Tropen, Stiftung Volkswagenwerk, Zoologische Gesellschaft von 1859, Zweites Deutsches Fernsehen.

Auf die lange Reise machten sich: Helmut Albrecht, Jo van Orshoven, Sinclair Dunnett und Peter W. Fera. Es war ein gewaltiges Unternehmen: finanziell, logistisch, physisch und auch psychologisch. Es war die Mühe wert. Einmalige Filmdokumente sind dabei entstanden im Vergleich des Schimpansen-Verhaltens unter den Einflüssen zweier Lebensräume: der Regenwald am Heiligen Berg von Bossou dicht an der Grenze zu Liberia und die Savanne bei

Kanka Sili. Um sie besser unterscheiden zu können, gab das Team seinen Akteuren Namen: Demu, Scotch, Fatú, Aisette im Wald; Konrad, Wotan, Satan, Harma, Ugley und die Hexe in der Savanne.

Mit sehr viel Geduld und Tausenden von Filmmetern konnte das Team das Leben unserer Vettern in Szenen zeigen, die einen tiefen Eindruck hinterlassen. Im Urwald zum Beispiel: Suche, Transport und Aufnahme von Früchten; die Gruppenhierarchie, das Imponieren und Sichdemütigen; den Bau der Schlafnester; die gegenseitige Hautpflege; den Gebrauch von Lianen als Werkzeug; Spiele und lange Lernzeit der Kinder; Mütter lehren, was man essen darf; einen etwas konfusen Angriff auf die Leopardenattrappe. In der Savanne: verschiedene Schältechniken bei Pampelmusen; das Nahrungsammeln der armbehinderten »Hexe«; Furcht vor Skorpionen; wie Mütter ihre Kinder tragen, Greifreflex; ein heftiger, ausdauernder und lauter Kampf gegen die Leopardenattrappe, mit wuchtig geschlagenen schweren Knüppeln; Zerstörung der Attrappe.

Die drei Filme »Unsere armen Vettern« liefen im Januar 1970 im ZDF und wurden anschließend in vielen Ländern gezeigt. Ob sie Kortlandts These beweisen konnten, ist nicht sicher. Kortlandt selbst sagte: »Sie haben gesehen, daß der Abwehrkampf gegen den Leoparden bei den Savannen-Schimpansen heftiger und effektiver verlief als bei den Regenwald-Schimpansen. Wir ersehen hieraus, daß Schimpansen sich auch an offene Savannengelände sehr gut anpassen können. Sie sind von Natur aus in gleichem Maße Savannen- und Urwaldbewohner, Boden- und Baumtiere. Das bedeutet, daß Schimpansen viel menschlicher sind, als man bis vor wenigen Jahren noch geahnt hat.«

Man mag, aus heutiger Sicht, Kortlandts These für eine akademische Marotte halten, obwohl ich glaube, daß hier das letzte Wort noch nicht gesprochen ist. Die Arbeiten an und mit den Schimpansen zeigten aber, wie gefährdet die letzten Vertreter wildlebender Primaten sind, weil ihre Lebensräume unaufhaltsam schwinden. Primaten (auch wir gehören dazu) zeichnen sich aus durch eine hohe Lernfähigkeit. Sie wird erkauft durch eine Lernzeit, die fünf bis sieben Jahre währen kann. In dieser Zeit sind die Jungen angewiesen auf den Schutz ihrer Mütter und der Gruppe, angewiesen auf ein vom Menschen ungestörtes Umfeld. Die abschließenden Sätze aus dem dritten Film der Serie »Unsere armen Vettern« kennzeichnet die Tragweite der Situation Anfang der siebziger Jahre:

»Trotz des strengen Schutzes werden auch im islamischen Guinea immer wieder Schimpansenmütter abgeschossen, damit die Kinder als Versuchstiere verkauft werden können. Eingeborene brachten uns solch ein mutterloses Baby in der Hoffnung, daß wir es retten könnten. Leider ist es uns trotz aller Mühe nicht gelungen, das Kind am Leben zu halten. Es müßte aber dem Menschen gelingen, seine Vettern vor dem Aussterben zu bewahren. Denn das wichtigste ›Tier‹ für unsere Selbsterkenntnis ist der Schimpanse.«

Vielleicht weist man den Vettern umzäunte Reservate zu (wie den Indianern Nordamerikas). Ansonsten wird man die Verwandten nur noch hinter den Gittern der Zoos bewundern dürfen.

Ihre »Tragik«: Sie sind auf Gedeih und Verderb an ihre natürliche Umwelt gebunden; sie vermögen den Urwald, die Savanne nicht für ihre Zwecke zu manipulieren. Der Paläontologe Richard E. Leakey deutet in diesem Zusammenhang die Zukunft des Menschen:

»Vor langer Zeit starben Tiere deshalb aus, weil ihre Umwelt aus welchen Gründen auch immer plötzlich nicht mehr für sie geeignet war. Das kann an klimatischen Veränderungen gelegen haben oder daß sie aufgrund der Überlegenheit von einer anderen Spezies zum Aussterben verurteilt waren. Der Mensch jedoch ist das erste Lebewesen, das die Fähigkeit hat, seine Umwelt substantiell zu verändern. Das bedeutet, daß wir zwar im Laufe unserer Entwicklungsgeschichte den Unbilden unserer natürlichen Umwelt entrinnen konnten, in gewisser Weise sogar von ihr unabhängig wurden, dafür aber heute die Mittel zu unserer eigenen Zerstörung in Händen halten. Es ist dringend notwendig, daß wir uns voll bewußt werden, als Lebewesen zwar etwas

Besonderes, letztlich aber doch Teil eines übergeordneten natürlichen Gleichgewichts zu sein. Wenn wir dies nicht akzeptieren, müssen wir die Frage, wann die Menschheit aussterben wird, mit ›eher früher als später‹ beantworten.«

Das Studium der Ursprünge der Menschheit kann uns entscheidende Hinweise auch für unser Verhalten in der Jetztzeit geben. So gesehen, können die Abenteuer am Heiligen Berg von Bossou auch eine Art Lehrstück sein.

Sind die Wälder noch zu retten?

Uns fehlt der Platz, das umfangreiche Szenarium namens »Regenwald« aufzuführen. Viele Bäume mußten fallen, damit das Papier aus ihrem Holz ausreichte, um tonnenweise Berichte und Anklagen und Analysen zu produzieren, die in allen Sprachen täglich geschrieben und gedruckt werden.

»Klimaschock«, »Artensterben«, »Raubbau«, »Ökozid«, »Fiasko«, »Ausverkauf«, »Kahlschlag« ... gehören zum gewohnten Wortschatz besorgter Berichterstatter. Den Wäldern helfen sie damit nicht, aber es kann niemand behaupten, er wüßte nicht, was sich im fernen Brasilien, in Zentralafrika, auf Borneo und so weiter abspielt. Und faßt sich an den Kopf, wenn er liest, welche haarsträubende »Nutzung« tropischer Hölzer Gerhard Venselow auf Papua-Neuguinea erlebte:

»Bei der Ortschaft Mawan sind die Arbeiten in vollem Gange. *Clear-felling* heißt die Methode, mit der die Japaner die tropischen Harthölzer ›ernten‹. *Clear-felling,* das bedeutet, daß nach dem Fällen nichts mehr von dem übrig ist, was zuvor dort stand: kein Baum, kein Strauch, kein Gras; nichts, nur knietief zerfruchte Erde ... Von der Mühle führt ein Förderband zu einem braunen Berg, gut 30 Meter hoch und mehrere hundert Meter in der Länge und in der Breite: Hier nun liegt der Urwald auf Halde – in kleine Stücke geraspelt. Um 700 Tonnen wächst der Berg täglich an, bis das nächste Schiff kommt, 18 000 Tonnen Späne aufládt und nach Japan fährt. Eine gute Woche dauert die Reise, dann wird der geraspelte Regenwald ›weiterverarbeitet‹ – zu Verpackungsmaterial, zu Kartons für Panasonic-Videorecorder und Sony-Stereoanlagen zum Beispiel.«

Man sollte sich nicht wundern, wenn Menschen in der Dritten Welt angesichts eines solchen brutalen Schwachsinns die Schuld am Untergang der Regenwälder bei den Industrienationen suchen.

Seit geraumer Zeit umkreisen die Wettersatelliten NOAA 9 und 10 ausgewählte Katastrophengebiete wie den südamerikanischen Kontinent und geben fotografische Zustandsberichte. Der Umweltbericht des »Spiegel« vom September 1989 faßt zusammen:

»Ob in Indonesien oder Thailand, ob an der Elfenbeinküste oder in Ghana, in Haiti oder Ecuador – überall verschwinden die tropischen Regenwälder viel schneller, als bisher angenommen. Und fast überall sind es vergleichbare wirtschaftliche und politische Mechanismen, die das Zerstörungswerk begünstigen:

... Skrupellose Holzhandelsfirmen nutzen die Tropenwälder im Raubbau als billige Rohstoffquelle, um die noch immer wachsende Nachfrage nach Harthölzern in den Industrieländern zu befriedigen.

... Internationale Banken und ehrgeizige Politiker in den Tropenländern tragen durch die Förderung überdimensionierter Industrialisierungsprojekte dazu bei, die Wälder großflächig zu zerstören.

... Millionen landloser Bauernfamilien brennen die Wälder nieder, weil ihnen außerhalb der Waldregionen der Zugang zu fruchtbarem Land verwehrt ist. Mindestens 200 000 Quadratkilometer der ökologisch wie ökonomisch gleich wichtigen Tropenwälder, so schätzt die Naturschutzorganisation World Wide Fund for Nature (WWF), fallen jährlich der Säge und dem Feuer zum Opfer.« Eine Fläche fast so groß wie die alte Bundesrepublik. Von den Regenwäldern, die noch 1950 die Erde bedeckten, sind laut »Zeit«-Dossier vom 17. März 1989 über 40 Prozent vernichtet. In den vergangenen zehn Jahren sind in Afrika über 500 000 Quadratkilometer Weideland – ein großer Teil davon ehemaliger Tropenwald – und Baumsavannen zu Wüste geworden.

Weil er gegen den »Holocaust« im Tropenwald kämpfte, mußte der Gummizapfer Francisco »Chico« Mendes am 22. Dezember 1988 sterben. Er stand auf der Todesliste des Großgrundbesitzers Alves da Silva.

Es ist eine Schlacht, die da um Bäume geschlagen wird, und die Truppenstärken sind höchst ungleich verteilt. Gutgemeinte Bewahrungsappelle können das Kriegsglück nicht wenden. Bestenfalls dienen sie der Beruhigung des eigenen Gewissens.

Der Wald, eine besondere Vegetationsform, wird von der Erde getilgt. Niemand scheint das verhindern zu können. Die Weltgemeinschaft könnte sich mit dem Unabänderlichen abfinden und anderen Problemen zuwenden, derer ja genug vorhanden sind. Sie darf es aber nicht, weil zuviel auf dem Spiel steht. Die Bäume, weitab in den Tropen, gehen jeden einzelnen etwas an, denn jeder einzelne der zur Zeit etwa fünfeinhalb Milliarden Erdenbewohner ist den Launen und möglichen Änderungen des Weltklimas ausgesetzt. Wälder und Klima stehen miteinander in engster Beziehung.

Unser sachkundiger Berater in Sachen »Wald« war in entsprechenden Filmprojekten Professor Dr. Hans-Jürgen von Maydell vom Institut für Weltforstwirtschaft und Ökologie in Hamburg. Zu den klimatischen Auswirkungen der Tropenwaldzerstörung schreibt er 1990:

»Sie sind direkt am Standort am deutlichsten spürbar und wirksam. Veränderungen betreffen vor allem den Strahlungshaushalt (Wärmeaustausch) und den Wasserhaushalt. Die tropischen Feuchtwälder wirken wie eine gewaltige Wasserpumpe. Ohne sie kommt es am Boden oft sehr schnell zu einer Versumpfung, in der Atmosphäre aber zu einer Verminderung der Luftfeuchte und damit der Regenfälle, auch in weiter abgelegenen Gebieten (Beispiel Sahelzone). Da der Wald eine Art Schwammwirkung ausübt, erhöht sich nach seiner flächenhaften Beseitigung besonders im Gebirge die Gefahr eines schnellen oberflächlichen

Abflusses hoher Niederschlagsmengen bis hin zu furchtbaren Flutkatastrophen. Inwieweit die Vernichtung tropischer Feuchtwälder Auswirkungen auf das Großklima hat, bedarf noch weiterer, sehr sorgfältiger Untersuchungen. Durch Verbrennen der Wälder im Zuge des Brandhackbaus gelangen jährlich große Mengen an Kohlendioxid, anderen Gasen und Aschen in die Atmosphäre ...«

Professor Dr. E. F. Bruenig, auch er vom Hamburger Institut für Weltforstwirtschaft, macht im November 1989 folgende Rechnung dazu auf:

»Der tropische immergrüne Feuchtwald (Regenurwald) ... ist derzeit noch der größte Speicher von Kohlenstoff in lebender Pflanzenmasse auf der Erde. Brandrodung setzt im ganz groben Durchschnitt je Hektar Rodungsfläche etwa 100 Tonnen C oder 367 Tonnen CO_2 im Brand frei und etwa die gleiche Menge in den Folgejahren durch Abbau nicht verbrannten Holzes und Humusabbau. Außerdem werden Stickoxide, Methan und andere Spurengase freigesetzt. Die nachfolgende Brachevegetation baut zwar gleichzeitig einen C-Vorrat auf, wird aber immer wieder solange erneut gebrannt, bis schließlich eine Grassavanne mit zehn Prozent des C-Vorrats des Urwalds entsteht. Die 90 Prozent Differenz entspricht dem Nettozuwachs an CO_2 in der Atmosphäre. Etwa die Hälfte verweilt dort langfristig und erhöht die Treibhauswirkung.«

Die Bäume brennen, und uns wird wärmer.

Es sind wieder Schlagworte, mit denen man heute die verschiedenen Rollen der Wälder beschreibt: »Klimakammer«, »Chemisches Labor«, »Genbank«.

Truhen voller Schätze

»Es ist, als hätten die Nationen der Welt beschlossen, all ihre Bibliotheken zu verbrennen, ohne nachzusehen, was eigentlich darin steht«, soll Professor Daniel Janzen in seiner Station in Costa Rica geklagt haben, wo er gegen die Waldzerstörung kämpft. Janzen meinte mit den Bibliotheken die unbegreifbar große genetische Vielfalt, die mit den Regenwäldern verlorengeht. Eine Vielfalt, die auch dem Menschen dienlich sein könnte, wenn es denn um den Nützlichkeitsaspekt gehen soll.

Die tropischen Regenwälder sind uralt. Die Evolution hatte viele ungestörte Jahrmillionen Zeit zum »Probieren«. Was dabei herauskam, notiert E. F. Bruenig, einer der besten Waldkenner unserer Tage:

»Auf einem Hektar wachsen im Regenwald bis zu 300 Baumarten und bis zu tausend Pflanzenarten, also doppelt so viele Baumarten, wie in ganz Europa vorkommen. Hundert zufällig ausgewählte Bäume umfassen 60 bis 90 Arten, auf ärmsten Standorten wenigstens 20. In unseren heimischen Wäldern sind es ein oder zwei, wenn es hochkommt, auch einmal fünf oder sechs! Die tropischen Wälder enthalten insgesamt mehr Tier- und Pflanzenarten, als alle anderen terrestrischen Ökosysteme der Welt zusammengenommen. Die Anzahl der auf der Erde lebenden Pflanzen- und Tierarten ist wahrscheinlich größer als fünf Millionen. Von den bekannten Arten kommen 70 Prozent in den Tropen, 50 Prozent im tropischen Regenwald und etwa 30 Prozent in den gemäßigten Klimazonen vor.«

Unersetzliche genetische Reserven, Truhen voller Schätze, drohen verloren zu gehen. Von einer Viertelmillion Blütenpflanzen-Arten wurden bisher nur knapp 5000 richtig untersucht, und 40 000 höhere Pflanzenarten sind akut bedroht, könnten bald ausgestorben sein. Ausgestorben – das bedeutet: weg, verschwunden, für immer. Niemals wiederholt sich die Evolution einer Art. So wird mit jeder, die ging, die Welt um ein Stück ärmer. Für die Nützlichkeitsapostel: Pflanzen enthalten Stoffe – Gifte und Heilmittel. Man kennt sie noch kaum. Aber schon heute soll ein Viertel aller in den USA verschriebenen Medikamente auf Regenwaldsubstanzen basieren. Seit Jahren rüsten Pharmakonzerne teure Expeditionen aus, um in den letzten unberührten Dschungeln nach gewinnträchtigen Substanzen zu fahnden. »Schlecke Cupuacu-Eis, nasche Paranüsse und creme dich mit Pituli-Öl ein«, meldete »Bild der Wissenschaft« fröhlich im September 1989 und meinte den amerikanischen Anthropologen und Unternehmer Jason Clay, der erfolgreich die Gaben des Regenwaldes vermarktet.

Janzens Klage, wir verbrennten etwas, ohne es zu kennen, trifft einen empfindlichen Punkt bei Ökologen. Sie wissen: Trotz allen akademischen Fleißes durchschauen sie noch nicht alle Gesetzmäßigkeiten, die innerhalb der Gesellschaften von Pflanzen und Tieren herrschen. Je artenreicher die Gesellschaften sind, um so schwerer ist es, den Durchblick zu gewinnen.

Dynamisches Gleichgewicht

Wieviel man in einfacheren Systemen lernen kann, erfahren wir in der Nähe von Göttingen. Eine systematische Untersuchung des europäischen Waldes war das sogenannte »Solling-Projekt«. Dieses 1966 begonnene interdisziplinäre Großprojekt wurde von der Deutschen Forschungsgemeinschaft als »Schwerpunktprogramm« organisiert. An ihm beteiligten sich etwa 50 Wissenschaftler aus rund 20 Instituten verschiedener Universitäten, Hochschulen und Forschungsstätten. Offizielles Ziel des Solling-Projekts war die gründliche Analyse verschiedener Land-Ökosysteme und ein Vergleich ihres Funktionierens und ihrer Leistungen. Wir haben damals die Anfänge ökologischer Systemforschung im Solling gefilmt und lernten dabei Heinz Ellenberg kennen, den imponierenden Nestor dieses wichtigen Zweiges der Ökologie.

● Reise-Tagebuch, 27. August 1968. Wie eine lernbegierige Schulklasse wandern Ökologen, Bodenkundler, Zoologen und andere Fachleute mit dem Fernsehteam durch den sonnendurchflirrten Buchenwald mit seinen himmelhohen, schlanken Buchen. Wenn es etwas zu sehen gibt, versammelt sich die Klasse um den Lehrer, und Heinz Ellenberg doziert:

»Meine Herren, dies ist ein sogenannter Hainsimsenbuchenwald. Da sehen Sie grasartige Pflanzen. Wenn man sie genauer anschaut, dann sind das keine Gräser, sondern Hainsimsen, die spinnwebige Haare auf der Oberfläche haben. Diese und wenige andere Pflanzen, die auf saurem Humus gedeihen, sind die Begleiter des Buchenwaldes. Auch die Tierwelt ist verhältnismäßig einfach und arm. Das ist der Hauptgrund, weshalb wir dies gewählt haben. Es ist ein einfaches Modell einer trotzdem naturnahen Lebensgemeinschaft. Wir wissen noch viel zuwenig vom normalen Funktionieren wichtiger Ökosysteme; denn das sind überaus komplexe, vielseitige und dynamische Gebilde.«

Fast alles, was wir sehen und erleben, ist neu, ungewohnt. Ständig stolpert man über im Laub versteckte Kabel und Insektenfallen. An den Bäumen sind die merkwürdigsten Meß- und Fanggeräte befestigt. Bis hinauf über das Kronendach ragt der Meßturm aus Stahlrohr. Seine Instrumente registrieren Windgeschwindigkeiten in verschiedenen Höhen, Feuchtigkeits- und Temperaturschwankungen, eingestrahlte Sonnenenergie. Zweige lebender Bäume stekken in kleinen Klimakammern, um die Produktion der grünen Blätter bei der Fotosynthese zu messen. In der Rechenanlage wird der CO_2-Gehalt analysiert. Zoologen fangen Spinnen, Käfer und Springschwänze lebend in Marmeladengläsern. Bodenkundler untersuchen die Waldstreu und die Zersetzerkette. Rehe lassen sich nicht blicken, ihnen ist der Wald zu laut. Später faßt Ellenberg verständlich und einleuchtend zusammen, was man über ein Ökosystem weiß:

»Ökosysteme sind Wirkungsgefüge von Lebewesen und Umwelt. Sie können sich weitgehend selbst regulieren, halten sich also in einem dynamischen Gleichgewicht. Jeder Wald, jede Wiese, jeder See ist ein solches System, in dem Pflanzen, Tiere und Mikroorganismen in mannigfacher

Weise zusammenwirken. Stofferzeuger, -verbraucher und Stoffabbauer verschiedener Art sind durch Kreisläufe miteinander verbunden. Riesige Systeme bilden die Ozeane mit ihrer weltweiten Zirkulation und ihren mehrere Kilometer mächtigen Tiefenschichten. Alle anderen Ökosysteme umfaßt als größtes die Biosphäre, das heißt der belebte Teil der Erdrinde einschließlich der Gewässer sowie der Luft, die mit beiden in Austausch steht. Überall, wo der Mensch lebt, wird er Glied von solchen Ökosystemen, ob er sich dessen bewußt ist oder nicht. Auf primitiver Stufe ordnet er sich den natürlichen Regulationssystemen unter und stört sie kaum. Er existiert etwa wie ein omnivores, allesfressendes Wirbeltier, das sich teils von Pflanzen, teils von Tieren ernährt, die es zu erbeuten vermag. Bald aber beginnt er, in die natürlichen Gleichgewichte einzugreifen und sie einseitig zu seinen Gunsten zu verschieben. Er rodet zum Beispiel den Wald und kultiviert Pflanzen, oder er öffnet für sein Vieh Weideflächen mit Feuer und Werkzeugen. Ganz neuartige Ökosysteme vermag er zu schaffen, teils mit der Natur, teils gegen sie. Was diese vom Menschen geschaffenen Ökosysteme von den meisten natürlichen unterscheidet, ist die Tatsache, daß sie in besonders hohem Maße von anderen Systemen abhängig sind. Ihr Gleichgewicht ist daher labiler und ihre Auswirkung auf andere Systeme gefährlicher. Gerade dies wird der heutigen Menschheit immer mehr bewußt. Wie weit dürfen wir unsere Umwelt belasten, ohne sie auf die Dauer für uns selbst oder unsere Nachkommen unerträglich zu machen? Wo liegen die Grenzen eines natürlichen Gleichgewichts, das uns Menschen mitzutragen vermag?«

Ellenbergs Worte, vor mehr als 20 Jahren gesprochen, machen allzu deutlich, wie weit die Lücke sich spannt zwischen fundierten Erkenntnissen ökologischer Zusammenhänge und alltäglichem menschlichen Handeln. Die Grenzen eines dynamischen Gleichgewichts, das uns Menschen mitzutragen vermag, sind wohl längst überschritten worden.

Das im Solling Gelernte übertragen auf den Regenwald. Dazu noch einmal E. F. Bruenig:

»Der tropische Regenwald ist auf der Erde das artenreichste, mannigfaltigste, komplexeste und dynamischste Ökosystem, das danach strebt, seine Struktur und Organisation bis an die Grenzen der Tragfähigkeit des Standorts zu entwickeln. Störungen durch Einflüsse von außen oder durch interne Prozesse zwingen das System zur Zurücknahme und Anpassung, die nicht selten katastrophenartig erfolgen. Das Verhalten dieser Ökosysteme nach menschlichen Eingriffen ist vielartig und vielschichtig, weitgehend indeterministisch und nicht vorherzusagen, und es erfordert zum Verständnis neuartige systemanalytische Forschungsansätze.«

Zusammenfassend und passend zu unserer nächsten Geschichte schreibt Bruenig: »Der tropische Regenwald ist das allgemeine, umfassende, grundsätzliche System im Humboldtschen Sinne, wo im engsten Raum die Mannigfaltigkeit der Erscheinungen und Natureindrücke ihr Maximum erreichen.«

Bevor wir auf den Spuren des großen Naturforschers Alexander von Humboldt in Venezuela reisen, lassen wir Hans-Jürgen von Maydell einige Worte zur Bestimmung der Begriffe sagen:

»Zumindest sollte unterschieden werden zwischen:

... immergrünem tropischem Regenwald, dem eigentlichen Regenwald, mit meistens über 2500 bis maximal 10 000 Millimeter Jahresniederschlag,

... halbimmergrünem tropischem Feuchtwald, der regelmäßig eintretende ausgeprägte längere Trockenperioden aufweist und in dem dann die Bäume des Oberstandes ihre Blätter abwerfen,

... wechselgrünem tropischem Feuchtwald, der aufgrund geringerer Niederschläge (1500 bis 1800 Millimeter) und langer Trockenzeiten bei den meisten Bäumen und Sträuchern jahreszeitlich unbelaubt ist.

Hinzu kommen bodenwasserbedingte Waldtypen wie:

... Mangrovenwald an Meerküsten und in Flußmündungen,

... Sumpfwälder verschiedener Beschaffenheit,

... Ufer-, Auen- und Galeriewälder sowie Überschwemmungswälder (zum Beispiel im Amazonasgebiet).

Außerdem unterscheidet man Wälder des Tieflands, Bergwälder, Wolkenwälder, Wälder der Hochlagen bis zur Waldgrenze.

Einem dieser Waldtypen begegnen wir im Norden Venezuelas.

Riese auf tönernen Füßen

Sogar in der nüchternen Ökologie haben manchmal noch Märchen Platz: Es war einmal ein Diktator. Der hieß Juan Vicente Gomez. Er hatte, wie das bei Diktatoren vorkommt, große Ideen. Und er befahl: Baut mir ein Luxushotel in den Wald – dort, unter dem Paß El Portchuelo, wo die Raststätte mit den Eseln steht! Von Maracay im Tiefland über die Kämme hinweg nach Ocumare de la Costa verlief nämlich ein schmaler Eselspfad, und in der Station Rancho Grande konnten Tiere und Menschen sich von den Strapazen der Reise erholen. Der Diktator – auch das kommt vor – brauchte einen sicheren Fluchtweg, man kann ja nie wissen. Und ließ den Eselspfad zur Autostraße ausbauen. Wo die Esel rasteten, ließ er ein riesiges, halbrundes Hotel mit 120 Zimmern errichten, mitten im Urwald. 1935, das Hotel stand noch immer im Rohbau, starb der Diktator, und alles blieb liegen, wie es war. In die Appartements mit den leeren Fensterhöhlen zogen Korallenottern, Frösche, wurzelten Farne und Büsche. Der Urwald war dabei, Menschenwerk wieder zuzudecken.

Dann kam, 1945 und 1946, der Botaniker Wiliam Beebe von der Zoological Society of New York nach Rancho Grande, fand das einsame Urwaldhotel nützlich und ließ ein paar Zimmer fertigstellen. So entstand ein Forschungszentrum, die »Estación Biológica de Rancho Grande« am Südhang des östlich daran anschließenden Gebirgszuges des Pico Guacamayo (1850 Meter) und des Pico La Mesa (2300 Meter). Hier ist das Märchen vorläufig zu Ende.

Wir sind in Venezuela/Südamerika. Inmitten dessen, was Fachleute mit »Wolken- oder Nebelwald« bezeichnen. Geographischer Ort: der zentral-westliche Teil der Küstenkordillere. Sie trennt die Region des Karibischen Meeres im Norden von den Schwemmlandebenen (»Llanos«) des Orinoco-Beckens im Süden des Landes.

Der Nebelwald von Rancho Grande liegt im Herzen des 1937 gegründeten ersten venezuelanischen Nationalparks, der seinen Namen zu Ehren des großen Botanikers Henri Pittier trägt. Die Fläche: über 100 000 Hektar strikt geschützter echter Urwald. Ein seltenes Refugium also zum sorgsamen Studium eines uralten Lebensraums.

● Reise-Tagebuch, 25. November 1976. Mit dem Auto braucht man drei bis vier Stunden von Caracas, der supermodernen Hauptstadt, über Maracay zum Hotel des Diktators.

Zuckerrohrfelder bis zum Horizont im Tal des Aragua. Sie haben längst die Spuren jener kleinen Karawane verwischt, mit der Alexander von Humboldt, Venezuelas wissenschaftlicher Entdecker, im Juli 1799, das Land bis hinunter zum Orinoco bereiste, zusammen mit seinem genialen Begleiter, dem Zeichner Aimé Bonpland. Auch heute noch begegnet man überall im Land dem Geiste des großen Alexander – ein heimlicher Nationalheld.

Auf seinen Spuren hat ein bedeutender Wissenschaftler mehr als 300 Expeditionen unternommen: Volkmar Vareschi. Wir fragten den intimen Kenner und Liebhaber südamerikanischer Pflanzen- und Tierwelt nach seinem Urteil:

»Der Wald ist älter als wir Menschen. Der Wald hat den Boden geschaffen, von dem wir leben, und er zieht sich zurück, wenn wir zu viele werden. Was hier und vielerorts auf unserer Erde geschah, hat J. Jacquot in großartiger Vereinfachung einmal so ausgedrückt: *Die Wälder gehen den Völkern voran, die Wüsten folgen ihnen nach.* Dieser Urwald ist für die dort lebenden Indios noch ein Lebenssystem, dem sie sich einordnen, ohne es zu stören; für den Waldbauern an seiner nördlichen Grenze der feindliche ›Monte‹, den er mit Feuer und Axt bekämpft und gegen den er seine

Freistatt tagtäglich verteidigen muß; für den Forstmann ein noch heute schier unlösbares Problem – vor allem, wenn er ihn nutzen will, ohne ihn für immer zu zerstören; für den Forscher Offenbarung und Abenteuer; für viele Pflanzen und Tiere eine seit Jahrmillionen immer gleichgebliebene Umwelt, die Heimstatt wahrhaftiger ›lebender Fossilien‹, die sonst überall in der Welt längst ausgestorben sind; und für die Menschheit unserer Zeit eine der letzten Lebensquellen, die noch frei fließen. Das ist einmal in dem Sinne gemeint, daß uns der Wald jene Urbilder der Schönheit und Geduld zeigt, die wir gerade heute so notwendig brauchen. Es ist aber auch in einem ganz sachlichen Sinne gemeint: Ohne den Atem der Wälder genügen 35 Jahre, um aus unserer Erde einen unbewohnten Planeten zu machen.«

Nachdem Vareschi darauf aufmerksam gemacht hat, daß Urwaldblumen oft leuchtend rot sind, weil Rot die Farbe ist, die Vögel am besten wahrnehmen können und Vögel die häufigsten Bestäuber dieser Pflanzen sind, kommt ein bemerkenswerter Satz: »Erlebnisblinde Leute nennen den tropischen Optimalwald ›die grüne Hölle‹. Für mich ist dieser Wald der Himmel auf Erden – vielleicht nicht der einzige, aber sicherlich der, auf den am meisten Verlaß ist.«

Von Vareschi stammt auch die bildhafte Charakterisierung des Urwalds: »Riese auf tönernen Füßen«. Solch ein Riese an Reichtum der Vegetation mit 40 Meter hohen Bäumen steht auf einer wenige Zentimeter dünnen armen Bodenschicht. Dazu später mehr.

Vareschi hat Schüler. Einen besonders begabten Botaniker lernen wir kennen und schätzen, denn er hat über den Nebelwald promoviert: Otto Huber wird Kameramann Peter W. Fera und Assistent Jörg Schalk in seinem »Reich« herumführen. – Auf der Hotelterrasse sortiert der Tiroler seltene Pflanzen, die er im Wald gesammelt hat. Damit sie besser zu transportieren sind, preßt er sie zwischen die Blätter alter Zeitungen. So beginnt jede ökologische Forschungsarbeit: sammeln, bestimmen, katalogisieren möglichst vieler verschiedener Arten, die im Ökosystem vorkommen.

Ein paar Meter weiter unten an der Straße lagern Touristen. Jeden Sonntag während der Trockenzeit kommen sie von Maracay hier herauf und erfüllen den Wald mit Lärm und heißer Musik. In das feuchte Dunkel der Bäume wagen sie sich nicht, wissen nur vom Hörensagen, daß es hier Jaguare geben soll, Affen und krebsfressende Füchse.

Mit einem schmerzlich geringen Etat und wenigen Instrumenten versehen, versucht Huber, in diesem Nationalpark seine ökologischen und ökophysiologischen Untersuchungen durchzuführen. Dazu gehören auch Messungen des Lichtfaktors im Inneren des Nebelwaldes, um zu sehen, ob das verfügbare Licht im Wald ein »begrenzender Faktor« sein könnte. Von März bis Mai und von September bis November fallen hier die Sonnenstrahlen senkrecht ein, in den übrigen Monaten leicht schräg. Regenzeit herrscht von April bis Oktober, Trockenzeit von November bis März. Das Jahresmittel der Niederschläge ist in 1680 Metern Höhe 2000 bis 2200 Millimeter. Die Temperaturen liegen zwischen 18 Grad im Januar und 21 Grad im August. Die ökologische Hauptrolle spielt hier der Nebel. Während eines großen Teils des Jahres taucht der Nebel alles zwischen 900 und 1800 Metern Höhe in milchiges Grauweiß. Er kommt pünktlich zwischen 17 und 18 Uhr am Abend und bleibt bis in die frühen Morgenstunden. Feiner Nieselregen dazu: Die Luft ist gesättigt mit Wasserdampf. Er ist so dicht, daß nichts verdunsten kann.

Während Huber seine 50 x 50 Meter großen Testparzellen besucht, die er in verschiedenen Höhenstufen des Waldes abgesteckt hat, um die Vegetation darin zu kartieren, polkt der junge Amerikaner Bob Gottschalk im »Hotel«-Labor mittels einer Zange grinsend seine hochgiftige rot-schwarzgestreifte Korallenotter aus dem Plastikgefäß, um sie dem Kameramann vorzuführen.

»Als ich hierher kam, hatte ich vom Tropenwald keine Ahnung. Jetzt bin ich dankbar, daß man mich das alles lernen läßt.«

»Die freundlichen Schlangen sind hochgiftig, wurden Sie nie gebissen?«

»Leute, die barfuß gehen, werden oft gebissen, ich nicht. Wissen Sie, was mich reizt, sie sind so unglaublich spezialisiert. Zwei Spezies fressen nur Schnecken, die grüne da kleine Nager. Einige leben nur am Boden, andere klettern, wieder andere leben auf Bäumen, einige am Wasser, andere in trockenen Gebieten. Viele sind nachtaktiv und sehr schwer zu finden.«

»Was wollen Sie herausfinden?«

»Ich habe acht Fallen aufgestellt und laufe ständig im Wald umher, um nachzusehen, was drin ist. Auf 100 000 Hektar existieren etwa 40 Spezies von Schlangen, die alle ihre Nahrungsprobleme haben. Wie verteilen die 40 Spezies den verfügbaren Raum unter sich, die Beute, das Wasser, die Schutzplätze, so daß keine direkte Konkurrenz zwischen ihnen auftritt?«

Gottschalk hängt seine Korallenotter mit Plastiksack an die Briefwaage und notiert: Gewicht 39 Gramm abzüglich Beutel. Bodentemperatur 19 Grad.

Wir verlassen den angehenden Reptilienexperten und besuchen Paul Schwarz in seiner Klausur, umgeben von Tonbändern und modernsten Tonbandgeräten und Parabolspiegeln. Paul war eigentlich Ölexperte. Dann hatte er vom Öl genug und wurde Tropenvögel-Gesangsspezialist. Um saubere Töne für die später gepreßten Langspielplatten zu bekommen, richtet er Parabolspiegel auf die unscheinbaren Piepmätze im Gezweig und läßt das Gerät laufen. Hunderte verschiedener Gesänge hat er in 20 Jahren gesammelt. Auch Venezuelas Nationalvogel gehört dazu: »Turpial«, *Icterus icterus,* ein Stärling wie *Psarocolius angustifrons.* Ein Fink ist dabei: *Zonotrichia capensis,* die Taube *Leptotila verreauxi,* der Grünhäher *Cyanocorax yucas,* der Laubwürger *Cyclarhis gujanensis,* die Drossel *Turdus nudigensis* und der Haus-Zaunkönig *Troglodytes aedon,* der überall zu finden ist. Der Hamburger Zoologe Prof. Koepke, dem ich die Vogelnamen verdanke, erzählte mir 1977, er habe in einem Gebiet von zwei Quadratkilometern Urwald 400 Vogel- und 300 Schmetterlingsarten gefunden sowie 70 Arten von Fröschen.

● Reise-Tagebuch, 16. Dezember 1976. Rancho Grande. Mit Otto Huber und seiner Frau durch die klebrige, alles durchdringende Nässe der dichten, stacheligen Vegetation, aufwärts den Pfad entlang, den man kaum erkennt, zu einer abgesteckten Parzelle: »Das größte Problem für jeden Ökologen oder Botaniker hier ist die erdrückende Artenfülle des Nebelwaldes. Wie soll man das alles identifizieren, katalogisieren? Man brauchte Jahre, Jahrzehnte. Ich konnte nur einen kleinen Anfang machen.«

Parzelle B. 500 Baumstämme auf dem Hektar, 40 bis 50 Baumarten, zwei Stockwerke. Die dicken Stämme sind über und über mit Epiphyten überwachsen. Nirgendwo sind sie so reich und bunt vertreten wie hier. Epiphyten sind keine Schmarotzer; sie benutzen die Bäume und Äste nur als Standorte. Manche senden Luftwurzeln viele Meter lang zum Boden herab, um Wasser und Nährstoffe wie mit einer Leitung emporzusaugen. Manche dieser seltsamen bunten Pflanzen haben Methoden entwickelt, das nährstoffreiche Wasser in Wurzelknollen aufzuspeichern oder von dem zu existieren, was sie auf der Rinde des besetzten Stammes finden. Wieder andere der schönen Orchideen und Ananasgewächse bilden aus verfaultem Laub und Humus richtige Mini-Lebensräume, in denen sich allerlei Kleingetier aufhält, manchmal sogar Vögel ihre Nester bauen. Die leuchtenden Epiphyten sind wohl das Wunderbarste, was der Nebelwald zu bieten hat. Mit dem Wald würden auch sie verschwinden.

»Da sehen Sie, wie der ganze Baum mit Epiphyten überwachsen ist, mit Moosen und Orchideen, Ericaceen und Rubiaceen, jeder Quadratzentimeter, weil hier immer der Nebel vom Norden her durchstreicht.« Huber ist ein guter Erklärer, den auch Nichtfachleute verstehen. »Schauen Sie da, der Blauglanz – das ist eine Wachsschicht in der obersten Epidermis. Man weiß noch nicht, welche Funktion der Blauglanz hat, aber er ist sehr häufig in den Pflanzen des Unterwuchses, besonders bei der Familie der Gesneriaceen. Das hier ist eine Besleria.«

Überall im Bergnebelwald begegnet man den seltsam zeltartigen Stelzwurzeln. Ein Trick der Evolution, wozu? »Es ist wohl vor allem eine mechanische Funktion, also der Halt im Boden. Es könnte aber auch sein, daß sie eine Atmungsfunktion übernehmen. Hier die auffallenden Lentizellen - man nahm bisher immer an, daß durch sie Atmung erfolgt, aber das ist fraglich. Die Stelzwurzeln haben die Fähigkeit zur Regeneration: Sobald man eine abhackt, bildet sie sofort wieder jüngere Nachtriebe aus, die dann bis hinunter in den Boden hineinwachsen und sich im Boden verankern.«

Fünf Uhr. Wie Gespenster weben grauweiße Nebelschwaden ins Geäst, hüllen ein wie Leichentücher. Wissenschaftlich: Feucht-warme Luft von der Karibischen See strömt am nördlichen Rand der Kordillere empor, kühlt sich dabei ab und bildet Wolken. Nur noch verschwommen ahnt man die Stechpalmen, die so charakteristisch sind. Forscher, die vor hundert Jahren zum erstenmal solche Bilder sahen, gaben später zu, tief bewegt gewesen zu sein. Nüchterne Wissenschaftler erlaubten sich den Ausdruck: Das ist ein gespenstischer Märchenwald. Alles ist so irreal wie die Kulissen Hollywoods, und dann glaubt man wieder, in einem zu engen Gewächshaus zu stehen, der Modergeruch hilft bei der Vorstellung. Alles trieft und tropft.

Otto Huber und seine Frau (sie fertigt die schönen übersichtlichen Waldzeichnungen) begannen mit dem Protokoll eines Ökosystems. Sie zeigen uns, was es auf sich hat mit Vareschis Bemerkung von den »tönernen Füßen«. Auch hier, wie in jedem tropischen Feuchtwald, wird das Leben regiert vom raschen Umsatz der Nährstoffe. Was von oben herabfällt, wird von Pilzen und Bakterien im Handumdrehen zersetzt und den feinen Wurzeln der Vegetation wieder zur Verfügung gestellt. Es bleibt einfach keine Zeit zur Bildung einer tiefen, nährstoffreichen Humusschicht wie in den Wäldern des kühlen Europa.

Huber sticht den Boden ab. Unter einer etwa fünf Zentimeter dicken Schicht des Fallaubs sehen wir eine nur drei Zentimeter dünne und dicht durchwurzelte Schicht Rohhumus. Je tiefer Huber gräbt, desto weniger Wurzeln. Darunter steht nur noch sandiger Lehm.

Bei näherer Betrachtung sehen wir, wie schnell das gefallene Laub von den Mikroorganismen zersetzt wird. Dies ist das Merkwürdige: Die Überfülle der Bäume und Büsche gedeiht auf einem armen, ja unfruchtbaren Boden. Mehr als 90 Prozent der Nährstoffe dieses Systems sind in seiner Vegetation gespeichert, nur zehn Prozent im Boden und in der Tierwelt. Auch deshalb reagiert dieser Waldtyp so empfindlich auf Eingriffe des Menschen. Man sagt, im Urwald sei der »Nährstoffkreislauf« so gut wie geschlossen. Ihn abzuhacken, um den Boden zu pflügen – hier lohnt es nicht!

Conuqueros

Es gibt verschiedene Namen für die »Nutzung« tropischer Waldflächen für den Ackerbau. »Wandernder Brandhackbau«, englisch »Shifting Cultivation», »Brandrodung«, einheimisch »Conuquo« in Venezuela, »Kaingin« auf den Philippinen.

Außerhalb des Nationalparks filmte Peter Fera Conuqueros bei der Arbeit. Es sieht einfach aus. Sie schlagen ein Stück Wald kahl, lassen das Holz trocknen und zünden es an. Mit der Asche gelangen ein paar Nährstoffe in den Boden. Auf ihrem neuen Conuquo errichtet die Familie ein einfaches Haus und pflanzt mit Hacke und Holzpflug etwas Zuckerrohr und Mais, Maniok und Kaffee und zuletzt, wenn der Boden ausgelaugt ist, noch Bananen. Der Conuquero bleibt nicht. Er zieht nach wenigen Jahren weiter, rodet erneut Wald, pflanzt, erntet und sucht eine neue Stelle für den Lebensunterhalt. Seine Spuren verwischen sich nicht. Kleine, verstreute Kahlschlagsflächen vermag der Wald in Jahrzehnten zurückzuerobern. Wenn aber weite Gebiete vom Wald entblößt werden, dörrt die heiße Tropensonne den Boden aus, und die heftigen Niederschläge der Regenzeit schwemmen ihn zu Tal: Bodenerosion.

Otto Huber bat mich, ein wenig zu relativieren: »Die Conuquo-Wirtschaft ist für zahlenmäßig begrenzte Indio-Populationen die beste und auch einzig mögliche Landbebauungsart, weil die gefällten Flächen klein sind, vom Wald umgeben bleiben, so daß dieser nach Aufgabe der Bewirtschaftung die freie Fläche wieder besiedeln kann. Das Desaster der Conuquo-Wirtschaft besonders in den tropischen Gebirgen wurde erst durch die weißen Siedler verursacht, die die Waldrodung in viel zu großem Stil durchführten, so daß die Regenerationsfähigkeit des Waldes nicht mehr zur Entfaltung kommen kann. Außerdem fehlt dem weißen Siedler (damals zur Zeit der Kolonisation wie leider auch heute) das technische »Know-how« der Conuquo-Wirtschaft, das bei Eingeborenen instinktiv vorhanden ist. Das zeigt sich deutlich bei der Wahl des Standorts für die zu rodende Fläche: Der Indio weiß genau, auf welcher Stelle im Wald es sich lohnt, einen Conuquo zu eröffnen, und wo nicht; der weiße Siedler hat immer aufs Geratewohl abgeholzt, wobei sich oft erst nach dem Fällen herausstellte, daß der Boden zu steinig oder zu schwach ist für Anpflanzungen.«

Hans-Jürgen von Maydell ist anderer Ansicht: »Gelegentlich wird behauptet, daß diese Art der Landnutzung in ursprünglichen Gesellschaften mit nur geringer Bevölkerung je Waldfläche geradezu optimal angepaßt und ökologisch gesund sei. Das ist völlig falsch. Brandrodung ist im tropischen Regenwald immer zerstörerisch. Ob sie trotzdem ›tragbar‹ ist, hängt von ihrem Ausmaß ab. Gut ist sie nie, und mit schnell wachsender Bevölkerung wird sie zu einer vernichtenden Lawine… Die Armut der ständig wachsenden Bevölkerung ist die wichtigste Triebkraft zur Zerstörung der tropischen Feuchtwälder. Nur durch eine wirksame und dauerhafte Überwindung dieser Armut besteht eine reelle Chance zur Rettung des Tropenwaldes.« Wie Armut zu überwinden sei: Eine Frage ohne Antwort.

Einige Pflanzen, die Otto Huber im Rancho Grande untersuchte

STECHPALME *Bactris setulosa,* sehr häufig
STELZWURZELPALME *Dictyocaryum cf. fuscum,* häufig
FIEDERPALME *Chamaedorea pinnatifrons,* bis drei Meter hoch, häufig
FIEDERPALME *Geonoma pinnatifrons,* bis fünf Meter hoch
FIEDERPALME *Geonoma simplicifrons,* sehr häufig
FIEDERPALME *Geonoma spinescens,* lokal häufig
BAUM *Gyranthea caribensis Pittier,* bis 50 Meter hoch
BAUM *Graffenrieda latifolia,* neun Meter hoch, Charakterbaum
BAUM *Siparuna pittieri,* niederer Baum, Blattsaft wohlriechend
BAUM *Ficus tonduzil,* häufig, lange Blätter
BAUM *Pourouma sp.*
BAUM *Piper cf. tenue,* niedrig
BAUM *Cinchona henleana,* häufig
»SCHOPFBÄUMCHEN« *Psychotria agostini,* charakteristisch im Unterwuchs
»SCHOPFBÄUMCHEN« *Psychotria macrophylla,* sehr häufig
STRAUCH *Aphelandra micans,* häufig im Unterwuchs
STRAUCH *Pseuderanthenum sp.,* bis ein Meter hoch, dichte Bestände bildend
STRAUCH *Centropogon speciosus,* selten
STRAUCH *Besleria mucronata,* häufig im Unterwuchs
STRAUCH *Clidemia ostrina,* bis vier Meter hoch, im Unterwuchs
STRAUCH *Cybianthus venezuelanus,* im Unterwuchs
STRAUCH *Piper caracasanus,* häufig, sehr große Blätter
STRAUCH *Coussarea pittieri,* bis fünf Meter hoch, häufig, endemisch im Rancho
STRAUCH *Hoffmannia apodantha,* niedrig, krautige Blätter
STRAUCH *Schoenobiblos daphnoides,* niedrig
KLETTERNDER EPIPHYT *Anthurium longissimum*
KLETTERNDER EPIPHYT *Philodendron cf. impolitum*
HOCHKRAUT *Dieffenbachia maculata,* häufig, bis 1,50 Meter hoch
HOCHKRAUT *Spathiphyllum lanceaefolium,* häufig
HOCHKRAUT *Asplundia goebelli,* palmähnlich, sehr häufig, bis 1,50 Meter
HOCHKRAUT *Helioconia acuminata,* häufig
FARN *Tectaria plantaginea,* niedrig
FARN *Danea alata,* häufig
FARN *Danaea augustii,* selten
GRAS *Pariana stenolemma,* stellenweise häufig

Im Lande der Dipterocarpaceen

Wenige Tropenländer können es sich – wie das reiche Venezuela – leisten, ihre Feuchtwälder unter Schutz zu stellen; denn der Unterhalt eines Nationalparks kostet viel Geld und setzt ein geordnetes Verwaltungs- und Überwachungssystem voraus. Und weniger allgemeine Armut. Wenn totaler Schutz nicht möglich ist, sind dann die Wälder automatisch zum Untergang verurteilt – oder bieten sich Alternativen an? Das fragt man sich heute auf den Philippinen, und wir wollten sehen, ob Antworten gefunden wurden und wie sie lauten.

Der Inselstaat der Philippinen erstreckt sich vom 4. bis zum 20. Grad und besteht aus 7100 Inseln, wovon ungefähr 2000 bewohnt sind. Die Landesfläche beträgt 300 000 Quadratkilometer. Das Klima ist tropisch mit Jahresdurchschnittstemperaturen in Meereshöhe von 25 bis 27 Grad. Die Niederschläge liegen in den meisten Gebieten über 2000 Millimetern. Auf den Philippinen leben rund 59 Millionen Menschen, die sehr ungleichmäßig über die Landesfläche verteilt sind. Die Bevölkerung steigt mit jährlich 2,7 Prozent rapide an. Der Pro-Kopf-Anteil am Bruttosozialprodukt betrug 1986: 437 US-Dollar. Über 40 Prozent der Deviseneinnahmen müssen jährlich für Zinsen und Tilgung der Auslandsverschuldung aufgewendet werden.

Nach einer Übersicht von J.-F. Kirchhoff und K. Uebelhör besteht die natürliche Vegetationsbedeckung der Philippinen aus immergrünen Feuchtwäldern. In Gebieten mit ausgeprägter Trockenheit finden sich auch Übergänge zum regengrünen Feuchtwald. Mehr als 3000 Baumarten kommen vor, doch die Wälder der Tief- und Mittellagen (bis 1000 Meter über NN) werden beherrscht von der Familie der *Dipterocarpaceen*.

Über die brodelnde Hauptstadt Manila ließen sich Romane schreiben. Wir begnügen uns mit Skizzen: Hier gibt es die heile, die heitere Welt zum Anfassen und Liebhaben, und sie hat überall auch die Kehrseite einer anderen Realität. Kinder in den Slums am Stadtrand, Kinder, denen niemand etwas schenkt, weil niemand etwas hat. Eine Welt, die ihrem Nachwuchs kaum mehr bieten kann als den Kampf um das nackte Überleben von einem Tag zum nächsten. In ihren überfüllten Quartieren aus Holz und Wellblech sind die Filipinos beschäftigt mit den unlösbaren Problemen ihres Landes: bohrende Armut, zweistellige Inflationsraten, Korruption und die ewige Angst vor dem nächsten Putsch der Militärs. Ein Zustand andauernder Krise. Auch Erdbeben gehören dazu. Armut und Prostitution sind Nachbarn, hier wie überall in Ostasien, wo der Sextourismus floriert. Schlepper, viele aus Europa, versprechen den hübschen Mädchen die begehrte Heirat ins Ausland. Am Ende steht dort für sie allzu oft nur die Prostitution. Familien auf den Müllbergen träumen davon, so bald wie möglich auszuwandern in die Hochburgen des Kapitalismus, nach Kanada, nach Australien, nach Deutschland. Bloß weg aus einem Land, das nur wenigen die Chance geben kann, den Teufelskreis zwischen Arbeitslosigkeit und Armut zu durchbrechen. Wer will von einer Zukunft sprechen, auf die hin zu planen wäre, wenn Kindern nur noch Abfall bleibt, der sie krank macht und ihnen die Menschenwürde nimmt. Viele Beobachter sehen auch hier die Anzeichen einer Resignation, einer Müdigkeit, die das Land erfaßt hat, das allgemeine Empfinden: Wir können es ja nicht ändern!

● Reise-Tagebuch, 12. März 1990. Manila ist nicht der Ort, nach Lösungen für das Verschwinden der Wälder zu suchen. Wir verlassen die Metropole, nicht ungern, Richtung Negros-Oriental. Mit der erstaunlich modernen philippinischen Luftflotte ist das »Inselhüpfen« kein Problem. Landung auf dem bescheidenen Flugplatz der Hauptstadt Dumaguete. Ein besseres Dorf mit zwei Geschäftsstraßen, einer grünen Plaza und einer bedeutenden Hochschule: Silliman-University, von einem Amerikaner 1902 als Dorfschule gegründet und bezaubernd gelegen im waldumstandenen Campus. Die Studenten erscheinen mit dem einzigen Transportmittel des öffentlichen Verkehrs – den gänzlich überfüllten, motorgetriebenen, überdachten und bunt geschmückten Dreirädern.

Silliman

Uns empfängt und führt die Vizepräsidentin: Betty Abregana, geistvoll, attraktiv, engagierte Dozentin in Sachen Ökologie und Ethnosoziologie. Im Auto stellt sie fest: »Wir von der Silliman-University suchen ganz bewußt die Zusammenhänge herzustellen zwischen den Komponenten ›Unterricht‹, ›Forschung‹ und ›Ausweitung unseres Tätigkeitsbereiches‹. Unsere Fakultätsmitglieder diskutieren Umweltprobleme auf interdisziplinärer Ebene. In vielen Klassen gibt man den Studenten Gelegenheit, die Kommunen aufzusuchen, Exkursionen zu machen, damit sie ihre Informationen aus erster Hand bekommen. Wir sind zu vielen Ökosystemen der Insel gefahren. Die Meeresforschung gehört dazu, die Untersuchung küstennaher Zonen und unsere Agroforst-Projekte im Tief- und Hochland. Wir versuchen alles, um die Umwelt zu schützen.«

»Womit sind Sie im Augenblick beschäftigt?«

»Die Stadtverwaltung von Dumaguete hat mich gestern ersucht, einer Arbeitsgruppe beizutreten, die den Zustand unseres Flußsystems untersucht. Es ist stark belastet, kaputt. Verursacher sind die Hausbesitzer der näheren Umgebung. Diese Gruppe hat soeben eine Gesellschaft zur Entwicklung der Banicas gegründet. ›Banica‹ ist ein altes Wort im Dialekt Cebuano und bedeutet sowohl eine Farm wie auch ein Flußufer. Ich kann jetzt mit beiden Seiten eng zusammenarbeiten: mit der Regierung und privaten Initiativen. Das wird unseren ökologischen Anliegen helfen.«

Im Schatten der hohen alten Bäume des Campus fühlt sich der Fremde ein wenig wie in Stanford, Kalifornien. Zeitzeugen berichten mit Schaudern von den SS-Methoden der Japaner, die während der Besetzung der Philippinen durch Japan im Zweiten Weltkrieg die Gebäude von Silliman als Hauptquartier benutzten. Japaner sind auch als Touristen noch heute nicht allzu gern gesehen.

Nachdenklich und resigniert meint Betty Abregana: »Wir Filipinos sind ständig auf der Suche nach einer Identität, aber wie sollen wir sie finden? Jeder arbeitet für sich allein –

Zur Verständigung auf den Philippinen: Landessprache und erste Fremdsprache in den Schulen ist Englisch. Auf den 7100 Inseln gibt es 110 in Kultur und Sprache verschiedenartige Volksgruppen. 80 Prozent der Bevölkerung sprechen acht der über 80 Sprachen und Dialekte, die zur malaiisch-polynesischen Sprachfamilie gehören. Die Nationalsprache ist *Tagalog,* auch *Filippino* genannt. Darüber hinaus gibt es noch sieben malaiisch-polynesische Hauptsprachen: *Cebuano, Ilongo, Leytean, Pampango, Pangalato.*

niemand für alle, und jeder sucht das große Glück woanders. Junge Leute, die hier graduieren, sehen zu, daß sie irgendwoanders einen Job bekommen, am liebsten in Amerika, wo sie besser zahlen. Uns fehlen die Leute dann, es ist ein *brain-draining.* Und unsere Umwelt? Sie ist nichts als Ressource. Haben Sie schon bemerkt, daß man hier keine Vogelstimmen hört? Alles, was Vogel ist, wird abgeschossen, von den Kindern, mit dem Gummikatapult; das haben sie von ihren Vätern gelernt. Das einzige, was Sie hier hören, sind die Schreie der Kampfhähne an jeder Ecke. Das ist die große Leidenschaft der Filipinos: Wetten abschließen auf den Sieg des eigenen Kampfhahns. Sie verwetten Haus und Hof dabei. Aber das Schlimmste ist, daß uns die Studenten weglaufen, so viele gute Projekte können nicht zu Ende geführt werden.«

Diese, offenbar unaufhaltsame, Entwicklung hat auch dazu geführt, daß Professoren wie Frau Abregana ihre Forschungsprojekte am liebsten allein und mit hoher Energie verfolgen. Zu diesen Idealisten gehört auch der Mann, den man uns nun vorstellt: Rowe Cadeliña. Auf den ersten Blick ein zäher, ausdauernder Kämpfer, der sich mit den trostlosen Gegebenheiten nicht abfindet. Forschung betreiben: Ja – aber vor allem den Landsleuten helfen, aus dem Teufelskreis herauszukommen.

»Die Wälder gehen den Völkern voran«

● Reise-Tagebuch, 14. März 1990. In grauer Morgenfrühe steht Cadeliña mit dem alten Jeep vor der Tür. Der Wagen ist eng, die Federung käme niemals durch den TÜV, die maroden Straßen voller Löcher und Verkehrskonkurrenten. In Serpentinen geht es aufwärts ins Landesinnere. Negros Oriental liegt im Herzen der Region Central Visayas und besteht vorwiegend aus 1300 Kilometern Küste. Die Landschaft ist geprägt von endlosen »rollenden« Hügelketten und wenigen höheren Bergen, welche die Provinz vor heftigen Regenfällen und verheerenden Winden des Südwest-Monsuns bewahren. Die Bauern produzieren Zuckerrohr, Mais, Reis, Gemüse, Tabak. Kleinbetriebe züchten Muscheln, Austern und Krebse.

Wohin der Blick reicht von den Serpentinen, nichts als in Reihen gepflanzte Palmen, Pflanzungen, kahle trockene Hügelkuppen. Cadeliña hält an, er hat einen alten Bekannten gesehen. Sie unterhalten sich im unverständlichen Dialekt der Gegend. Cadeliña übersetzt: Ja – der alte Mann war früher Straßenbauer. Vor 40 Jahren, erzählt er, war hier nichts als dichter, fast undurchdringlicher Wald. Aber dann kamen die Logging-Companies mit ihren Lizenzen und schlugen alles kahl. Ja, er könnte es bezeugen, es war wirklich ein richtiger Wald, wohin man sah.

Nach zwei Stunden lähmender Rüttelpartie nähern wir uns Cadeliñas Projekt: Cangguhub, Mabinay. Doch der Wissenschaftler hält noch einmal an. »Ich möchte Ihnen meine Freunde zeigen!« Auf schmalen Pfaden, durch Gestrüpp und Dornen folgen wir ihm bergauf. Die Sonne brennt schmerzhaft. Auf einmal steht, malerisch gegen den hellen Himmel, aber irgendwie verloren und fehl am Platz, eine kleine strohbedachte Holzhütte auf dünnen Pfählen. »Negritos«, sagt Cadeliña, »meine besonderen Freunde.« Etwas beklommen, dieses Gefühl, zum erstenmal den kleinwüchsigen Ureinwohnern des Landes zu begegnen. Menschen, deren Vorfahren in den Wäldern lebten, lange vor jeglicher Zivilisation. Freundlich sind sie, die »Ata«, wie sie selbst sich nennen, eine Familie, die Mutter mit vier kleinen Kindern, der geduldige Wasserbüffel vor dem Häuschen, ein paar Hühner, ein Schwein und wenige hundert Quadratmeter Land zum Bebauen. Nun, da man ihnen die Wälder nahm, sind sie gezwungen, Ackerbau zu betreiben, so gut sie es vermögen – gegen die drückende Konkurrenz der cleveren Neusiedler aus dem Tiefland, den »Cebuanos«. Stumm schauen die dunklen Kinder den Fremden an. Das Bild einer Zukunft ohne Hoffnung.

Die Ata

Ihre Vergangenheit liegt im dunklen. Bekannt in der »zivilisierten« Welt wurden sie nach 1521, als die »Trinidad« vor Cebu Anker warf. Globetrotter Ferdinand Magellan taufte die Gegend »St. Lazarus«. Die Ata trauten dem Frieden nicht, ihr Häuptling Lapu-Lapu erdolchte den Weltumsegler und steht deshalb heute auf einem heroischen Denkmal.

Zehn Jahre nach dem Attentat wurde der Archipel umbenannt in »Die Philippinen«, und die Kolonialherren machten aus der Idylle unter tropischer Sonne allmählich eine katholische Dependance mit Schulen und Kirchen.

Das Schulsystem ist noch heute in gutem Zustand. Magellans Erben teilten die fruchtbaren Landstriche unter sich auf und regierten als Oberkaste. Bis heute ist an diesem System noch jeder Versuch zu einer sinnvollen Bodenreform gescheitert. Zur Pflanz- und Erntezeit versammeln sich Heere von Tagelöhnern (auch Negritos unter ihnen) auf den weiten Zuckerrohrfeldern; obwohl Zucker, dank der EG mit ihrem Rübenzucker, auf dem Weltmarkt kaum noch einen Preis hat.

Vor der Zeit, da Magellan sich in das Buch der Geschichte schrieb, existierte in den Feuchtwäldern ein kleinwüchsiges, kraushaariges Völkchen, lebte bescheiden und genügsam von der Jagd, der Sammelei und der Brandrodung. Den spanischen Herren fiel für die seltsamen Leute kein besserer Name ein als *Negritos* – kleine Neger. Sie näher zu erforschen, machte kaum jemand sich die Mühe. Sie besaßen kein Gold, das man rauben, keine Tempel, die man zerstören konnte. Außerdem hingen die Leute animistischen Vorstellungen an und wollten von ihnen nicht lassen. Kaum Spuren hinterlassend, trabten sie durch die Wälder, huldigten ihren Geistern und Medizinmännern. Waren die kleinen Menschen glücklich? Niemand fragte sie. Bis eine Handvoll Anthropologen die Ata entdeckten, als Forschungsobjekte, über die man Artikel und Bücher schreiben konnte wie über die einheimischen Tiere und Pflanzen.

Nach den umfangreichen Forschungen Rowe Cadeliñas, Betty Abreganas, Enrique Oracions und anderer stellt das Bild der Ata sich etwa so dar:

Sie waren einst eine egalitäre Gesellschaft: Der Wald und die Ressourcen in den Gemeinden waren das Eigentum des Kollektivs. Ein primitiver Kommunismus wurde getragen von einem animistischen Glauben, der das Eigentum an allen Ressourcen in die Hände der Geister legt. Es herrschte eine lockere Führerschaft, geknüpft an Medizinmänner und religiöse Führer, denen man enge Beziehungen zu den Geistern nachsagte. Das einfache Haus gehörte dem Ata/Negrito, aber es wurde nur auf Zeit gebaut und klaglos wieder verlassen. Das einfachste Haus baute man an einem Tag: Morgens sammelte man das notwendige Material, nachmittags band man es zusammen, und abends war das Dach fertig.

Kein Haus war angefüllt mit Hausrat, der getragen werden mußte, wenn der Eigentümer den Standort wechselte. Die Menschen beschieden sich mit dem Nötigsten: ein paar Kleidungsstücke, Ruhematten, kleine Nahrungsbehälter, Fischnetz, Pfeil und Bogen, Speer, Bolos. Mit ihrer Drill-Methode konnten sie rasch Feuer machen und eine Mahlzeit in der Höhlung des grünen Bambus kochen.

Bis in die frühen fünfziger Jahre bestand die »Kaingin«-Methode (Brandrodung wie »Conuquo« in Venezuela) aus dem Schlagen der Bäume, trocknen, brennen, pflanzen, ernten im Rotationsprinzip von fünf Jahren. Beispiel: Um ein Feld anzulegen, werden »Cogon«- *(Imperata cylindrica)* und »Talahip«-Gräser *(Sacharum indicum)* ausgerodet, kompostiert oder verbrannt. Büsche wie »Agonoy« *(Chromolaena adorata)* werden geschlagen, getrocknet und verbrannt. Dies alles zwischen März und April. Die Pflanzperiode heißt »Panuig«. Den Mais erntet man im August. Danach, im September/Oktober, wird die zweite Saat vorbereitet, deren Früchte im Januar reif sind.

Vor und nach den Ernten sammelten die Ata wilde Wurzeln, Früchte, Honig, Fische, Muscheln und Krebse. In den Wäldern jagten sie Wildschweine, Hühner, Rehe, Affen und Wildkatzen. Von Bakterien und Infektionen wußten sie nichts. Häufige Schnittwunden und Hautkrankheiten behandelten sie mit traditioneller Medizin. Bei schwereren Erkrankungen wurden die »Mananambal« (Medizinmänner) gerufen. Sie gaben Pflanzenmedizin und zelebrierten Rituale gegen die Geister.

Die Kernfamilien waren eng geschlossen. Der Vater erzog den Sohn, die Mutter die Tochter. Bei den Entbindungen halfen Verwandte, auch der Mann. Scheidung war erlaubt, aber nicht üblich. Von Geschiedenen und Verwitweten wurde erwartet, daß sie wieder heirateten. Ältere kranke Leute wohnten zumeist mit einem verheirateten Sohn oder einer Tochter zusammen. Es herrschte Arbeitsteilung. Frauen und Mädchen sammelten und fischten; junge und ältere Männer jagten mit Hilfe des Jagdhundes, dem einzigen domestizierten Tier, und stellten die Fallen.

Der Tod wurde akzeptiert als Teil des Lebens. Der Tote wurde unter dem Haus bestattet und dies dann verlassen.

Über Jahrtausende brachten es die Ata in den Feuchtwäldern fertig, nach ihren einfachen Traditionen zu leben, zu überleben, indem sie sich jeder längeren Berührung mit Nicht-Negritos entzogen. Eine vergessene Minderheit, die niemanden störte.

Das änderte sich zwischen 1894 und 1900. Cebuanos, also Nicht-Negritos, wanderten aus dem Flachland in die höheren Regionen von Negros. Organisierte Baumfäll-Betriebe und Brandroder aus dem Tiefland schlugen nach und nach die Wälder kahl. Dies zwang die Negritos, wollten sie überleben, ihrerseits die Brandrodung zu intensivieren. Später erschienen Massen bäuerlicher Einwanderer und praktizierten ihre Intensivlandwirtschaft. Fazit: Heute sind noch 17 Prozent der Gebiete von 1960 mit einigermaßen intaktem Feuchtwald bedeckt – kleine, verstreute Waldflächen inmitten des Graslandes mit wenigen Büschen. Aber auch sie sind kein Primärwald mehr, sondern sekundär, tertiär. Das Grasland zwischen den Waldflächen trocknet schon in den ersten Monaten der Trockenzeit aus. Eine wirtschaftlich nutzbare Flora und Fauna gibt es nicht mehr.

Freies Land wurde knapp. Von den Tieflandeinwanderern ins Innere getrieben, verwandelten die Negritos sich gezwungenermaßen in Kultivierer. Sie versuchten zu überleben, doch unter welchen Bedingungen? Heute sind Gummikatapulte bei ihnen populär, mit denen Kinder und Erwachsene Vögel jagen. Die alten Wildschweinhäute und Geweihe sind Erinnerungen an die Vergangenheit. Durch den Mangel an freiem Land verloren sie die gewohnte Sicherheit. Sie mußten ihren Kommunismus aufgeben und den Umgang mit Privateigentum »erlernen«. Die Negritos befinden sich inzwischen in einem fortgeschrittenen Zustand der »Ent-Tribalisierung«

Die Ureinwohner wurden zu schlecht bezahlten und oft verachteten Hilfskräften der wohlhabenderen Cebuanos. Nur wenige Negritos haben das Geld und ausreichend Land für das Arbeitstier, den Wasserbüffel (Carabao) oder den Eisenpflug. So pflegt oft ein Negrito den Wasserbüffel eines Cebuano. Der erste Nachwuchs gehört dann ihm, der nächste dem Besitzer. Der Negrito darf mit dem Wasserbüffel sein Feld pflügen, aber ein Drittel der Ernte geht an den Eigner. Die wichtigste Einkommensquelle für den Ata ist heute die Lohnarbeit auf den Großfarmen der Cebuanos und zur Saat und Ernte auf den Latifundien der Zuckerfarmer. Das Ökosystem der Urbewohner ist eine Kette von kahlen Hügeln mit Mais, Kokospalmen und Zuckerrohr.

Die allzu oft unzureichend ernährten Negritos sind mit der Zeit immer abhängiger von den neuen »Landesherren«

geworden. Auch das Tabu gegen die Mischehe brach zusammen. Oracion schätzt, daß es auf Negros gegenwärtig nur noch 42 Prozent »reinblütige« Negritos gibt, dafür 48,4 Prozent Mestizen (Nachkommen aus Ehen zwischen Negritos und Cebuanos). Außerdem gibt es Verbindungen zwischen Negritos und Mestizen und zwischen Mestizen und Cebuanos. Die Urbewohner wurden vom Strom der Tiefland-Cebuano-Kultur eingesogen.

Es gibt aber Forscher, die ernsthaft glauben, die Negritos könnten noch eine wichtige Rolle bei einer möglichen künftigen Wiederaufforstung des Landes spielen. Schließlich sind sie intime Kenner der einheimischen Vegetation. Anthropologen testeten beispielsweise die Überlebensfähigkeit von Samen und fanden heraus, daß die von Negritos gepflanzten Samen eine weit höhere Überlebensrate hatten als die von Cebuanos gepflanzten. Das hatte keiner vermutet. Negritos - die »Naturerhalter«?

Einsichten, die zu spät kommen. Der Druck der wachsenden Tieflandbevölkerung und ihr Mangel an bebaubarem Land bedeuten das Aus für ein Urvolk, das zu lange sein freies Dasein im Wald verbracht hatte - in einer ökologischen Isolation lebte, um sich im Laufe von zwei oder drei Generationen umzustellen und anzupassen. Die Negritos sind die Statisten eines Dramas, wie es sich bei allen Alt- und Stammesvölkern der Erde abgespielt hat oder gerade abspielt.

Unser Plan war, einen der letzten, halbwegs intakten Lebensräume der Negritos zu filmen, die Vulkanseen *Balinsasayo* und *Danao* in 830 Metern Höhe im Südosten der Insel. Dort sollte es noch den ursprünglichen *Dipterocarpaceen*-Urwald geben.

Die Bergspitzen rundum erreichen 1800 Meter Höhe. Die Einheimischen nutzen die Wälder dort als Ressource für Brennholz, Heilpflanzen und Orchideen. Die Reise in die unwegsame Wildnis sollte höchst strapaziös sein, sagte man. Doch dann kam Cadeliña mit der entmutigenden Nachricht: Keine Chance, der Wald droben steckt voller aufständischer Truppen. Wir können es nicht riskieren, Sie dorthin zu fahren, sorry!

Hilfe in kleinen Schritten

Kein Abenteuer also; dafür ein Blick in den Alltag der kleinen Schritte. Kampf gegen Erosion, Kampf gegen Verarmung und Abwanderung.

Cadeliña ist ein Kind des Landes, er kennt, wie kaum einer, die Sorgen und Überlebensprobleme der Kleinbauern. Wer den Weg nicht weiß, würde gar nicht hinfinden: *Cangguhub,* ein Flecken voller Aktivität inmitten kahler Hügelketten. Julieta Vicada, auch sie vom Forschungszentrum der Silliman-University, kocht den Gästen Kaffee, bereitet mit den Mädchen einen frugalen Imbiß. Die praktische Hütte hat eine Kochstelle, Schlafräume und einen überdachten Vorplatz mit Bänken und Schreibtafel für die Stunden des Unterrichts.

Cadeliña: »Die Kahlschläge wirken sich mit Sicherheit auch auf das Klima aus: Wir spüren es hier. Es wird wärmer und vor allem trockener.«

»Wälder machen sich ihren Regen selbst«, zitiere ich einen Forscher, der mir entfallen ist.

»Wir müssen daran gehen, den Wald wenigstens zu simulieren durch großflächige Aufforstungen mit *gemelina,* Mahagony *(Dipterocarpaceen)* und *acacia mangium.* Aber die Pflanzungen sind gefährdet, einmal durch streunendes Vieh, das die Jungpflanzen verbeißt, dann durch die Grasfeuer in der Trockenzeit.«

Cadeliña führt uns auf den Feldern herum. Farmer sind dabei, die Reste der letzten Ernte zu beseitigen und die Felder vorzubereiten für die nächste Saat.

»Wir versuchen, den Farmern zu zeigen, wie sie mit verschiedenen Verfahren die Bodenerosion in den Griff bekommen. Sie ist hier im Hügelland ja besonders gefährlich. Wir bauen mit ihnen gemeinsam niedrige Mauern aus lockerem Gestein ringförmig um die Hügel. So entstehen Terrassen, die die Erde festhalten. Zweite Stufe: Wir experimentieren mit kombiniertem Anbau – Mais parallel mit Bohnen etwa, das hat sich sehr bewährt.«

»Wie ist hier die Beteiligung an Ihrem Projekt?«

»Nicht schlecht. Einige Familien haben so gute Erträge, daß sie schon etwas davon verkaufen können. Aber es gibt auch welche, die stehen nur herum und sehen zu. Wir dürfen als Wissenschaftler nie vergessen: Wir können nicht *gegen* die Leute arbeiten! Wir müssen ihre Weltsicht begreifen und von ihren Bedürfnissen lernen.«

Das Beste hebt er sich bis zum Schluß auf: »seine« Mühle. Man kann sie weithin hören. Der einfache Flachbau steht auf freiem Gelände. Drinnen eine Technik wie aus den Anfängen der Industrialisierung. Der Lkw-Motor treibt ein Dutzend verschiedener Transmissionsriemen, die ihre Drehungen weitergeben an das Mahlwerk und die Schüttelsiebe. Einfach, leicht zu reparieren, idiotensichere Technik nach Schumachers Motto »Small is beautiful«. Der Zweck? Die Kleinbauern bringen ihre Maisernte hierher und lassen sie für ein paar Pfennige ausmahlen. Cadeliña hat errechnet, daß seine Mühle sich schon in sechs Monaten rentiert. Und es kommt ein wenig Geld unter die Leute. Sie können es in einem kleinen Shop ausgeben, der zur Mühle gehört. Ein Heer kleiner und kleinster Kinder stellt sich lärmend für die Kamera in Positur – die Geburtenexplosion droht, auch solche kleinen, sinnvollen Schritte zur Wiederbelebung irgendwann wieder in Frage zu stellen. Das gilt, leider, nicht nur hier in den abgelegenen Hügeln des Hochlands von Negros.

Wir machen uns wieder auf die Reise, den langen Weg zurück nach Dumaguete. Und haben viel Zeit, über die Widersprüchlichkeiten nachzudenken, die sich hier und in den meisten Ländern der Dritten Welt Tag für Tag auftun zwischen den kleinen Möglichkeiten und den riesigen Realitäten.

Förster, eine gefährdete Spezies

● Reise-Tagebuch, 17. März 1990. Auf dem Flug von Manila nach Tandag auf der Insel Mindanao. Schon aus der Luft bekommt der Reisende, falls es ihn interessiert, einen lebhaften Anschauungsunterricht für die unersetzbare Rolle, die der Regenwald in den Beziehungen zwischen der Erde und der Atmosphäre spielt. Klar abgegrenzt zu anderen waldlosen Inseln, steht über dem waldreichen Mindanao eine dichte graue Wolkendecke. Der Wald hat gewaltige Mengen Feuchtigkeit ausgeschwitzt und in die Luft geschickt, wo sie Wolken formt und irgendwann als Regen wieder niedergehen wird. Über den entwaldeten Inseln geschieht genau dieses nicht; ihr Himmel ist wolkenlos, die Sonne dörrt die Erde aus.

Zur Einstimmung in die Aufgaben, die vor uns liegen, lese ich im Text einer Rede, die der Sprecher des Komitees für Naturschätze, Jerome Paras, 1988 gehalten hat. Er benennt die Probleme mit bemerkenswerter Klarheit:

»Es war der Mangel an Vorausschau. Als wir noch große Wälder besaßen, haben wir das Rohholz zu niedrigsten Preisen an Entwicklungsländer verkauft, um Devisen einzunehmen. Um mehr Geld zu verdienen, haben die Konzessionäre (Firmen, denen das Holzschlagen von Staats wegen erlaubt ist) immer größere Flächen abgeholzt. Wir haben unsere Holzressourcen praktisch verschenkt, wir dachten nicht daran, wieviel mehr wir hätten verdienen können mit dem Verkauf von Halbfertigprodukten. Lange hat die philippinische Holzindustrie an ihre nicht versiegende Rohstoffquelle geglaubt. Der Zustand heute: 16 Millionen Hektar oder 53,3 Prozent unserer Landflächen sind Waldland. Vor einer Generation noch war es zum größten Teil mit Urwäldern bedeckt, die reich waren an tropischen Harthölzern. Heute werden noch 5,5 Millionen Hektar davon als Waldgebiete eingeordnet, aber nur noch etwa eine Million Hektar davon ist Ursprungswald. Mit den Wäldern verschwand auch der Mythos, die Philippinen seien reich an natürlichen Ressourcen. Wenn in den nächsten zehn Jahren nichts Einschneidendes geschieht, werden wir keine Handelshölzer mehr haben.

Wichtiger als die kommerziellen ist die Kette der ökologischen Folgen, die die Abholzung nach sich zieht, sie gehen uns alle an. Ungebändigte jahreszeitliche Überflutungen wechseln sich ab mit extremen Dürren, die Böden erodieren, die Gewässer versalzen. Wassermangel und Versalzung verurteilen milliardenteure Bewässerungsanlagen zum Scheitern. Sedimente füllen schon die Stauseen unserer größten Dämme Ambuklao und Binga. Die Entwaldung senkte den Grundwasserspiegel. Auf Negros und Cebu muß man heute tief graben, bevor man auf Grundwasser stößt. Die Erosion wiederum führte zum Verlust wertvoller Nährstoffe in den einst fruchtbaren Böden. Heute zählen die Philippinen zu den Ländern mit der niedrigsten Bodenfruchtbarkeit. Nach den Zahlen der Weltbank erwirtschaftet die philippinische Landwirtschaft durchschnittlich 500 US-Dollar pro Hektar (China: 2000; Taiwan: 4000; Südkorea: 5000).

Ein Teufelskreis ist in Gang gekommen. Nachlassende Produktivität der Landwirtschaft mit rapidem Bevölkerungswachstum treibt Millionen Filipinos in die Berggebiete, auf der Suche nach Lebensunterhalt – viele mit Hilfe des Kaingin und illegalem Holzeinschlag. Die Waldzerstörung geht weiter, die Bevölkerungsdichte steigt. Bei uns kommt eine Person auf 0,52 Hektar, in Indonesien auf 1,05, in Malaysia 2,02, in Thailand 0,96. In drei Jahren werden wir dreimal so dicht bevölkert sein wie China. Heute muß unser Land 56 Millionen Menschen ernähren, in zehn Jahren werden es 80 Millionen sein.

Unsere Förster müßten – wie manche Pflanzen in den Wäldern – zu einer vom Aussterben bedrohten Spezies werden.«

Surigao del Sur

Mindanao gehört zum Philippinischen Archipel, aber irgendwie scheint die Insel außerhalb dieser Welt zu liegen. Hier ist nichts zu spüren von der motorqualmenden Hektik Manilas oder Cebus. Eine – fast – noch heile Landschaft mit Äckern, friedlichen Wasserbüffeln, löcherigen Sandpisten, steilen Küstensäumen und viel, sehr viel Wald.

In den bescheidenen Dörfern immer das gleiche Konzert – ein vielstimmiges Kikiriki unzähliger stolzer Kampfhähne, wohlgepflegt ein jeder, der Stolz des Besitzers. Der hockt manchmal mitten auf dem Weg, seinem »Feind« gegenüber, und zwei Hähne gehen aufeinander los, als ginge es um Leben und Tod. Andere Männer drumherum, Wetten abschließend. Ein Volkssport, der manchen Europäern so fremd erscheint wie der spanische Stierkampf.

Im ratternden Landrover ist an belehrende Diskussionen nicht zu denken. Unsere Berater, die deutschen Forstwissenschaftler Dr. Jürgen Schade und Dr. Hans-Jürgen Kirchhoff, warten mit den Erklärungen ihres Projekts, bis wir unser Standquartier erreicht haben. Unter den bewaldeten Bergen der weite, grüne Rasenhof der Logging-Gesellschaft »Sudecor« in Puyat Carmen, Surigao del Sur. In einer weiträumigen Halle aus Holz sind die Wände geschmückt mit lyrischen Wandgemälden voller brauner Hirsche und grüner Bäume, unterstützt von einem Gedicht, das die Natur besingt. Durch die Halle streicht milde, feucht gesättigte Luft, draußen fallen die ersten schweren Tropfen.

Bäume, Büffel und ein General

Aufgereiht zum Empfang eine Gruppe grauer, gut bewaffneter Soldaten unter dem Befehl des Brigadegenerals im Ruhestand Reynaldo Dilan. Ein militärischer, aber sehr freundlicher Herr, dessen wesentliche Aufgabe darin besteht, die Honeurs zu machen und darauf zu achten, daß den Gästen in den Wäldern nichts passiert. Mindanao ist ein berüchtigter Standort von organisierten Rebellen, denen man nicht allein begegen sollte.

Ja doch, man sei gern bereit, den Deutschen behilflich zu sein, den Wald zu verfilmen. Im unwegsamen Gelände sei ohne schweres Gerät kein Vorwärtskommen. Nein, Vorbehalte habe man keine, schließlich betreibe man auch eine große Pflanzstation, in der Jungbäume aus Samen gezogen werden, um sie später auf gerodeten Flächen auszupflanzen. Wir sollten uns nur alles ansehen und darüber im fernen Deutschland berichten.

Von der ersten Stunde umgibt uns die herzliche philippinische Gastfreundschaft, die das Leben auch in diesem feucht-triefenden Klima erträglich macht. Mit dem sicheren Gefühl des Beschütztwerdens übersteht das Team die Nacht mit ihrem Geräuschkonzert aus bellenden Hundemeuten, dem Pfeifen älterer Ventilatormodelle und dem Gesang der Waldarbeiter, die gerade Motherday feiern. Einmal die Woche dürfen sie aus den Rodungsflächen oben im Wald ins Camp fahren und ihre Frauen sehen. Erstaunlich, wie kurz Tropennächte sein können.

Die schmale Dorfstraße wird kurzerhand umfunktioniert zur provisorischen Piste. Der Buschpilot in der kleinen Maschine grinst einladend. Kameramann Helmer Hosch hockt halsbrecherisch mit seinem Gerät in der offenen Tür, so kann ihm nichts den Blick aufs Panorama verstellen. Wir fliegen niedrig von der nahen Meeresküste landeinwärts. Langsam gehen die Reisfelder, die Flußbiegungen, die Palmenhaine des Flachlands über in das gleichmäßig milde Grün der dicht an dicht stehenden Bäume, der *Dipterocarpaceen* mit der üppigen Vegetation, die zu diesem Feuchtwaldtyp gehört. Aus der Luft sieht ein Tropenwald so ziemlich aus wie der andere. Doch der Anblick der grünen Teppiche rührt das Herz jedesmal von neuem. Wie verletzbar sie aussehen - zumal dann, wenn man die Inseln der Zerstörung, der Kahlschläge, erkennt: Mottenlöcher in grüner Wolle.

Nach der etwas riskanten Landung auf der Straßenpiste fahren wir einige Stunden durch das flache Land der bäuerlichen Kulturen. Über dem Hochwald lasten graue Regenwolken. Im Fluß stehen ruhig die dicken grauen Wasserbüffel mit den sanften Augen und halten die empfindliche Haut feucht, Urbilder tierlicher Geduld und Langmut. Ohne sie wäre die urtümlich-untechnisierte Arbeit auf den Reisfeldern nicht möglich.

Endlich das verträumte Städtchen Cantillan. Auf dem Marktplatz versucht Helmer vergeblich, buntes Treiben zu filmen, stets wird er neugierig umlagert von lebhaften Kindern, die einen so langen blonden Menschen nur selten zu Gesicht bekommen. In einer ruhigen Seitenstraße das Bürohaus der deutschen Forstleute, die hier etwas in die Zukunft Weisendes zu verwirklichen suchen: »Philippine-German Dipterocarp Forest Management Project«. Das erklärte Ziel der Projekts: »Einführung und weitere Entwicklung sozial akzeptabler, nachhaltiger Bewirtschaftungssysteme für den *Dipterocarpaceen*-Wald«. Darin kommt zum Ausdruck, daß dem Tropenwald nur dann eine Überlebenschance eingeräumt wird, wenn es gelingt, alle Flächen unter Mitwirkung der ländlichen Bevölkerung dauerhaft zu bewirtschaften beziehungsweise als Schutzwald zu erhalten. Man will Bewirtschaftungsmodelle für Konzessionen (das ist die traditionelle Form der Forstnutzung, wie auch Sudecor sie anwendet) entwickeln. Dazu gehören vor allem ökologisch annehmbare Holzschlag- und Transporttechniken, um die schweren Kahlschlagschäden in den noch existierenden Wäldern zu vermeiden.

Teamchef Jürgen Schade erklärt kurz, wie seine Gruppe, zu der auch Filipinos gehören, in der 70 000 Hektar großen Testfläche der Konzession vorgeht und wie er seine Arbeitspläne mit Hilfe von Luftbildern und einer Feldinventur aufstellt und durchführt.

»Ein ungeheurer Reichtum: Über 3 600 verschiedene Baumarten. Aber, und darin unterscheiden sich unsere Wälder von denen Afrikas und Südamerikas – es herrscht eine einzige Artengruppe vor: die Familie der *Dipterocarpaceen*. Das führt dazu, daß auf den Philippinen wesentlich mehr Bäume je Hektar genutzt werden als in anderen Regenwaldgebieten. Die *Dipterocarpaceen*-Wälder verjüngen sich nach pfleglicher Nutzung rasch wieder und können nach wenigen Jahren erneut geschlossene Bestände bilden, die sich artenmäßig kaum von Urwäldern unterscheiden. Wir entwickeln hier Methoden für die Förderung der Naturverjüngung, die Aufforstung von Blößen, die Bestandspflege und die schonende Holzernte.«

Man nennt so etwas einen »naturnahen Wirtschaftswald«, und Professor von Maydell sieht in diesen Waldflächen das größte Potential für die Zukunft.

In der Hoffnung, daß es dann nicht ausdauernd regnet, verabreden wir uns für einen Tag, an dem wir zeigen wollen, wie das Projekt »vor Ort« aktiv wird.

Fülle der Farben und Formen

● Reise-Tagebuch, 19. März 1990. Die Regenwolken haben sich verzogen, und die Sonne zaubert eine Fülle von Farben und Formen hervor, den ganzen Reichtum des philippinischen Waldes. Weithin kenntlich an ihren Helmen und roten Blusen schlagen Schade und Kirchhoff mit ihren Männern Schlupflöcher durch die Äste und Dornen der Dikkichte. Der Boden ist glitschig wie Seife, und Helmer flucht erbärmlich, als er, die Kamera festhalten wollend, ausrutscht und in die Büsche fällt. Aber wir wollen es ja wissen, also stolpern wir hinter den Führern her, bis an den gewaltigen Fuß einer himmelhohen Tangile. Dieser Urwaldriese von der Art der *Dipterocarpaceen* ist der Charakterbaum des Waldes, aber hier schon rar geworden. Seine Krone ist in der lichtfunkelnden Höhe kaum auszumachen. Die feuchte Luft riecht wie modriges Treibhaus. An solchen Orten verflucht man termingebundene Filmarbeit. Man möchte bleiben, schauen, erleben, die Farben und Formen einer rätselhaften Evolution verinnerlichen. Auch deshalb, weil man das Gefühl nicht loswird, dies »Paradies« könnte bald nur noch Vergangenheit sein.

Der amerikanische Biologe Edward O. Wilson von der Harvard-Universität sieht in der Bedrohung des Artenreichtums auch ein wirtschaftliches Fiasko: »Die vielen Organismen, die noch in unberührtem Zustand in Urwäldern und anderen naturnahen Habitaten leben, sind eine der wichtigsten Ressourcen, die der Menschheit überhaupt verfügbar sind – und gerade diese sind bis heute am allerwenigsten erschlossen. Noch nicht einmal ein Promille dieser Arten wird derzeit irgendwie genutzt, der Rest wurde noch nie auf Brauchbarkeit wofür auch immer geprüft – dieser Schatz liegt einfach brach ... Thomas Eisner von der Cornell-Universität in Ithaca (New York) hat vorgeschlagen, bei der Bestandsaufnahme von Tieren und Pflanzen gleichzeitig auf deren Inhaltsstoffe zu achten und die Suche nach bisher unbekannten Substanzen weltweit zu koordinieren. Das Nationale Krebs-Institut der Vereinigten Staaten hat solch ein Programm bereits eingeleitet: Die Abteilung für Naturstoffe überprüft gegenwärtig pro Jahr etwa 10 000 natürliche chemische Verbindungen auf ihre Wirksamkeit gegen Krebs und das Aids-Virus.«

Im Angesicht dessen, was da alles grünt und blüht, muß sogar der Laie auf die Idee kommen, nach der Art bayerischer Kräuterhexen auf die Suche nach Medizinen zu gehen. Wir fragen den Pflanzenexperten Señor Sinues nach seiner Meinung und treffen auf einen Fachmann, der allzu gern von seinem Lieblingsthema »Pflanzenmedizin« redet. Sofort verschwindet er im Dickicht und kommt nach einer Weile wie ein Troll wieder hervor, beladen mit Blättern und Lianen: Urwaldpflanzen, Medizin für Kenner. Die Liane ergibt ein wirksames Abführmittel; Sambong *(Blumea balsamifera)* dient, gekocht, als erfrischendes Getränk, das Bauchschmerzen lindert. S. R. Baconguis, N. C. Dalmacio-Bato, F. E. Siapno und I. A. Panot haben eine umfangreiche Liste medizinisch wirksamer Pflanzen im sekundären *Dipterocarpaceen*-Wald zusammengestellt. Für Freunde der Naturheilkunde eine Auswahl auf Seite 64.

Ich weiß nicht, ob jemand das in Mark und Pfennig umgerechnet hat, doch der naive Menschenverstand sagt schon, daß Länder wie die Philippinen mit Heilpräparaten aus ihren Wäldern sehr viel mehr Devisen erwirtschaften könnten als mit dem Verkauf der Hölzer. Und würden außerdem noch ihre Wälder erhalten. Lägen hier nicht die großen Zukunftsprojekte?

Ein paar Kilometer bergauf triste Gegenwart. Schwere Bulldozer planieren den Waldboden für den Abtransport der gefällten Stämme. Die Arbeiter der Konzession schlagen das sogenannte Mahagony-Rundholz wie am Fließband. Die geschälten hellbraunen Stämme werden mit starken Seilwinden die Hänge hochgehievt. Zurück bleibt bloßliegendes Erdreich mit tiefen Rinnsalen abfließenden Wassers, Flächen, an denen die erodierende Wirkung heftiger Regenfälle angreift.

Den Deutschen geht es um die Pflege der scheinbar wertlosen Sekundärwälder, damit sie auch weiterhin die von der philippinischen Volkswirtschaft benötigten Werthölzer liefern können. Dr. Kirchhoff mit seinem Team läßt uns bei der Arbeit zusehen. Die philippinische Försterin Rosenda lernt, wie man mittels Pinsel und Farbe die »Zukunftsbäume« markiert. Indem man ihre nächsten Konkurrenten fällt, stellt man die Zukunftsbäume frei; sie wachsen besser mit größerem Durchmesser. Man kann auf diese Weise doppelt soviel Holz »ernten« wie mit den traditionellen Methoden. Zu dieser Form der Waldbewirtschaftung gehört es auch, daß die Konkurrenten so gefällt werden, daß sie die übrigen Bäume nicht mit sich reißen, also genau in vorgesehene Schneisen. Man führt uns vor, daß so etwas geht. Der nicht mehr junge Kletterspezialist turnt mit Steigeisen und Haltetau erstaunlich schnell den 30-Meter-Riesen empor, frei und ohne Netz an der glatten Rinde. Er liebt diesen Job, sagt er uns strahlend. Die Motorsäge zieht er hoch am Seil und sägt in schwindelnder Höhe die Äste der Krone ab. Anschließend schneiden die Männer unten präzise die hohen Brettwurzeln, treiben die Keile ein – und der Baum kracht programmgemäß genau in die Schneise. Maßarbeit.

Die naturgemäße Waldwirtschaft wurde in Mitteleuropa im 19. Jahrhundert entwickelt. Hier ist sie die vielleicht einzige noch verbliebene Alternative zum Raubbau, der nur kurzfristig Gewinn abwirft. Mit einer bescheidenen, leicht transportierbaren Seilbahn holt man die Stammstücke aus der Schneise auf den Weg zum Abtransport. Ein paar Arbeitsplätze hat das Projekt geschaffen und man hofft, daß seine Methoden im ganzen Land Nachahmer finden. Bleibt ihnen aber genügend Zeit? Hier, wie in anderen Entwicklungsprojekten Asiens oder Afrikas, geht die Sorge um, Bonn könnte langfristig die Mittel kürzen, weil Deutschlands Vereinigung und seine Hilfe für Osteuropa und den Krieg am Golf die verfügbaren Mittel einschränken.

● Reise-Tagebuch, 22. März 1990. Bei Sonnenaufgang aus dem Schlaf geschreckt. Vom Dach klingt es, als würden Badewannen darauf ausgeschüttet. Ein nicht endender Strom von Süßwasser (seltsam, was hier zuviel ist, würde an anderen Orten unseres Planeten mit Gold aufgewogen). Draußen saugt die Erde die Hektoliter im Nu auf – und dampft. Tapfer dreht das Team gespenstische Wolkenfetzen und wabernde Dunstmassen über dem Wald. Der »Dschungel« hat sein Märchengesicht aufgesetzt. Bizarre Farne, besetzt mit funkelnden Tropfen, prunkvoll wie Preciosen. Rote Blütenkelche glitzern im Sonnenstrahl, der durch die Wolken dringt. Bilder, wie kein Requisiteur sie auf die Bühne brächte. Aber es war die letzte Klappe. Wir müssen weiter. In der weiten Holzhalle erholt sich der pensionierte General beim Schach. Seine Truppen haben nicht eingreifen müssen, um uns vor den Rebellen zu schützen.

Auf dem langen Weg zurück nach Tandag sehen wir draußen im flachen Küstenmeer ganze Familien durchs Wasser waten. Schnecken und Muscheln suchen sie, die man essen kann. Richtig, dies Thema steht bei uns ja auch noch auf dem Plan. Vor lauter Begeisterung hätten wir fast vergessen, daß die Philippinen nicht nur aus Wäldern bestehen.

Einige Medizinpflanzen
im sekundären Dipterocarpaceen-Wald
(The Philippine Lumberman, January 1989)

Vorangestellt die einheimischen Namen

ABUHAB-BAGING. *Strophantus cumingii.* Liane in Dickichten und Wäldern. Enthält das Herzmittel Strophantin.

ANONANG. *Cordia dichotoma.* Bis zehn Meter hoher Baum. Die Rinde ergibt Taue. Aus Früchten Gelatine. Die Kerne gegen Würmer. Antifiebermittel.

BAHU-BAHU. *Ageratum conyzoides.* Lederbalsam. Wurzelsaft gegen Nierensteine. Frischer Blättersaft gegen Gebärmutterleiden. Extrakte gegen Schlafkrankheit. Anti-Tetanus.

BANATO. *Mallotus philippensis.* Kamalabaum. Pulver aus der Kapselfrucht als Purgativ. Zerriebene Samen als Wundauflage. Wurmtreibendes Mittel für Kinder.

BAYABAS. *Psidium guajava.* Guava. Blätter, gekaut, gegen Zahnschmerzen. Aufguß gegen Schwellungen und Frauenleiden.

CREEPING FIG. *Ficus pumila.* Kletter-Ficus. Der Saft gegen Parasiten, die Blätter gegen Dysenterie.

HAUILI. *Ficus septica.* Frische Blätter gegen Rheuma und Kopfschmerzen, Latex gegen Herpes.

KALINGAG. *Cinnamomum mercadoi.* Zimtbaum. Dicke, aromatische Rinde. Gekaut wirkt die Rinde gegen Bauchschmerzen. Geschmacksverbesserer für Biere.

KOGON. *Imperata cylindrica.* Das 50 Zentimeter hohe Alang-Alang-Gras. Aufguß der Wurzeln und Früchte gegen Dysenterie und als Sedativum.

KUBAMBA. *Piper umbellata.* Pfeffer. Enthält das Piperin. Frische Blätter gegen Abzesse. Blättersaft gut für die Augen. Ein Anti-Skorbut-Mittel.

KULIK-MANOK. *Dalbergia ferruginea.* Aufguß der Wurzeln in hoher Konzentration soll abtreibend wirken.

LANTANA. *Lantana camara.* Wandelröschen. Aufguß der Wurzeln gegen Grippe und Mumps. Blattaufguß zur Wundreinigung und gegen Schlangenbiß.

MALASAMBONG. *Buddeleia asiatica.* Schmetterlingsstrauch. Gut gegen Hautkrankheiten und gegen Gewichtsverlust.

NITONG PUTI. *Lygodium flexuosum.* Ein epiphyter Farn. Infusion der Pflanze gegen Schleimfluß.

PAKO. *Athyrium esculentum.* Frauenfarn. Die Wedel werden roh und gekocht gegessen und enthalten Kalzium, Phosphor, Eisen und Vitamin B.

PANDAN. *Pandanus odoratissima.* Schraubenbaum. Duftende Blätter. Aufguß der frischen Wurzeln treibt Urin. Gemischt mit Menthol als Magenmittel.

SAGING. *Musa paradisiaca.* Kochbanane. Allgemeine Medizin gegen eine Fülle von Leiden und ein wichtiges Nahrungsmittel.

TEKLA. *Tectona grandis.* Teakbaum. Blätter gegen Menstruationsbeschwerden. Die Paste vom Holz gegen Augenlid-Schwellung und Dermatitis. Das Nußöl als Haarwuchsmittel.

TIMBABASI. *Callicarpa formosana.* Liebesperlenstrauch. Der Rauch der brennenden Blätter riecht nach Baldrian und bekämpft Atemnot.

TUBLI. *Derris elliptica.* Liane. Die Wurzeln als Insektenpulver und zum Fischfang benutzt. Wirksam gegen Läuse und Fliegen. Aufguß mit Kokosöl ein Pflaster gegen Abzesse.

Was geht mich das an?

Aufgeklärte Westler denken an die hochwirksamen Medikamente ihrer milliardenschweren Pharmaindustrie und halten das alles schlicht für Kräuter- und Indianermedizin. Wirkungen unbeweisbar, rational nicht nachvollziehbar. Andererseits spielen auch in unseren Gesundheitssystemen »Phytopharmaka«, Pflanzenheilmittel, eine nicht zu unterschätzende Rolle. Die Schulmedizin kennt natürlich den beruhigenden Effekt von Hopfenextrakten. Maiglöckchen *(Convallaria majalis)* enthalten die den Herzmuskel beeinflussenden Glykoside »Convallatoxin« und »Convalloxol«. In den getrockneten Blättern der Echten Kamille *(Matricaria chamomilla)* finden sich die entzündungshemmenden Stoffe »Chamazulen« und »Guajazulen«.

Professor Dr. Günther Vogel, Leiter der pharmakologischen Abteilung der Pflanzenheilmittel-Firma Dr. Madaus & Co. in Köln, schreibt 1981: »Phytopharmaka sind – bezüglich des Wirkstoffs oder der Wirkstoffe – mehr oder weniger angereicherte Präparationen aus Pflanzen oder aus getrockneten Drogen pflanzlicher Herkunft, die neben den Wirkstoffen noch – wirksame oder unwirksame – Begleitstoffe enthalten... Die Wirkung eines pflanzlichen Wirkstoffgemisches ist stärker als die rechnerische Summe der Einzelwirkungen seiner einzelnen Komponenten... Im Laboratorium des Verfassers ist es binnen zwei Jahrzehnten noch nie gelungen, durch Wiederzusammenfügen der Komponenten des Primärextraktes einer Pflanze zu dessen alter Wirksamkeit zu gelangen. Es ist technisch nämlich nicht möglich, den ursprünglichen Extrakt künstlich so zusammenzusetzen, wie er ursprünglich vorgelegen hatte.« Vogel sieht in den Phytopharmaka wertvolle Arzneimittel, welche die therapeutischen Möglichkeiten des Arztes bereichern, und zieht ein Fazit, das gerade im Angesicht der drohenden Artenverarmung zu denken gibt: »Die Welt der Heilpflanzen ist weder ein Garten Gottes, der uns alles gegen alle Krankheiten liefert, noch eine Küche des Teufels, aus der nur Gifte oder wirkungslose Placebos kommen.

Eine kluge und menschliche Medizin sollte alles tun, daß uns pflanzliche Heilmittel auch in Zukunft erhalten bleiben.«

Die Väter von San Carlos

● Reise-Tagebuch, 24. März 1990. Ist es sentimentale Romantik – oder wie anders läßt sich das Gefühl beschreiben: Man läßt etwas zurück in den Wäldern; einen Traum vielleicht, den man als Kind träumte, wenn die Großmutter Märchen vorlas, die immer in finsteren Wäldern spielten. Es mag wohl so sein, daß immer auch Gefühle mitschwingen in den Klagen über den Verlust der letzten Regenwälder. Wir haben, den Terminen folgend, wieder einzutauchen in die menschenüberfüllten Zentren einer Dritten Welt, die – hier jedenfalls – noch immer vom geistigen Erbe ihrer kolonialen Vergangenheit zehrt.

Cebu ist eine chaotische Großstadt mit internationalem Hafen auf der gleichnamigen Insel. Im Hotel tummelt sich Akademisches. Cebus hoffnungsvoller Nachwuchs versammelt sich zur Feier bestandener Examen. Vorwiegend junge Damen sind es, die sichtlich stolz im schwarzroten Talar und kecken Doktorhut flanieren, damit alle es sehen. Fotografiert von den stolzen Eltern. Der Beobachter fragt besorgt: Werden die jungen Absolventen in ihrem Lande bleiben, um ihm endlich auf die Beine zu helfen in der Dauerkrise – oder werden sie den vielen anderen folgen, die schon geflohen sind auf der Suche nach den besseren Jobs im Ausland (»Brain-draining«).

An der lauten Geschäftsstraße warten freundliche Menschen unter Sonnenschirmen darauf, daß jemand ihnen ein Schriftstück in die Maschine diktiert oder etwas fotokopieren läßt. Gegenüber strömen artig gekleidete Mädchen aus den Hörsälen. Wir sind im geistigen Zentrum Cebus. San Carlos ist eine katholische Bildungsstätte mit internationalem Ruf. Die Wurzeln reichen zurück in die spanische Zeit, als Jesuiten 1595 eine Schule gründeten. Später entwickelte sich die Schule von einem kleinen Provinz-College mit 300 Lernenden zu einer Institution mit 437 Lehrkräften und 19000 Studenten. 1948 bekam San Carlos den Status einer Universität, in der alle Fächer der Natur- und Geisteswissenschaften studiert werden können. Sehr eng sind die Verbindungen zu deutschen Institutionen: Deutsche Forschungsgemeinschaft, Deutscher Akademischer Austauschdienst, Misereor, Zentralstelle für Entwicklungshilfe u. a.

Seit 1962 besteht eine Forschungsstation für Meeresbiologie, die 1974 nach Maribago auf Mactan umzog. Sie wird uns bald näher beschäftigen.

Viele der älteren Herren des Lehrkörpers sind »Fathers« und gehören zur »Society of the Divine World« (SVD). Da sein Amt ihm tagsüber kaum Zeit läßt, trifft man ihn ab und zu abends im Restaurant des alten Seemanns Eddy: Father Theodore Murnane SVD. Mit tiefer, sonorer Sängerstimme erzählt der beeindruckende ältere Herr von seiner Heimat in Amerika und von den Neuigkeiten aus seiner aktiven Forschungsleitstelle, deren Direktor er ist. Seinem Rat, seiner steten Hilfsbereitschaft haben wir es zu danken, daß wir uns einigermaßen im Chaos der wissenschaftlichen Ambitionen und Ergebnisse zurechtfanden. Dafür sei ihm auch an dieser Stelle herzlich Dank gesagt. Father Murnane brachte uns mit Father Wilhelm Flieger zusammen, der sich seit Jahrzehnten der Dynamik der Weltbevölkerung widmet. Wir trafen den Anthropologen und Negrito-Kenner Dr. Harold Olofson und den deutschen Botaniker Professor Franz Seidenschwarz. Er hat sich verdient gemacht um die Definierung ökologischer Vegetationszonen im südlichen Cebu.

Seidenschwarz begleitet uns zu den Kawasan-Wasserfällen in Badian im südwestlichen Cebu. Die Landstraße wird soeben ausgebaut und ist recht gut befahrbar. Unprofessoral begeistert erzählt der Botaniker von seinen philippinischen Bäumen, von »Ipil-ipil«, »Tangile« und »Molave«. Er erklärt seine Vegetationstypen, die sehr unterschiedlich sein können, je nach den Bedingungen des örtlichen Klimas (Regen- und Trockenperioden, Winde etc.) und den Boden-

Kompositionen mit ihren Fähigkeiten, den Regen aufzusaugen, festzuhalten oder nicht.

Señor Pigafetta, Chronist des Entdeckers Magellan, notiert, das Eiland Cebu sei von Menschen bevölkert, die in Siedlungen leben. Aus zeitgenössischen Berichten darf man schließen, daß die Insel unter einer dichten Vegetationsdecke verborgen lag. 450 Jahre später, 1886, fanden Fachleute hier einen dichten Wald mit wertvollen Hartholzbäumen wie »Molave«, »Ipil-ipil«, »Narra« und »Tindalo«. Es gibt sie nicht mehr. Seidenschwarz versucht zu rekonstruieren, was gewesen ist. Er unterteilt die Insel in ökologische Zonen, denen er jeweils einen Waldtyp zuordnet.

Die erste Zone ist der salzige Schlick zwischen Ebbe und Flut im Küstensaum, der Lebensraum ungezählter Schalentiere und Würmer, die fruchtbare Kinderstube vieler Fischarten, ein stiller Ort zum Angeln. Hier stehen dicht an dicht auf gekrümmten Stelzwurzeln die immergrünen Mangroven, die zur Familie der *Rhizophoraceae* gehören. Weil es hier an Sauerstoff mangelt, dienen die Stützwurzeln als Atemorgane. Einst wuchsen im Mangrovendickicht bis zu zehn Meter hohe Bäume: *Rhizophora mucronata, R. apiculata, Ceriops tagal, Bruguiera gymnorrhiza, Sonneratia alba.* Später mußten die Mangroven den großen künstlichen Teichen der Garnelenzucht weichen, ihr Holz diente als billiges Brennmaterial. Die weitere Zerstörung der Mangroven wird den Brennholzmangel weiter verschärfen, der Fischfang der Küstenorte wird zum Erliegen kommen, die Strände sind schutzlos der Brandung ausgeliefert. Hier und da werden heute Versuche unternommen, Mangroven wieder anzupflanzen, doch das ist ein mühevolles und auch teures Unterfangen.

Die zweite Zone umfaßt den Küstenwald auf den sandigen Stränden über der Hochflutmarke. Er verschwand schon mit der Ankunft der ersten Siedler, die an seiner Stelle ihre Ortschaften bauten. Eine Trockenzeit von zwei bis drei Monaten Dauer kennzeichnet das Klima. Hier gedieh eine Vegetation, die sich ihrer salzigen Umwelt angepaßt hatte. Die niedrigen Charakterbäume heißen im

Cebuano-Dialekt zum Beispiel Argao *(Premna odorata),* Butong *(Barringtonia asiatica),* Maribago *(Hibiscus tiliaceus)* und Talisay *(Terminalia catappa).* Es sind Tropffrucht- und Malvengewächse mit großen Blättern.

Die dritte Zone ist der Molave-Wald der Küstenebenen. Er gedeiht auf feuchten, alluvialen Böden, die viel Wasser halten. Auch hier eine dreimonatige Trockenzeit. Es war ein offener Wald. Große Bäume wuchsen weit voneinander entfernt. Der Charakterbaum war Supa *(Sindora supa).* Weiter gehörte in diese Gesellschaft der Vielzweckbaum Ipil-ipil *(Intsia bijuga),* weiter Tindalo *(Afzelia rhomboidea),* Akle *(Serialbezia acle)* und Naga, eine Art Sandelholz *(Pterocarpus indicus).* Die Ebenen der Küsten eigneten sich vorzüglich für die Landwirtschaft, also mußte auch dieser Waldtyp schon früh dem Menschen weichen.

Die vierte Zone: der Molave-Wald der Hügel auf Kalkstein, der viel Wasser absorbiert. Eine trockene Umwelt also. Die kräftige Lichteinstrahlung fördert das Wachstum der Büsche und Lianen. Hier wuchsen die edelsten Hölzer der Philippinen: Ipil-ipil, Tindalo und Narra; denn wegen der langen Trockenzeit konnten hier nur langsam wachsende Harthölzer gedeihen. Zerstört wurde dieser wertvolle Waldtyp von der Holzindustrie und der alten Methode des Kaingin (Brandrodung).

Die fünfte Zone schließlich umfaßt den Regenwald der höheren Regionen, den wir auf Mindanao sahen. Sein Prachtstück ist der 30 Meter hohe Tangile aus der Familie der *Dipterocarpaceen: Shorea polysperma.* Der härtere Kalkboden nimmt kaum Wasser auf und bildet eine dicke, feuchte Bodenschicht. Dieser Regenwald wurde als letzter in Angriff genommen, weil er schwer zu erreichen ist. Noch in den fünfziger Jahren existierte er stellenweise auch auf Cebu.

Professor Seidenschwarz kämpft mit seinen geringen Mitteln um die Erhaltung beziehungsweise eine sinnvolle Wiederaufforstung der Waldtypen. Er sieht in den Wäldern nicht nur schützenswerte Ressourcen, sondern lebendige Objekte für den naturwissenschaftlichen Unterricht und die Forschung.

Politik der kleinen Schritte

Läßt sich ein Stück Natur auf die Dauer erhalten und zur gleichen Zeit *nutzen*? Ein Reihe glücklicher Umstände und das Miteinander verschiedener Fachleute aus Deutschland und den Philippinen führten zu einem Projekt, das auch anderen Ländern in solcher Lage zum Vorbild gereichen kann. Bestandteile: eine Quelle, Wasserfälle, ungestörte Natur. Probleme: ein armer Landesteil, der dringend Strom braucht. Er ließe sich aus der Wasserkraft gewinnen, doch im allgemeinen führt das zur Degradierung der Natur. Es galt, einen klugen Kompromiß zu finden.

Horst Höfling, energischer Koordinator der Idee, führt uns umher, erklärt, zeigt. Höfling gehört zu jenen Experten, ohne deren Fähigkeit zur Integration solche langfristigen, sparsamen Projekte der Zusammenarbeit nirgendwo in der Dritten Welt funktionieren.

Der Ort des Versuchs: das 400-Seelen-Dorf Matutinao an der Küste. Es gehört zum Zentrum Badian mit 3000 Einwohnern. Es gibt eine Grundschule, eine Pfarrkirche, aber fast keine Infrastruktur. Die Familien leben vom Anbau des Mais und der Cassava, von Kokospalmen, von der Tierhaltung und vom Muschelsammeln und der Fischerei. Im Ort mündet der Matutinao-Fluß in die See. Wer seinem Lauf in die Berge folgt, betritt ein schönes, enges Tal. Das klare, saubere Flußwasser sprudelt von Fels zu Fels. Die tropische Vegetation ist dicht. Nur ein schmaler Pfad verläuft am Ufer.

Als die Biologen Krach und Seidenschwarz 1988 das Tal zum erstenmal betraten, stellten sie verwundert fest, daß hier Tiere und Pflanzen vorkommen, die zum Teil überhaupt noch nicht beschrieben worden waren oder die für die Philippinen noch nicht nachgewiesen wurden. Man *mußte* das schützen – und man entwickelte die Idee, zusammen mit den Anwohnern einen Naturpark zu errichten, einen Erholungsraum für Touristen aus der 100 Kilometer entfernten Cebu City. Der Fremdenverkehr würde dem Ort Aufschwung geben.

Die deutsche Seite (GTZ) bestand darauf, daß die Kawasan-Wasserfälle unbedingt zu erhalten seien. Sie werden gespeist von der Kabukalan-Quelle. Auf einer Länge von 600 Metern fällt das Wasser in mehreren Stufen 60 Meter tief und füllt große, baumumstandene Becken, in denen sich bereits die Kinder tummeln. Einheimische Ingenieure und Arbeiter bauten mit örtlichen Baustoffen eine steinerne Bogenbrücke über den Fluß, legten Wege an und errichteten kleine Holzbauten für den Getränkeverkauf. Ein Dorf entstand für Künstler, die hier arbeiten wollen. Versteckt unter Grün das Haus für das Kleinwasserkraftwerk. Das Wasser strömt durch einen langen Tunnel auf chinesische Turbinen. Das Kraftwerk liefert 720 Kilowatt, die in das bestehende Netz eingespeist werden.

Während unserer Dreharbeiten war der Tunnel noch im Bau, und man errichtete eine kleine Fußgängerbrücke aus Bambus und Cocos, pflanzte Mahagony-Bäume an den Wegen. Vier Studenten wurden beauftragt, als Diplomarbeiten Entwürfe für die endgültige Gestaltung des Parks zu entwickeln.

Es war ein weiter und schwieriger Weg, bis die Filipinos akzeptierten, daß sie sich auch finanziell an dem Vorhaben beteiligen mußten, daß es sich nicht – wie so oft – um Entwicklungsgeschenke handeln konnte. Das Projekt Matutinao, eine Verbindung von Technik und Natur, kann funktionieren. Es ist kein prestigeträchtiges Großvorhaben, wie sie in der Dritten Welt noch immer bei den Politikern so beliebt sind. Man könnte es als die Politik der kleinen Schritte bezeichnen: Kleine, sparsame Projekte an vielen Orten des Landes könnten auf die Dauer mehr bewirken, weil sie von der betroffenen Bevölkerung mitgetragen werden. Auch deshalb wird Matutinao wohl bestehen bleiben, auch wenn Horst Höfling und die anderen Deutschen gegangen sind.

Hier gilt wie auf Mindanao: Natur oder Naturähnliches läßt sich nur bewahren, wenn die Bevölkerung des Landes mit ihrer Natur wirtschaftet, mit ihr Geld verdient. Das müssen Entwicklungshelfer immer wieder erfahren.

Trapa natans soll nicht sterben

Die Schicksale der Regenwälder sorgen weiterhin für Schlagzeilen. Ich habe manchmal den Eindruck, als werden die weit entfernten, fremden Ökosysteme auch ganz gern zu einem Alibi umfunktioniert nach dem Motto: »Was wollt ihr - ich habe Geld gegeben für die Erhaltung von einem Quadratkilometer Tropenwald! Ich habe wenigstens etwas getan.«

Spenden beruhigen auch das Gewissen. Sie können den Blick auf das Nächstgelegene verbauen, auf die Probleme der Naturwelt hier bei uns zu Hause. Wer genauer hinsieht, bemerkt vielleicht in nächster Nachbarschaft, daß da ein stilles Artensterben geschieht, eine stete Verarmung der Kulturlandschaft, die ja nicht nur aus Siedlungen, Industriekomplexen, gepflegten Parks und Autobahnen besteht. Es sind kleine, oft unscheinbare, bescheidene Pflanzen, die einst jeder kannte, weil sie zur heimischen Flora gehörten. Manche verschwanden, weil wir ihnen den Boden entzogen, ihre Standorte veränderten, so daß sie sich - Spezialisten oft - den neuen Bedingungen nicht rechtzeitig anzupassen vermochten.

Wir haben im Spätsommer 1980 im Film untersucht, wie es um Pflanzen »ohne Lobby« bei uns steht. Damals waren annähernd 40 Prozent unserer Pflanzenarten in Gefahr, aufgenommen zu werden in die berühmte »Rote Liste« der gefährdeten oder ausgestorbenen Arten. Rat und Hilfe erhielten wir von den Ökologen und Botanikern des Lehrstuhls für Landschaftsökologie der Technischen Universität München in Freising-Weihenstephan. Hans Michael Schober zeigte uns im Alpinen Steig bei Schönhofen das reiche Artenspektrum auf alten Weidedriften und Schafhutungen, die er unter Naturschutz stellen wollte, weil es hier noch die eigentümliche Pflanzenwelt der »Kalktrockenrasen« gibt: die schöne Silberdiestel, die schon auf der Roten Liste steht, der langstielige Klappertopf, dessen trockene Samen in der Kapsel scheppern, der deutsche Enzian. Auf den trokkensten Stellen siedelte das bewimperte Perlgras, ein seltener Vertreter der Trockenrasen-Gesellschaft. Das Ochsenauge würde verschwinden, wenn man den Rasen düngte, und die lichthungrige Glockenblume müßte hochwüchsiger Konkurrenz weichen. Auch die Karthäusernelke war woanders kaum noch zu finden. »Diese bunte empfindliche Gesellschaft von Kalkrasen-Spezialisten«, erklärte uns Schober, »ist in wenigen Jahren verschwunden, überrollt von schattenwerfenden Büschen und Bäumen. Um sie zu retten, müßte man wieder Schafe hierher treiben, die Wiesen mähen und die Büsche und Bäume schlagen. Doch wer bezahlt das?«

Dr. P. Jürging untersuchte derweil alte, nährstoffarme Kiesflächen bei Manching. Um 1850 hatte man dort eine Bahnlinie gebaut und den rohen Kies ungestört liegenlassen. »Nach einer Entwicklungszeit von über 100 Jahren hat sich hier ein sekundäres Kalkflachmoor ausgebildet. Und wir finden relativ viele seltene Pflanzen und somit auch Lebensraum für seltene Tiere. Hier zum Beispiel das Schneideried. Früher war es in der Donauebene verbreitet und hat hier eine der beiden letzten Zufluchtsstätten gefunden - in diesem nährstoffarmen, vom Grundwasser beeinflußten Standort. Neben dem Enzian sehen wir den seltenen und streng geschützten gefransten Enzian, der trockene Hänge liebt, und die Mehlprimel, die Feuchtigkeit braucht.« Dicht am Boden der Fettwurz, der Ackerschachtelhalm und das Senfkraut. Trockene, feuchte und nasse Standorte mit ihren jeweiligen Pflanzengesellschaften bilden auf kleinstem Raum ein dichtes, unwegsames Mosaik. Der tote Baggersee wurde zum Paradies. Das seltene gelbe Zypergras hätte selbst der Ökologe hier nicht vermutet. Jürging meint: »Man sollte Kiesflächen nicht immer rekultivieren, sondern manchmal auch ganz sich selbst überlassen. Möglichst viele Flächen, das wäre ein sinnvoller und zugleich billiger Pflanzenschutz.«

Sein Arbeitskollege Dr. Duhme untersuchte die botanischen Kostbarkeiten dort, wo sie niemand vermutet: neben und zwischen Bahngleisen: »Es gibt bei jeder Verkehrsanlage Restflächen, auf denen sich bedrohte Arten unserer heimischen Flora zurückziehen können. So finden Sie hier den Genfer Günsel, den man sonst nur auf Trockenrasen sieht. Oder dort, die Knautzie, das Seifenkraut, die Salvie, der Hauhechel, die Goldraute und die *Coronilla varia.*« Duhme führt uns an einen Ort makabrer Geschichte: Wo Motorräder Berg- und Talfahrt übten und manchmal Panzer rollten, schufteten vor über 50 Jahren Tausende von Arbeitern, um auf Befehl Hitlers einen fünf Kilometer langen Rangierbahnhof für München in die Landschaft zu setzen. Einige Millionen Kubikmeter Kies mußten bewegt werden. Der Zweite Weltkrieg ließ alle Arbeit ruhen.

Später konnte man sich zu einer großflächigen Nutzung nicht entschließen. So blieb alles liegen, wie die Arbeiter es hinterlassen hatten: ein gigantisches Monument der Vergeblichkeit. Aber! Da niemand störend und regulierend eingriff, konnte so etwas wie eine dichte Wildnis entstehen auf den alten Gleisböschungen. Wie auf anderen Kiesflächen erfolgte auch hier im Laufe der Zeit die langsame Sukzession, das Aufeinanderfolgen der verschiedenen Pflanzengesellschaften, welche trockene, nährstoffarme Böden brauchten. Ohne finanzielle Zuschüsse wuchs ein Naturpark heran, in dem jeder umherlaufen kann, die vielen Arten zu betrachten, von denen manche woanders schon sehr selten sind: das Sonnenröschen, die große Braunelle, die Glockenblume, die Rosa Diestel und eine Wiese voller Herbstzeitlosen. Friedrich Duhme, so schrieben wir 1980, wird Jahre brauchen, um eine Bestandsaufnahme dieser Vielfalt zu liefern. Sie ist notwendig, um die Behörden davon zu überzeugen, daß man hier die einmalige Gelegenheit hätte, das gesamte Trümmerfeld zu lassen, wie es ist, und es zu einem Ökologiepark zu erklären. Zu einem Stück Natur in unmittelbarer Nähe der Großstadt, das den Besuchern anschaulich vor Augen führt, wie reich die Flora sein kann, trotz aller Gefahren, die ihr in unserer geordneten, monotonen Umwelt drohen. Motorräder und Autos sollen weiter das Gelände durchqueren dürfen. Der Froschlöffel wird deshalb nicht aussterben und nicht der Algenwald im flachen Wasser der tieferen Stellen. Man müßte sich nur entschließen, einmal das Denken in den Kategorien reiner Zweckmäßigkeit zu vergessen. Es würde sich lohnen.

Der stete Widerstreit zwischen Nützen und Schützen hat schweren Schaden gestiftet, auch in den Feuchtgebieten und Mooren, von denen die meisten schon vor Jahrzehnten entwässert und beackert worden sind. Erhard Bolender führte uns (wir sind noch im Spätsommer 1980) in die Landschaft der stillen Weiher in der Oberpfalz, in sein Forschungsgebiet. Die Ufer der alten Teiche haben sich in Moore verwandelt, der Boden schwingt bei jedem Schritt. Ein Paradies für selten gewordene Frösche und Libellen. Hier lebt noch der gefährdete Wasserschlauch und der fleischfressende Sonnentau und die rar gewordene Moosbeere. Sie und viele andere Moor- und Wasserpflanzen beleben eine Landschaft, die aus einer sehr alten Wirtschaftsform entstand. Wo die See- und Teichrosen blühen, betrieben vor Jahrhunderten schon Mönche die Zucht nahrhafter Fische zur Fastenspeise in eigens aufgestauten Fischteichen. Später wurden sie kaum mehr bewirtschaftet. So wuchsen sie langsam zu, und es entstanden Moor- und Sumpfbereiche, wurden letzte Zufluchtsorte für Moor- und Sumpfpflanzen, die mit 24 Prozent die größte Gruppe innerhalb der Roten Liste stellen. Der gelbe Zweizahn gehört dazu.

Auch auf den Weihern von Charlottenhof hieß ökologische Grundlagenarbeit zunächst Bestandsaufnahme der Gesellschaften. Darüber hinaus untersuchten Bolender und sein Kollege Otto Aßmann regelmäßig die Beschaffenheit des Wassers in den verschiedenen Flächen. Die chemische Zusammensetzung des Wassers, sein Sauerstoffgehalt, sein pH-Wert, seine Härte, geben Aufschluß über die Lebensbedingungen der Fische in den Gewässern und der Vegetation in und an den Teichen. Vor zwei Jahren begegnete Otto Aßmann hier zum erstenmal einer sehr seltenen Wasserpflanze, dem Herzlöffel, der schon als verschollen galt. Die Weiher sind in Gefahr. Man will sie ausbaggern. Man will Moorbereiche und Sumpfzonen vernichten, um die Fischproduktion zu steigern. Auch hier wäre die Rettung der Artengemeinschaft nur möglich durch die Erhaltung ihres feuchten Lebensraums. Also auch Weiterführung der historischen Fischwirtschaft. Was geschehen kann, wenn man das nicht will, schildert Erhard Bolender an einem tragischen Fall: »Bei unserer letzten Wasserpflanzen-Kartierung im Bereich des Ingolstädter Raums haben wir festgestellt, daß eine sehr seltene Pflanze, die Wassernuß, inzwischen fast ausgestorben ist, obwohl sie im Frühjahr noch vorhanden war und gekeimt ist.« Vorsichtig hebt er die schwimmenden Blätter der letzten Wassernuß hoch, die den schönen lateinischen Namen *Trapa natans* trägt. In den Teichen der Benediktinermönche vom Kloster Scheyern war sie noch vor kurzem zu Hause.

Die stillen Teiche boten, was die einjährige Schwimmblattpflanze brauchte, um zu gedeihen: warmes Wasser im Sommer, viel Licht, ein reiches Angebot an Nährstoffen und Schlamm am Teichboden. *Trapa natans* war nicht nur schmückendes Beiwerk. Die Mönche wußten, daß sie und andere Wasserpflanzen die Fischerträge steigerten, und hoben das auch in ihren »Teichbaurichtlinien« extra hervor. Heute werden die Wasserpflanzen hier chemisch bekämpft, deshalb waren die Schwimmblätter der Wassernuß im August 1980 verschwunden. Im Juni des Jahres konnten wir sie an gleicher Stelle noch fotografieren.

Immer wieder fährt Bolender die Teiche von Scheyern ab auf der Suche nach *Trapa natans* – dieser Nuß, die einst als »Sympathiemittel« und Amulett ebenso geschätzt wurde wie als Heilmittel, Kaffee-Ersatz, als Schweinemast und als Mehl für Brot. Das einzige, was Bolender uns vorweisen kann, sind die leeren Nüsse mit ihren bizarren Formen, die ihnen viele Namen gaben: Teufelskopf, Stechkralle, Jesuitenmütze.

»Ist *Trapa natans* ein Symbol für die Rote Liste?« fragten wie Loki Schmidt, die Frau des damaligen Bundeskanzlers und engagierte Kämpferin für die Pflanzenwelt.

Loki Schmidt: »Die Tiere haben eine Vielzahl von Fürsprechern. Aber bei der Pflanze war mir das ein bißchen sehr wenig. Man sagt wohl auch, die Pflanzen haben keine Lobby. Darum habe ich vor viereinhalb Jahren gedacht,

Grundlage sind, ein bißchen mehr tun, und gründete eine Stiftung zum Schutz gefährdeter Pflanzen. Mir war sehr schnell klar, daß die Gründung einer Stiftung gar nichts bringt, wenn man nicht immer wieder und immer wieder den Menschen sagt und zeigt, was wir hier haben, diese Vielfalt, die jetzt noch da ist, sollen wir doch auch für unsere Kinder und für unsere Enkel erhalten. Wir tun ja doch auch eine ganze Menge für die Erhaltung von architektonischen Denkmälern aus der Vorzeit, für die Literatur und für die Musik. Ich finde, genauso wichtig ist es, daß wir für unsere Nachkommen dieses Stückchen Kultur, lebende Kultur – Natur erhalten. Und darum haben wir uns in der Stiftung das Ziel gesetzt, Menschen immer wieder zu zeigen und zu sagen: Seht, das ist alles noch hier, lernt es kennen, denn wenn ihr es nicht kennt, könnt ihr es gar nicht schätzen, und dann könnt ihr es natürlich erst recht nicht schützen. Dieser Film zeigt nur einen Ausschnitt aus dem, was in Deutschland noch zu finden ist, aber er macht vielleicht deutlich, daß wir alles versuchen sollten, das, was noch da ist, zu erhalten. Und nehmen Sie doch die Wassernuß als ein Symbol unserer Umwelt, die noch sehr reichhaltig ist, die aber dabei ist, sehr zu verarmen.«

Korallenmeere und Aqua-Ressourcen

Das Beispiel Philippinen

Verhangene Zukunft

Reichen fällt es leichter, höhere Preise wegzustecken. Das ist bei Menschen so und bei Völkern. Die Nervosität an Börsen und Ölmärkten und höhere Benzinpreise sind in wohlhabenden Ländern noch keine Katastrophe, allenfalls Grund zum Meckern über Multis und Weltpolitik. Das Phänomen, welches wir im Winter 1990/91 mit dem Wort »Golfkrise« umschreiben – der Kampf auch um eine Ressource: das Öl –, trifft die Industrienationen an einer nervösen Stelle, denn sie sind auf den steten Strom preiswerter Energie angewiesen. Aber es trifft nicht ihren Lebensnerv. Unsere Autofahrer sind bereit, weit höhere Literpreise zu zahlen, wenn sie nur nicht auf den Untersatz verzichten müssen – allem Umweltgerede zum Trotz.

Für José, meinen Taxifahrer in der philippinischen Stadt Cebu, sieht das anders aus. Daß er die hintere Wagentür festbinden mußte, damit sie nicht abfällt, stört ihn kaum. Er muß aber täglich die Wagenmiete einfahren, die sein chinesischer Unternehmer von ihm fordert. Nur was darüber hinaus noch bleibt, darf er behalten für sich und die große Familie. Für José wird ein Pfennig Unterschied im Benzinpreis zur Überlebensfrage.

Auf den Philippinen ist das Benzin subventioniert, damit überhaupt etwas läuft in der Wirtschaft. Nun ist der Staat gezwungen, Benzin zu rationieren, weil er die Subventionen nicht mehr tragen kann. Der Staat hat keine Reserven, keine Devisen, er bekommt von der Weltbank keine Kredite, wenn er die Subventionen nicht abbaut. Die Inflationsrate liegt bei 13 Prozent mit steigender Tendenz. Mehr als eine Million Filipinos arbeiteten am Golf als Tagelöhner und ernährten mit ihrem Verdienst die Familien zu Hause. Man schickte die Tagelöhner zurück, nun vermehren sie das Heer der Arbeitslosen. Präsidentin Corazon Aquino ist in steter Gefahr, beim nächsten Militärputsch entmachtet zu werden. In Gesprächen fällt oft der Name Ferdinand Marcos, der von 1972 bis 1981 mit Hilfe des Kriegsrechts regierte. »Er wußte, was er wollte«, heißt es. Diktatur – wieder als Allheilmittel? In diesem Lande, am Rande des Bankrotts, steht die Demokratie auf unsicheren Beinen.

Ein Land lebt von seinen Ressourcen, von dem, was es bieten, verkaufen kann. Was können die Philippinen vorweisen – außer tropischem Sonnenschein und freundlichen Menschen?

Sie sind gute, geschickte Bauern, und sie wissen mit ihren Böden etwas anzufangen. Die zentralen Märkte wie Cebu bieten eine farbenfrohe Sammlung schmackhafter tropischer Gemüse und Früchte. Sauber, delikat. Eine Schüssel Reis mit etwas Fisch ist noch für jeden da. Auf der anderen Seite aber dieser Fluch in so vielen Ländern der Dritten Welt – Monokulturen: Kokos, Zucker zum Verkauf ins Ausland, Waren, die bei zunehmender protektionistischer Tendenz der Abnehmerländer, vor allem bei Zucker, unter massivem Preisverfall leiden. Die Böden der Monokulturen fehlen als Basis für die Ernährung der eigenen Bevölkerung. Noch immer lebt der von Marcos geprägte Begriff des »crony capitalism« (crony = Günstling). Die Auswertung einzelner Wirtschaftsbetriebe wird an Vertraute übertragen, die monopolartige Strukturen entwickeln, wenige Neuinvestitionen vornehmen und statt dessen erhebliche Kapitalbeträge ins Ausland schaffen. So kann keine Wirtschaft wachsen.

Die Filipinos sind von altersher geschickte »Aquakulturianer«. Sie züchten Speisefische und Garnelen in großen, flachen Teichen. Vor allem die »Prawn-Industry« war und ist zum Teil noch heute eine beachtliche Quelle des Einkommens, da die Garnelen sich vor allem im asiatischen Raum (Japan) hoher Wertschätzung erfreuen. 1988 konnten die Philippinen 23,54 Millionen Tonnen Garnelen verkaufen mit attraktiven Preisen von 7,70 bis 10,60 Dollar pro Kilo. 1989 aber brachen plötzlich die Weltmarktpreise zusammen, viele Züchter mußten schließen.

Trotz solcher Einbrüche bleibt dem Inselstaat auf die Dauer nichts anderes übrig als die Pflege und Kultivierung seiner »Aqua«-Ressourcen: Garnelen, Muscheln, Fische.

Doch da stehen wieder viele »Kleine« gegen wenige »Große«. Ein typisches Beispiel:

Louelle Dolar und der Muschelfischer

Von unserem Besuch in der alten Silliman-Universität bei Dumaguete auf Negros berichtete ich schon (s. Seite 45). Dicht am Strand hat die Universität ein recht umfangreiches Meeresforschungsinstitut errichtet mit Rechenzentrum, Bibliothek, zahlreichen Labors und Meereswassertanks zur Erforschung des Verhaltens und der Vermehrung von Riesenmuscheln. Besonderen Gästen wird auch einmal in seinem Freikäfig das Hauskrokodil gezeigt. Einst lebte *Crocodylus mindorensis* in den Mangroven, Flüssen, Seen und Marschen des Landes, heute ist es nahezu ausgestorben, weil seine Biotope zerstört wurden.

● Reise-Tagebuch, 15. März 1990. Das Team möchte sich jetzt ausführlich mit Krokodilen beschäftigen, aber dazu reicht, mal wieder, die Zeit nicht. Statt dessen sind Muscheln angesagt. Mit ihnen befaßt sich die Meeresbiologin Louelle Dolar in der Nachfolge des bekannten Forschers A. C. Alcala. So hockt denn alles im Jeep und fährt durch eine Landschaft voller Spiegel. Saubere Erdwälle und kleine Schleusen halten das Wasser der vielen Zuchtteiche auf gleicher Höhe. Bis in die Bucht von Bais ist alles beherrscht von Aquakulturen. Hinter Bais schaukelt der Wagen auf allzu schmalen Dammwegen zwischen Teichen hindurch bis an die Bucht. Aus den hölzernen Hütten der Fischerfamilien tönt Radio Manila. Louelle kennt jeden und wird freundlich begrüßt. Schon lange kämpft die Biologin mit den Waffen der Wissenschaft gegen den Niedergang der Muschelfischerei. Was ist geschehen?

»Das Problem reicht mehr als 30 Jahre zurück. Damals führten die Fischer Klage bei der Provinzregierung darüber, daß die Abwässer der Zuckerfabrik in die Bucht fließen und die Muschelbrut zerstören. Jemand von unserer Meeresforschung kam her und sah nach, aber die Untersuchungen konnten erst 1986 beginnen. Wir haben gemessen und nach den Ursachen geforscht. 1987 kam es zu einer echten Katastrophe. Ich machte mit anderen zusammen eine Dokumentation, die ging in Druck. 7000 Fischer standen am Rande ihrer Existenz. In Manila haben sie Hearings abgehalten. 1989 kam endlich eine Anweisung von der Umweltbehörde an die Fabrik. Die hat dann Erde abgegraben und eine Pumpe gebaut für die Abwässer. Im letzten Dezember haben wir einen neuen Report gemacht – die Probleme waren die alten geblieben. Wieder ein Report. Beamte kamen – es ist eine so ermüdende Sache, nichts Wirkliches geschieht.«

»Und Sie, haben Sie einmal mit den Leuten von der Fabrik geredet und ihnen gezeigt, was sie hier anrichten?«

»Das kann ich nicht, was glauben Sie, wie mächtig die sind!«

Wir gehen durchs Dörfchen, über die schmalen Kämme der Erddämme. Weit hinten, fast malerisch vor der Kulisse des Berges, die hohen qualmenden Schornsteine der Zuckerfabrik. Dicke, ölig schillernde Schichten auf den abgelassenen Teichen. Aquakultur ist längst ausgestorben. Die nährstoffreichen Zuckerabwässer haben die gesamte Vegetation eutrophieren (explodieren) lassen. Die Zuckerbarone machen zum Anschein »in Umweltschutz«, im übrigen stört sie das Schicksal der Fischer nicht.

»Wie geht es weiter?«

»Wir studieren die Muscheln in unserem Labor, wollen sehen, wie man sie zur Fortpflanzung bringt. Vielleicht können wir den Fischern helfen, indem wir die Muscheln für sie züchten, statt daß sie selbst hinausfahren, um sich dort ihre Jungtiere zu suchen.«

»Werden Sie Ihre Forschungen hier vor Ort weitertreiben können?«

»Nicht so kontinuierlich, leider. Damals gab es ein Extra-Forschungsprojekt, aber es ist abgeschlossen, uns fehlt jetzt das Geld. Aber wir versuchen doch, mit einem regelmäßigen ›Monitoring‹ des Gebiets eine dauerhafte Verbindung herzustellen zum Umweltamt der Provinz. Mehr können wir nicht tun.«

Man muß nicht auf die Philippinen fahren, um die auseinanderklaffende Schere zu beobachten zwischen gesicherten Erkenntnissen der Ökologie und den Taten der Verantwortlichen. Bei uns in Deutschland ist es nicht anders.

Lato macht müde Männer munter

● Reise-Tagebuch, 26. März 1990. Mit angewandter Ökologie läßt sich gutes Geld verdienen. Herr Viviami jr. zeigt es uns in Kalawisan nahe dem großen Seehafen von Cebu. Schon aus der Luft haben wir das reizvolle Mosaik stiller, dunkler Teiche identifiziert. Hier hat eine ruhige »Revolution« stattgefunden. Wie sie vor sich ging, erklärt uns unser wissenschaftlicher Berater: Dr. Ulrich Horstmann vom Kieler Institut für Meereskunde hat entscheidend dazu beigetragen:

»Es gibt eine Story. Vor ungefähr 20 Jahren war da ein Algensammler. Eines Tages konnte er nicht alle Algen verkaufen, und da legte er sie zum Frischhalten in einen Fischteich. Als er später nachsah, stellte er fest, daß die Algen weiterwuchsen. So begann dann die Zucht von Algen, und zwar, da liegt der Witz, in den Teichen, die zuvor den beliebten ›Milkfish‹ lieferten *(Chanos chanos).*«

Das Objekt heißt *Caulerpa racemosa var. occidentalis,* eine Grünalge. Im Dialekt Cebuano heißt sie »Lato«, und die traubenförmigen Ästchen werden in vielen Teilen Asiens frisch als Salat gegessen. Sie schmecken nicht nur delikat, sie enthalten auch das Caulerpin, einen Stoff, der schläfrig macht, zum Träumen anregt und angeblich müde Männer munter macht. Naturgemäß gedeiht Caulerpa im schlammigen Substrat, einige hundert Meter vor der Strandlinie der Mangroven. Das Meerwasser hat dort eine Temperatur von zirka 27 Grad, der Salzgehalt beträgt 31 bis 33 Teile pro Tausend.

Caulerpa/Lato-Sammler pflegten die Pflanze wild zu ernten, indem sie die »Thalli« früh am Morgen aus dem Seeboden rissen und in Körben (»Alat«), zu 40 Kilogramm verpackt, auf den nächsten Markt brachten. Doch der Bedarf an

Lato stieg, die Wildbestände waren bald überenrntet. Es lag also nahe, Caulerpa im großen Stil in ehemaligen Fischteichen zu züchten. Dr. Ulrich Horstmann und Dr. Winfried Schramm nahmen sich der Sache wissenschaftlich an. Sie untersuchten mit den Mitteln der Ökophysiologie die Alge und ihre besonderen Anforderungen an den jeweiligen Standort. Sie widmeten sich intensiv der Ausbildung des akademischen Nachwuchses in der Meereskunde im Rahmen eines seit 1970 vom Deutschen Akademischen Austauschdienstes geförderten Programms. Unser ständiger Reisebegleiter, der Filipino Tony Yap, konnte auf diesem Wege seine meereskundlichen Studien in Kiel fortsetzen.

Die alten »Milkfish«-Teiche waren anstelle gerodeter Mangrovendickichte angelegt worden. Die niedrigen Dämme bestehen aus getrocknetem schwarzem Schlamm, teilweise auch mit Unterstützung von Korallensteinen. Das Wasser hat Tiefen zwischen fünf und 60 Zentimeter bei Niedrigwasser. Die Größe der Teiche variiert von 1000 Quadratmetern bis zu einem Hektar. Kleine Schleusen kontrollieren den Wasserspiegel und die Erneuerung des Wassers. Diese Kontrollen müssen recht präzise sein, wenn Caulerpa nicht leiden soll. Der Aquafarmer »bepflanzt« seinen Teich, indem er einfach Jungalgen ausstreut. Sie wachsen im Schlammboden heran und können nach 45 Tagen herausgezogen und geerntet werden. Ein bestimmter Prozentsatz kehrt zurück in den Teich für die nächste Ernte. Alle 14 Tage kann geerntet werden. Das frische Material läßt sich in Körben bis zu 48 Stunden lagern.

In seiner Studie von 1983 stellt Dr. Horstmann unter anderem fest, warum Caulerpa sich im Schlamm des Teichbodens »versteckt« – die Alge ist empfindlich gegen harte Sonnenbestrahlung, die offenbar ihren Fotosyntheseapparat negativ beeinflußt. Und er betont ein wichtiges ökologisches Prinzip, das in der Algenzucht wirksam wird: »Die Kultur von Caulerpa in ehemaligen Fischteichen ist ein gutes Beispiel für die Umwandlung eines Zweitproduzenten (Fischteich) in einen Erst- oder Primärproduzenten (Algenteich) mit einem Anstieg der Effizienz um 90 Prozent – genau jener Anstieg, den wir von der Umwandlungsrate in Nahrungsketten erwarten.«

Es geht um die entscheidenden Begriffe wie »Energiefluß« und »Stoffwechsel«. Der amerikanische Ökologe Eugene P. Odum drückt das, was sich hier abspielt, so aus: »Der Übergang der Nahrungsenergie vom Ursprung in den Pflanzen durch eine Reihe von Organismen mit wiederholtem Fressen und Gefressenwerden ist als *Nahrungskette* bekannt. In verwickelten natürlichen Gesellschaften werden Organismen, die ihre Nahrung von Pflanzen durch die gleiche Stufenanzahl erhalten, als zur gleichen *trophischen Ebene* gehörig bezeichnet. Folglich besetzen grüne Pflanzen die erste trophische Ebene (die Produzentenebene); Pflanzenfresser (Herbivore etc.) die zweite Ebene (die Primärkonsumentenebene), Fleischfresser, die Pflanzenfresser verzehren, die dritte Ebene (Sekundärkonsumenten) ... Bei jedem Energieübergang von einem Organismus zum anderen oder von einem zum anderen trophischen Bereich wird ein Großteil der Energie in Wärme umgewandelt, gemäß dem 2. Thermodynamischen Gesetz. Je kürzer die Nahrungskette oder je näher die Organismen dem Beginn der Kette sind, um so größer ist die verfügbare Nahrungsenergie. So können sich mehr Menschen auf einem bestimmten Quadratkilometer erhalten, wenn sie mehr als Primär- denn als Sekundärkonsumenten funktionieren.«

Mit anderen Worten: Ich brauche etwa acht Kilogramm Pflanzenmaterial, um ein Kilogramm Fleisch zu erzeugen. Also kann ich mit zum Beispiel Getreide viel mehr Menschen satt machen als mit Fleisch.

Viviami profitiert von diesem Energiegesetz. Tatsächlich erntet und verdient er acht- bis zehnmal mehr mit seinen Algen als der Fischteich-Farmer. Ein Hinweis darauf, daß man gerade in den Tropen versuchen sollte, Organismen ganz unten in der Nahrungskette zu züchten.

Die Frauen von Kalawisan sortieren die Ernte des Tages. Sie gehören zur großen Familie des Herrn Viviami jr. Seine Frau ist gern bereit, uns zusehen (und mitschmecken) zu lassen, wenn sie das Festmahl anrichtet: Reis mit Lato. Viel

Arbeit ist das nicht. Der Reis liegt bereit in abgepackten Portionen. Aus Tomaten, Öl, Salz, Pfeffer und Zwiebeln bereitet sie eine scharfe Soße, in die man dann die grünen, taufrischen Lato-Zweige taucht. Eine gesunde, vitaminreiche und erfrischende Delikatesse.

Tony Yap macht im Cebuano-Dialekt ein Interview mit dem Caulerpa-Farmer.

»Wie groß ist die Fläche, die Sie bewirtschaften?«

»Zwei Hektar.«

»Wohin verkaufen Sie Ihre Ernte?«

»Nach Davau und nach Manila.«

»Wie ist es mit Japan als Abnehmer?«

»Beim nächsten Mal werde ich auch nach Japan liefern.«

»War die Ernte gut?«

»Recht gut.«

»Wieviel?«

»18 bis 31 Baskets (Körbe) je 100 Kilogramm. Einer bringt 400 Pesos.«

»Dann bekommen Sie im Monat ungefähr 12 000 Pesos. Wie groß ist Ihre Familie?«

»O viele, elf Personen.«

»Und Sie können die Familie gut erhalten?«

»Ja.«

»Wie geht es mit den Kindern, bekommen sie Unterricht?«

»Ein paar haben ihren Abschluß erworben, andere nicht, weil sie keine Lust zum Studium haben. Einer ist Marine-Ingenieur geworden und eine Tochter ist Hebamme.«

Wissenschaft hat geholfen, daß dieser Mann mit seiner Familie durch die verhältnismäßig einfache Caulerpa zu einigem Wohlstand gelangte.

Ulrich Horstmann, der Mitinitiator des Unternehmens, sieht ein wichtiges Problem in der ständigen Kontrolle des Teichwassers auf Salzgehalt, Temperatur und pH-Werte. »Um aber die Massenkultivierung von Caulerpa in Teichen ganz verstehen und kontrollieren zu können, brauchen wir noch viel mehr Forschung.«

Forscher im Korallenmeer

Wir sollen es nicht merken, aber der Mann ist sichtlich bewegt. Alles hat er geplant, gebaut, eingerichtet, in Schwung gehalten, damals, vor 15 Jahren, als er aus Deutschland hierher kam, um einen Beitrag zur Erforschung der Korallenmeere zu leisten.

Ulrich Horstmann besucht seit langer Zeit wieder einmal »sein« Maribago, die kleine Forschungsstation auf Mactan, dicht am Strand: das Holzhaus zum Wohnen und Forschen, die Bassins für die Weiterzucht selten gewordener Meerestiere, die Forschungsboote mit den Auslegern. Viele Studenten und Studentinnen der Universität von San Carlos haben hier von ihm gelernt, wie man moderne Meeresforschung betreibt und was man mit dem Wissen dann anfangen kann. In Maribago wurde das wissenschaftliche Fundament gelegt für den großräumigen Anbau der benthischen Rotalge *Eucheuma cottonii* aus der Familie der *Solieriaceen*. Eucheuma ist wirtschaftlich von hohem Interesse, denn sie enthält das Carrageenin, ein Polysaccharidkomplex. Ähnlich wie die Alginate wird es in der Nahrungsmittel-, Textil-, Arzneimittel-, Leder- und Brauereiindustrie zur Stabilisierung von Emulsionen und Suspensionen verwendet.

Was dies für unser Thema bedeutet, wird uns klar, wenn wir uns die Situation in den philippinischen Korallenmeeren etwas genauer ansehen. Ulrich Horstmann kennt die Gegend wie kaum ein Einheimischer. Unser weißes »Pumpboat« (einheimisch »Bangka« genannt) ist das ideale Fortbewegungsmittel für jemanden, der die flachen Korallenmeere erobern will. Die Bangka hat einen langen, sehr schmalen Rumpf, der oft noch wie früher als Einbaum konstruiert ist. Einbäume sind aber höchst wacklig. In der Bangka bekommt er seine erstaunliche Stabilität und Seetüchtigkeit mittels weiter Ausleger aus Bambus. Manche Pumpboats werden gesegelt, viele besitzen einen Motor, der das leichte Gefährt über das Wasser flitzen läßt. Ein Sonnendach schützt vor den harten Strahlen der senkrecht stehenden Mittagssonne (mindestens Sonnenschutzfaktor 16!).

Wir sind unterwegs von Mactan in Richtung Insel Bohol. Der Wind frischt auf, die See wird kabbelig. Die Farbe des Wassers wechselt zwischen dem Hellblau über flachen Bänken und Dunkelblau über den Tiefen. Fischerboote passieren. Die Männer halten die Köpfe vermummt mit Kapuzen, die nur die Augen freilassen. Sie schützen das Gesicht vor Sonnenbrand. Vor Santa Rosa streifen Kinder durchs Flachwasser auf der Suche nach bunten tropischen Fischen, die sie in Plastiktütchen stecken und später an Touristen verkaufen. Aber sie haben nicht oft Glück, die See ist verarmt.

Die flachen Gewässer stehen auf Korallenriffs und sind hier so ausgedehnt, daß sie etwa die Hälfte der Landmasse der Philippinen ausmachen. Die marinen Ökosysteme sind von großer Bedeutung – für die Meeresforschung, für den Tourismus der Sporttaucher und für die Ernährung der Bevölkerung. Korallenriffs bilden die traditionellen Fanggründe der lokalen Kleinfischerei und liefern einen beachtlichen Anteil der philippinischen Fischindustrie. Fischer und Fänge werden beeinflußt von den Jahreszeiten: Von Oktober bis Ende April bläst der Nordost-Monsun; von Mai/Juni bis Ende September der Südwest-Monsun. Gefürchtet sind die recht häufigen, verheerenden Taifune.

In ihrer Untersuchung über die Fangerträge in den Korallenriffs um Apo-Island haben A. C. Alcala und T. Luchavez 1981 unter anderem folgende Fisch-Spezies registriert, die vor allem gefangen wurden: *Caranx, Elegatis, Elops, Naso, Acanthurus, Caesio, Octopus, Scarus* ... Die Autoren errechneten Durchschnittsfänge von 11,4 Tonnen pro Quadratkilometer Meeresfläche. Das Einkommen pro Fischer und Tag wurde mit fünf bis neun Pesos angegeben, das ist extrem wenig. Man befürchtete, daß der Hungerlohn die Fischer zwingen könnte, bald zu wirksameren, aber ökologisch zerstörerischen Fangtechniken überzugehen. In vielen Bereichen ist das längst geschehen. Fischer benutzen Dynamit (was sie oft mit abgerissenen Armen und Beinen bezahlen), und die Explosionen vernichten alles Leben im weiten Umkreis.

Der Traum von der Südsee. Weiße Strände, wiegende Palmen, fröhliche Menschen. Die Idylle auf Postkarten und Reiseprospekten zeigt die Kehrseite einer bitteren Realität. Kaubyan zum Beispiel. Ein sichelförmiges Eiland mitten im Meer. Schon aus der Luft hält man den Anblick nicht für wahr. Die Holzhütten stehen so dicht, als müßten sie jede Minute ins Wasser fallen. Wir schieben unser Pumpboat auf den Sand und: Au! Die Hitze dringt sofort durch die Sohlen, man kann kaum stehen. Schwarzgebrannte Kinder tummeln sich im glühendheißen Sand und in der kaum weniger warmen Brühe des Flachwassers. Wir treiben mühevoll durch das Gedränge in den meterschmalen Gäßchen. Die Stickluft erfüllt von Radiomusik und Bratfischdunst. (Assoziation: Der Kudamm am Samstagvormittag ist leer dagegen). Kaubyan ist Anschauungsunterricht in Übervölkerung. Ein paar Gärten so groß wie ein Blumenkübel. Kaum eine Palme. Wovon, bitte, leben diese Massen? Ursprünglich vom Fischfang.

Irgendwie treibt Tony Yap einen Fischer auf, den er im Dialekt befragen kann. Der Mann sitzt inmitten seiner Familie unter dem schattenspendenden Palmdach.

»Sie sind Fischer?«

»Ja.«

»Zu wie vielen in der Familie?«

»Zehn.«

»Also acht Kinder. Können Sie Ihre Familie mit der Fischerei ernähren?«

»Mit der Fischerei allein schon lange nicht mehr.«

»Was halten Sie von der Dynamitfischerei?«

»Kommt darauf an. Wenn es nichts zu essen gibt, verwende ich Dynamit.«

»Ist Dynamit gut für Ihre Zukunft?«

»Nein, nicht gut, ist nicht gut für die Fische, tötet alles.«

»Könnten Sie hier nicht Algenzucht betreiben?«

»Nein, das wächst hier nicht gut, und Inseln, die dafür geeignet wären, liegen weit weg.«

Der Mann von Kaubyan bringt das Problem auf den Punkt: Wenn der Hunger droht, greift man zum letzten Mittel, wohl wissend, daß man damit der einzig verfügbaren Ressource den Rest gibt, diesem einst so fruchtbaren Korallenmeer. Hunderte von kleinen und größeren Inseln in den Meeren der Philippinen sind von Menschen überfüllt, die vom Meer allein nicht mehr leben können. Oft winzige Inseln, die den Boden nicht haben für ertragreiche Landwirtschaft. Alles zum Existieren Notwendige muß mühsam und teuer mit den Pumpboats von den großen Inseln dorthin transportiert werden.

Wir haben Higotanan erreicht. Auch diese Insel ist nicht groß, aber deutlich wohlhabender. Das Kinderheer begleitet uns schwatzend durch den kleinen Wald zum Haus den Señor Gulbo. Der Mann, man sieht es, hat es geschafft. Seine Leute sind soeben dabei, die letzte Eucheuma-Ernte auf Holzplanken zum Trocknen auszubreiten – eine gelbbraune Masse, etwa wie bei uns der Tang aus der Nordsee. Auch der Duft ist ähnlich.

Tony führt wieder das Interview für uns:

»Wir sehen, Sie haben eine Algenfarm aufgebaut. Wie groß ist Ihre Familie?«

»Neun Personen.«

»Sie waren kein Algenfarmer, als Sie hier anfingen?«

»Nein, Fischer, Gillnet-Fischer.«

»Auch illegale Fischerei?«

»Nein, keine.«

»Wie groß ist der Unterschied zwischen damals, als Sie Fischer waren, und heute?«

»Riesig, Algen sind 90 Prozent besser!«

»Sollte jeder Fischer zu den Algen überwechseln?«

»Ja, jeder muß sich dafür interessieren, damit die Kinder eine Zukunft haben.«

»Wie groß ist Ihre Farm?«

»Im Augenblick bewirtschafte ich zwei Hektar.«

»Und die Ernten?«

»Ich habe vier Ernten pro Jahr mit je 40 000 Pesos pro Hektar.«

Señor Gulbo verdient das Vielfache dessen, was er mit der Fischerei je einnehmen könnte. Kein Wunder, daß er in den Algen seine Zukunft sieht. Wo aber sind die Abnehmer, die Vermarkter?

Weit draußen in der Korallensee stehen einsam und nur mit dem Boot erreichbar ein paar Plattformen auf hölzernen Stelzen. Menschen arbeiten dort im Schutz einer Hütte. Mann, Frau und alle Kinder sind dabei, Plastikschnüre zu knüpfen. Eucheuma vermehrt sich vegetativ durch Sprossung. Man bindet also die Trichome (Ästchen) der Alge an lange Schnüre und befestigt sie in langen geraden Reihen am Boden des flachen Meeres. Im kristallklaren Wasser sieht das faszinierend aus, wie schnurgerade Beete. Es sind die Algengärten einer funktionierenden »Mari-Kultur« – im Gegensatz zur Aquakultur in Teichen also die Kultur im Meer. Innerhalb weniger Wochen wachsen die angebundenen Trichome zu großen Büscheln heran. Sie werden geerntet, getrocknet und nach Cebu verschifft.

Es sind aber, betont Ulrich Horstmann, durchaus nicht alle Flachwassergebiete geeignet:

»Wir haben das mehrere Jahre lang zusammen mit unseren philippinischen Studenten untersucht. Eine Rolle spielen:

- der Wasseraustausch (die Strömungen);
- der Nährstoffgehalt des Wassers (Auftrieb der Nährstoffe aus kaltem Tiefenwasser);
- Temperaturschwankungen: in zu flachen Gebieten wird tagsüber das Wasser zu heiß;
- Ausspülung durch starke Regenfälle. Die Algen sind sehr empfindlich gegenüber zu geringen Salzgehalten, das Wassereinzugsgebiet muß daher zur Regenzeit aus dem Tiefenwasserbereich stammen.

Übrigens ist es ein langer, schwieriger Weg vom Antrag der Lizenz bis zur gewinnbringenden Algenfarm. Oftmals endet er in der Pleite. Man braucht das gewisse Feeling. An vielen Stellen muß man zum Beispiel unbedingt vor Einsetzen der Regenzeit ernten, sonst bekommt *Eucheuma striatum* eine Krankheit, die ›Eis-Eis‹ heißt: Die Trichome werden von Bakterien befallen, brechen auseinander und werden dann von der Strömung fortgeschwemmt. Unsere

Aufgabe damals war auch, Unterarten von Eucheuma zu finden, die noch besser wuchsen, aber auch, um die Bestände zu regenerieren. Solche Arten habe ich seinerzeit aus der Sulu-See (südwestlicher Zipfel der Philippinen), aber auch aus Indonesien nach Cebu gebracht.«

»Wann beginnt hier die Entwicklung der Konzerne, und welche Rolle spielen sie?«

»Die großen Konzerne begannen schon Mitte der siebziger Jahre, Farmen auf den Philippinen anzukurbeln, allen voran Marine Colloids (USA), Genu-Products (Dänemark) und OB France. Ende der Siebziger gab es dann so etwas wie eine Philippinisierung, die natürlich eine Chinesierung war. Tatsächlich begann der Durchbruch mit der Möglichkeit, das Endprodukt, nämlich Carrageenin-Pulver, vor Ort herzustellen, und da ist wohl Shemberg führend. Doch die Konkurrenz aus Indonesien schläft sicher nicht.«

Im übrigen gäbe es noch andere Eucheuma-Arten und auch andere Algenarten wie *Gracilaria,* die für einen Anbau geeignet wären, dazu müsse aber die Technologie der Massenkultur erst weiterentwickelt werden.

Beinahe um jede Insel erstrecken sich Flachwasser-Korallenriffs. Oft sind sie größer als die Inseln selbst. Durch Raubbau (ständige Überfischung) sind diese Systeme verarmt, seit vielen Jahren; verarmt an Arten, die gänzlich aussterben können. Man kann die Flachmeere nicht wiederbesiedeln (wie das Aufforsten eines Waldes), man kann Algen wie Eucheuma auch nicht zur Ernährung verwenden. Doch die großflächige Mari-Kultur bringt dem Land die dringend benötigten Devisen, und das könnte der gesamten Bevölkerung helfen.

Benson U. Dakay, Millionär und Yachtbesitzer, regiert den Shemberg-Konzern. In grünweißen Firmenuniformen hocken hundert Frauen geduldig vor riesigen Algenhaufen und sortieren sie nach Güte und Verwendbarkeit, bevor die Algen in langwierigen Prozessen zu einem weißen Pulver verarbeitet werden. Im modernen, hygienisch einwandfreien Maschinenraum füllen weitere Frauen schreiendbunte, süße Fruchtsäfte ab, die, mit Saugrohr versehen,

sehen, bei Asiens Kindern hochbeliebt sind. Das Geschäft läuft wie geschmiert.

Direktor Dakay gewährt ein Interview. Frage:

»Wie viele Menschen sind direkt oder indirekt abhängig von Ihrer Fabrikation?«

»250 000 Menschen sind im Algenanbau beschäftigt. Wir kaufen etwa 40 Prozent der Produktion. Etwa 100 000 Menschen sind indirekt mit unserem Werk verknüpft.«

»Wenn nun ein Fischer zu Ihnen kommt und möchte in das Geschäft einsteigen, wie kann er einen Hektar Wasserfläche bekommen?«

»Das ist nicht leicht. Es gibt eine Agentur in der Regierung, die den Farmern zu helfen versucht. Vor allem kleinen Unternehmen möchte man helfen.«

»Kommen viele?«

»Ja, sie suchen Beratung, wie ihre Farm legalisiert werden kann. Viele pflanzen Algen ohne Regierungslizenz.«

»Man spricht von den Zerstörungen in den Korallenriffs, was sagen Sie dazu?«

»Es ist unser tiefstes Anliegen, die Riffs zu erhalten. Das können wir nur, wenn wir den Leuten Alternativen für ihren Lebensunterhalt bieten. Dann werden die Fischer aufhören mit ihrer Dynamitfischerei. Wir können ihnen eine lukrative neue Verdienstquelle bieten. Über kurz oder lang werden sie die kommerzielle Fischerei vergessen, sie werden soviel fischen, wie sie selbst brauchen, und im übrigen Algenzucht betreiben.«

Carrageenan, das wertvolle Verdickungs- und Geliermittel aus dem Meer, trägt seinen Namen übrigens nach der Küstenstadt Carragheen in Südirland, wo die ersten systematischen Algenanbaugebiete entstanden. Die Kapazität des Weltmarkts an diesem Stoff wird auf über 100 000 Tonnen jährlich geschätzt. Die Verwendung ist äußerst vielseitig: Salben, Pigmente, Zahnpasten, Shampoos, Salatdressing, Tierfutter in Dosen, Instantgetränke, Sirups, Sterilmilchgetränke, bis zur Schlagsahne. Shemberg unterhält enge Beziehungen zu Deutschland, und Herr Bakay verabschiedete uns mit der traurigen Bemerkung, daß das deutsche

Reinheitsgebot für Bier den Zusatz seines herrlichen Stoffes leider nicht erlaube.

Bei seinen Versuchen, das Feld der Aktivitäten zu erweitern, stieß der Konzern mit dem Umweltschutz zusammen. Darüber berichtet Marichu M. Echica im »Sun Star Daily« vom 28. März 1990. Ort des Geschehens: die Gewässer des Tubbataha-Riffs bei der abgelegenen Insel Palawan. Bis dahin besitzloser Tummelplatz von Piraten und illegalen Fischern. Shemberg hatte dort 15 Millionen Pesos investiert in neue Farmhäuser, Meerwasser-Entsalzungsmaschinen, Motorboote und Einrichtungen der Kommunikation, um 10 000 Familien eine Existenzbasis als Algenfarmer zu schaffen. Weitere Familien sollten folgen. Ein Großprojekt, das von der Regierung von Palawan begrüßt wurde. Dann kamen Umweltschützer in die Szene und klagten, die Algenfarmen und -farmer müßten das Meeresleben zerstören. Shemberg war der Meinung, die Algenfarmer würden im Gegenteil das Meeresleben schützen, weil sie zum Beispiel Dynamitfischer daran hindern würden, das Gebiet zu zerstören. Die Algen seien darüber hinaus ein guter Schutz für Fische und andere Organismen. Doch die Behörde für Umwelt und Naturschätze erklärte das Gebiet zum Nationalen Meeres-Naturpark. Und es wird berichtet, daß die Tubbataha-Foundation fünf Millionen Dollar vom World Wide Fund for Nature erhalten habe, um den Park zu unterhalten. »Die fünf Millionen werden bald ausgegeben sein«, murrte Señor Dakay und zog sich aus dem Projekt zurück. Mari-Kultur contra Umweltschutz – wie würde man bei uns entscheiden?

Wasserkrieg

Ariston men Hydor

Ich erinnere mich an einen Geschmack, aber ich kann ihn nicht beschreiben – Nektar? Ambrosia? Trockener Sekt vielleicht? Wie dem auch sei, in meiner Erinnerung war es wie der Himmel auf Erden.

Euphorie? Das kommt auf den Ort an, wo einer gerade steht. Es war ein kochend heißer Augusttag des Jahres 1978. Alfons Nußbaumer und ich stapften leicht ermüdet den schmalen Sandpfad entlang, zwischen den gelbsandigen Hügeln von Timna. Alfons, »desert guide« von Beruf, wollte mir die Überreste der chalkolitischen Kupferkultur zeigen, die hier, nicht weit vom Sinai, um 4800 vor Chr. den Beginn des Metallzeitalters einläutete. Um uns her keine Vogelstimme, unnatürlich laut nur das Knirschen der Stiefel auf den Steinen, nicht die leisteste Bewegung der Luft. Es gibt einen Vergleich: das staubtrockene Innere eines Backofens. Also auch kein nasses Hemd, der Schweiß verfliegt, bevor er rinnt.

»Wenn du dich verläufst in einem der Seitentäler, können wir dich abschreiben«, meint Alfons nebenbei, »hier liegen alte Gerippe herum, von Leuten, die es unbedingt wissen wollten und meinten, ich doch nicht!«

»Verdurstet?«

»Verdurstet, in Minuten und eingetrocknet.«

»Was macht man dagegen?«

»Auf dem Weg bleiben, Alfons vertrauen und acht Liter Wasser täglich trinken, auch wenn du glaubst, du bist nicht durstig.«

Nußbauer, unvergeßlicher Wüstenfuchs, denkt immer an alles. Jedes Ersatzteil ist doppelt im Wagen, sogar die Kurbelwelle. Und zwei Riesenkanister mit Wasser, Zapfhahn unten. Becher drunterhalten, trinken!

»Alfons, was ist das, der Geschmack, das gibt's nicht.«

»Wie Sekt?« schmunzelt der sonnendürre Mann.

»Ungefähr, nein, schöner.«

»Ich hab's auch extra hergefahren. Ist das beste Wasser der Welt, Wasser aus den Brunnen des Katharinenklosters im Sinai!«

Es war nicht nur die Hitze, der Durst. Zum erstenmal begriff ich, daß Wasser schmeckt, daß es einen eigenen, erkennbaren Geschmack hat. Mir war das neu. Eine Erweiterung der Sinne sozusagen.

Mit einer Ahnung vom Geschmack des Katharinenwassers noch auf der Zunge, drehte ich in Deutschland den Hahn auf und trank ein Glas Wasser. Ich hätte es bleibenlassen sollen, denn nun geschah das Umgekehrte: Ich hatte vergessen, wie schal Leitungswasser schmecken kann, wie tot, dumpfig – nach Chemie. Es wollte nicht zu dem Wort eines Klassikers passen, den ich auf der Suche nach Material ausgegraben hatte: Pindar. In seinen olympischen Siegesliedern hatte der Grieche um 500 vor Chr. gesungen: *Ariston men Hydor* – »Das Beste (aber) ist das Wasser.« Ein halbes Jahrtausend später, um 25 vor Chr., könnte jemand schlechte Erfahrungen gemacht haben: Vitruvius nämlich forderte: »Wasser soll frei sein von tödlichen und schädlichen Stoffen, kühl, klar, farblos und angenehm schmeckend.«

Das Studium alter Klassiker hilft uns zwar nicht aus der Wassermisere, es zeigt aber, daß Menschen sich lange vor unserer Zeit mit dem lebenserhaltenden Element herumgeschlagen haben. Der Historiker Rushton Coulborn betont, daß die heilige, magische, wohltätige Eigenschaft des Wassers »zu einem festen Bestandteil der Religion wurde«. Das Interesse am Wasser war allen Kulturen gemeinsam – so wie die Sorge über den Mangel an Wasser. In seiner Titelgeschichte über das »Lebenselement Wasser« erinnert der »Spiegel« (Nr. 32/1988) daran, »was in den Gesetzessammlungen schon der frühesten Staatsvölker ehern festgeschrieben war: Nicht nur der Verteilung von Wasser, wo es knapp war, sondern auch der Reinhaltung von Brunnen und Quellen galt das Augenmerk der Gesetzgeber – und am Kampf um das Wasser haben sich, privat und zwischen Völkern, auch die meisten Rechtshändel entzündet«.

Wenn heute den Bürgern wohlhabender Nationen das Leitungswasser nicht geheuer ist, greifen sie zu Mineralwasser, Grundwasser also aus tiefen Gesteinsschichten, in die

Schadstoffe noch nicht vorgedrungen sind. Im statistischen Querschnitt hat jeder Bundesbürger (West) 1986 rund 60 Liter Mineralwasser getrunken. Tendenz steigend. Hier stellt mancher sich schon die Frage, wann die Brunnen erschöpft sein werden. In Afrika kann sich die Hausfrau kein Mineralwasser leisten und muß mitansehen, wie ihr Kind an Vergiftung stirbt, weil sie das (gespendete) Milchpulver mit dem Wasser aus der verseuchten Zisterne angerührt hat.

Nach Ansicht der gemeinnützigen amerikanischen Organisation »Global Strategy Council« werden in Afrika bis zum Ende des Jahrhunderts rund 40 Prozent der Bevölkerung massiv unter Wassermangel leiden. Wasser werde das wichtigste außenpolitische Thema der neunziger Jahre sein und erhalte mehr und mehr strategische und wirtschaftliche Bedeutung. Wassermangel bedrohe zunehmend Frieden und Sicherheit. Das Konfliktpotential werde um so größer, je mehr Länder die Grenzen der ihnen zur Verfügung stehenden Wassermengen erreichten.

Während dort also möglicherweise »Wasserkriege« um Quellen und Flüsse ausbrechen, gehen wir alle immer noch sehr sorglos, verschwenderisch mit dem Trinkwasser um, das die Wasserwerke in die Leitungen pressen. Darüber hinaus tut sich in Deutschland nach der Vereinigung eine erschreckende Kluft auf. Nach einer Untersuchung des »Spiegel« (Nr. 1/1991) sind »die Grundwasserdepots im neuen Gesamt-Deutschland höchst ungleich verteilt: Während die Westler einen Wasservorrat von etwa 3000 Kubikmetern pro Person haben, müssen Ostler mit weniger als 800 Kubikmetern haushalten – die alte Bundesrepublik zählt zu den wasserreichsten Gebieten, die ehemalige DDR gilt als eine der wasserärmsten Regionen Europas«. Der Wasserverbrauch aber scheint das Gegenteil zu signalisieren: »Während der Tagesbedarf in der alten Bundesrepublik pro Einwohner bei 120 bis 140 Litern liegt, verplempert jeder Ost-Bürger täglich im Schnitt 250 bis 300 Liter.«

Doch vielen Bürgern der »sparsameren« früheren Bundesrepublik ist noch immer ziemlich gleichgültig, wieviel

Wasser sie täglich laufen lassen für Klo und Badewanne, für Geschirrspüler und Waschmaschine. Mancher glaubt sogar an sein gut entwickeltes Umweltbewußtsein, wenn er am heißen Sommertag ausdauernd den kurzrasierten Rasen besprengt, auch wenn am Himmel schon die ersten Regenwolken drohen. Im Wasserpreis ist eben alles drin.

Seit Jahrzehnten wird ernsthaft darüber gesprochen, ob es nicht sinnvoll sei, zwei verschieden gefärbte Wasserleitungen in jedem Haus zu installieren: eine für das kostbare, gut gereinigte und deshalb teurere Trinkwasser, die andere für billigeres Brauchwasser. Aber von guten Ideen zur Verwirklichung im politischen Alltag war es schon immer ein langer Weg.

Der Leser möge nicht glauben, in der alten Bundesrepublik habe immer die »heile« Wasserwelt geherrscht. Lange bevor jemand das ominöse Wort »Umwelt« benutzte, hat man auch dort sorgenvoll über Trink- und Brauchwasser, über Grund- und Oberflächenwasser und Reinigungsstufen nachgedacht und geforscht. In den sechziger Jahren traute der »Mann auf der Straße« der Wissenschaft aber noch zu, daß sie – zusammen mit ausgefeilter Technik – der Probleme stets Herr werden würde. Die Leute mit den weißen Kitteln schienen den Fortschritt in eine gute und gesunde Zukunft garantieren zu können. Noch herrschte in der Allgemeinheit der nahezu mythische Glaube an die Macht des Machbaren.

Doomsday-watcher

Doch es traten Warner und Mahner auf den Plan. 1960 hatten Lorus J. und Margery Milne ihr Buch »The Balance of Nature« veröffentlicht, das 1965 bei uns unter dem Titel »Das Gleichgewicht in der Natur« erschien. Darin finden wir die bezeichnende Story:

»Vor kurzem fragte die Naturschützerin Dorothy Childe Hogner den ›Council of State Government‹, wo in Amerika sie ein Flußsystem finden könnte, das so wenig verunreinigt sei, um als Modell gelten zu können. Mit Bedauern teilten ihr die Beamten mit, daß sie einen solchen idealen Fluß nicht kannten. Alle sind verschmutzt. Nur sehr entlegene Flüsse besitzen noch die kristallene Reinheit, die alle Flüsse Amerikas vor 300 Jahren auszeichnete.«

In den sechziger Jahren hat man solche Autoren leicht abschätzig und ironisch »Doomsday-watcher«, Weltuntergangsbeobachter, getauft. Ihre Stimmen in der Öffentlichkeit waren noch zaghaft leise.

Im deutschen Fernsehen wurde das Thema (wenn ich nicht irre, ausführlich zum erstenmal) 1967/68 aufgegriffen. Dr. Irmhild LaNier-Kuhnt, Köln, forderte uns auf, eine Filmserie unter dem Titel »Das Große Gleichgewicht« zu erarbeiten. Ein Beitrag sollte sich dem Problem »Wasser« widmen.

Es war damals nicht leichter als heute, Wissenschaftler und andere Fachleute ausfindig zu machen, die bereit waren, sich präzise und allgemeinverständlich zur Qualität und Verfügbarkeit des Trinkwassers zu äußern. Vielerorts fehlte es in den Labors zudem an höchstempfindlichen Meßgeräten. Dr. Herbert Knöpp von der Bundesanstalt für Gewässerkunde in Koblenz erläuterte uns 1968 den neuen deutschen »Wassergüteatlas« und den in Koblenz entwickelten »Assimilations-Zehrungs-Test«, mit dem die Änderung des Sauerstoffverbrauchs beim Abbau organischer Substanzen durch Bakterien und die Assimilation des Phytoplanktons gemessen wurden, um festzustellen, inwieweit Gifte der Abwässer in steigenden Dosen diese beiden biochemischen Reaktionen hemmen. Das war modernste Analysetechnik. Die Prüfungsergebnisse ergaben ein düsteres Bild: »Wir trinken in vielen Gegenden unseres Landes tagtäglich ein knapp 1:20 verdünntes, fast sauerstoff-freies, geringfügig im Fluß gereinigtes, durch Kiesschichten filtriertes Flußwasser!« Die Öffentlichkeit erfuhr also, daß da etwas gar nicht in Ordnung war – aber reagierte sie?

1988, in seiner Nr. 32, zitierte der »Spiegel«: »Schon gut die Hälfte der bundesdeutschen Wasserversorgung«, warnt Ingolf Spickschen, Wasserexperte beim Bund für Umwelt und Naturschutz, ist vom Zangengriff des Gifteintrags aus industriellen Abwässern einerseits und versickerten Giften aus der Landwirtschaft andererseits erfaßt. Selbst das Regenwasser im Rheineinzugsgebiet sei giftverseucht, meldet die gleiche Ausgabe. Als Hauptverursacher werden Landwirte und Hobbygärtner hervorgehoben, sie »streuen und spritzen gigantische Mengen Kunstdünger und Pflanzenschutzmittel auf Wiesen, Äcker und Gärten, die toxische Stoffe und ihre Abbauprodukte (Metabolite) wandern in die Tiefe und erreichen in wachsenden Mengen das Grundwasser«.

1964: Millionen Fische treiben tot und sterbend im Delta des Mississippi. Ursache: DDT und seine chemischen Verwandten waren von den Feldern in den Fluß gespült worden.

Bis 1986 wurde in der DDR (Spiegel, Nr. 1/1991) DDT unter dem Produktnamen »Bercema Aero Super« vom Flugzeug aus auf Wälder versprüht.

Mehr als zwei Jahrzehnte also waren *Ursachen und Wirkungen* bekannt! Wie zur Rechtfertigung wurde uns immer wieder vorgerechnet, daß eine ausreichende Ernährung der explodierenden Weltbevölkerung ohne »Pflanzenschutzmittel« wie Insektizide, Fungizide, Herbizide etc. überhaupt nicht denkbar sei. Im Jahresbericht 1989/90 der Kernforschungsanlage Jülich lesen wir: »Die neuere Entwicklung des chemischen Pflanzenschutzes begann etwa ab 1940 und erstreckt sich heute weltweit auf die Anwendung von etwa 1000 chemischen Verbindungen mit biozider Wirkung (in der Bundesrepublik 280). Der Weltverbrauch liegt bei etwa einer Million Tonnen Pflanzenschutzwirkstoffen pro Jahr. Davon werden in der Bundesrepublik Deutschland etwa 28 000 Tonnen/Jahr, und zwar vorwiegend als Herbizide (60 Prozent) eingesetzt ... Mit der Verfeinerung der Nachweismethoden wurden in den zurückliegenden Jahren vermehrt Pflanzenschutzmittelrückstände in Böden, in Drainageabflüssen und Grundwässern festgestellt.«

Wird der Widerspruch je aufzulösen sein: hier die Sicherung bezahlbarer Nahrungsmittel – dort das halbwegs gesunde Trinkwasser?

Ein Tropfen aus der Kanüle

Heute lernen Schüler, daß Trinkwasser das kostbarste Gut sei, das die Erde der Menschheit zu bieten habe. Daß Wasser den globalen Kreisläufen unterliegt, in die aber der Mensch mit seinen Techniken und Handlungsweisen unaufhörlich mehr oder minder massiv eingreift. *Wieviel* ist denn vorhanden?

Unsere Erde ist ein »Wasser«-Planet. 71 Prozent seiner Oberfläche ist mit Ozeanen bedeckt. Bildlich können wir uns das Ganze so vorstellen (nach Raymond L. Nace):

Die Gesamtmenge des irdischen Wassers ist in einem Ölfaß mit 200 Litern enthalten. Das Wasser aller Ozeane wäre dann der Inhalt einer Badewanne mit 195 Litern. Das Eis der Polkappen und Gletscher ein kleiner Block von 4,2 Litern. Der gesamte jährliche Wasserzyklus paßt in ein Zahnputzglas von 62 Millilitern. Die jährlichen Niederschläge auf die Landflächen sind noch soviel wie ein Likörglas von 15 Millilitern. Das Süßwasser, das alle Flüsse der Erde in die Meere verfrachten, ist dann der Inhalt einer Injektionsspritze mit fünf Millilitern, und das jährlich verfügbare Grundwasser der Erde ist der winzige Tropfen aus der Kanüle dieser Spritze: 0,25 Milliliter.

Anders gerechnet, nur 0,01 Prozent seines riesigen Vorrats bietet der Planet uns zum Trinken und Bewässern. Insgesamt 9000 Kubikkilometer.

Rechnerisch würde das ausreichen für viermal so viele Menschen, als heute die Erde bewohnen - *wenn* man es gleichmäßig verteilen könnte (dies gilt übrigens auch für die Nahrung). In Wirklichkeit sind manche Länder mit Wasser gesegnet, andere balancieren am Rande des Verdurstens.

Weltweit nimmt die Landwirtschaft sich den Löwenanteil von 73 Prozent und bewässert damit annähernd drei Millionen Quadratkilometer Ackerfläche (fast so groß wie Indien), weil die Regenfälle nicht ausreichen. Die bewässerten Flächen nehmen stetig zu.

Sie alle brauchen mehr und mehr Wasser: Menschenmassen, Industriekomplexe, Tourismus, Landwirtschaft. Die

Folgen: Die Grundwasservorkommen in weiten Teilen Indiens, Chinas und der Vereinigten Staaten sollen bereits erschöpft sein. In warmen Trockengebieten folgt auf ständige künstliche Bewässerung allzu oft die Versalzung der Böden: im Nahen und Mittleren Osten, aber auch in Amerika. Damit gehen Ackerflächen für Jahrzehnte oder für immer verloren.

Die Gärten von Xocilmilco

Was heute geschieht, hat seine Vorbilder in der Vergangenheit. Um ein Beispiel zu zeigen, drehte Jürgen Schröder-Jahn 1968 für unsere Serie »Das Große Gleichgewicht« in Mexiko eine Story von Ursache und Wirkung:

»Lange vor den Azteken baute ein unbekanntes Kulturvolk im Hochland von Mexiko die Tempelstadt Teotihuacan. Das Land war fruchtbar, Wälder hielten die Regenfälle fest. Im 12. Jahrhundert n. Chr. ließen sich die Azteken hier nieder und gründeten eine Stadt an der Stelle des heutigen Mexico City. Sie waren begabte Ingenieure und bauten Kanäle und Wasserleitungen. In dem sumpfigen Seengebiet bei Mexico City schütteten sie Erde auf riesige Flöße und schufen so die berühmten Gärten von Xocilmilco. Dann aber erschienen Cortez und seine Konquistadoren. Wo die Tempelpyramiden der Azteken gestanden hatten, erhob sich nun der Palast des spanischen Vizekönigs. Den alten See schütteten sie zu. Die Spanier begannen, Wälder rücksichtslos abzuholzen, weil sie Holz für den Bau ihrer Galeonen brauchten, die Gold und Silber nach Europa verfrachteten. Die Folge war die Erosion des Bodens durch die ungehindert von den Bergen stürzenden Wasser der tropischen Regenfälle. ›Barrancas‹ nennt der Mexikaner die tiefen Rinnen, die sie in den ungeschützten Boden gruben. Das Grundwasser versiegte. Noch heute zeugen alte Aquädukte aus der Zeit der Eroberer von den Anstrengungen, den gestörten Wasserhaushalt wieder in Ordnung zu bringen. Doch auch die Wasserleitungen von den Bergen bis in die Stadt hinein verfielen. Wasser wurde knapp in der ehemaligen Stadt am See. Es hat dann im 20. Jahrhundert Milliarden gekostet, die Wasserversorgung der Millionenstadt Mexico City sicherzustellen. Gewaltige Pumpwerke schaffen das Wasser aus dem 30 Kilometer entfernten Lerma-Fluß in die Stadtmitte. Mexico City hat wieder Wasserspiele. Die schwimmenden Gärten der Aztekenkönige sind Schauplatz bunter Volksfeste. Aber die erodierten Hügel des Hochlands sind so kahl und unfruchtbar, wie die Spanier sie hinterließen.«

In den dreißiger Jahren unseres Jahrhunderts – man hatte nichts gelernt – erschrak Amerika auf das heftigste. Das Wort von der »Dustbowl« wurde geprägt. Mächtige Staubstürme verdunkelten den Himmel – 300 Millionen Tonnen Ackererde wehten ins Meer und ließen Wüste zurück. Ursache: Die dünnschichtigen Prärieböden waren ohne Rücksicht auf ökologische Gesetzmäßigkeiten viel zu lange einseitig mit den Getreidemonokulturen bebaut worden. »Okies« hießen die Flüchtlinge, die ihre Farmen in Oklahoma und Texas verloren hatten und nun in Kalifornien Unterschlupf und Arbeit suchten. John Steinbeck behandelte das traurige Thema 1939 in »Früchte des Zorns«. Es nützte nichts.

Einer groben Schätzung von 1947 zufolge sind in den USA im Laufe weniger Jahrzehnte etwa 20 Millionen Hektar Land durch Bodenerosion wertlos geworden.

Wasserhändler Crowly

Es fehlte nicht an Utopien. Wie würde das Leben auf einem verdurstenden Planeten wohl aussehen? Auch wir versuchten uns in einer Art Science-fiction und erdachten 1970/71 das Fernsehspiel »Telerop 2009 – Es ist noch was zu retten!«. In einer düsteren, vertrockneten Zukunftswelt beobachtet und kommentiert die sympathische Fernsehreporterin Wismuth ihre lebensfeindliche Umwelt einmal die Woche. Heute geht es um Wasser.

Das Drama beginnt mit der Alarm-Meldung: »SOS, wieder Diebstähle an der Recyclinganlage von Edinburgh (Schottland) – unersetzbares Süßwasser fließt aus Leckstellen, Tausende von Menschen vom Verdursten bedroht, brauchen sofort Hilfe!«

Wismuth weiß, nur einer könnte hier sofort Rettung bringen. Der dubiose Mann heißt Bob Crowly und ist Eisprospektor und Wassermagnat in Stavanger (Norwegen). Er hatte gewußt, daß die letzten Süßwasserreserven im Eis der Pole lagern und sich rechtzeitig Lizenzen zum Abbau von Eisarealen in der Arktis gesichert. Nun konnte er riesige Eisschollen mit Hilfe aufmontierter Turboprop-Aggregate von der Arktis bis an den Persischen Golf treiben lassen und das Süßwasser dort zu Überpreisen verkaufen. Mit diesem Trick war Crowly steinreich geworden und konnte seiner geliebten Tochter Bets täglich Zwiebeln und Rohkartoffeln zum Frühstück bieten, die es auf den Märkten längst nicht mehr gab.

Wismuth bittet Crowly videotelefonisch ins Studio. Tochter Bets ist inzwischen mit dem Techniker Fred, von dem sie auf natürliche Weise ein Kind haben will, auf dem Eisberg unterwegs. Im Studio bittet Wismuth den Wasserhändler inständig, seinen Eisberg nach Edinburgh umzuleiten, damit die Leute Wasser bekommen. Trotz der Appelle an seine Menschlichkeit lehnt Crowly ab, er will abwarten, bis die Preise noch weiter steigen. Auf dem Höhepunkt des Dramas kommen über Satellit Bilder herein, die zeigen, daß der Eisberg zu kentern droht und Bets in Lebensgefahr schwebt. Da gibt Crowly zähneknirschend nach

Studiokollege van Flooth resümiert (aus dem Jahre 2009): »1975 war der Höhepunkt der Zivilisation überschritten. Ein unbeschreiblicher Luxus: Wasser, das man hätte trinken können, wurde dazu verwendet, daß man schmutzige Wäsche zusammen mit Waschpulver hineinlegte. Vieles war damals möglich, was wir heute nicht mehr verstehen. Andererseits war die Katastrophe bereits in den siebziger Jahren deutlich erkennbar. Längst führten die großen Flüsse mehr Schmutz und Gift zu Tal, als Güter auf ihnen befördert wurden. Nach Ostsee und Mittelmeer starb etwa ab 1980 alles Leben in den Ozeanen. Eine wichtige Nahrungsquelle fiel aus. Hier das Archivbild eines Herings.«

Als der Film 1972 lief (Regie: Eberhard Itzenplitz), waren die dargestellten Probleme des Jahres 2009 anscheinend noch weit entfernt. Die Amerikaner erwogen eine Zeitlang ernsthaft, große Eisschollen in Trockengebiete zu schleppen, um die Trinkwasserversorgung zu sichern. Sie gaben das Projekt als zu teuer wieder auf.

Was Rachel Carson schon 1962 geschrieben hatte, war keine Science-fiction. In ihrem Bestseller »Silent Spring« (Der stumme Frühling) konnte jeder lesen: »Die überwiegende Mehrheit der Weltbevölkerung erlebt (daher) bereits, oder sieht sich davon bedroht, daß das Wasser knapp wird. In einem Zeitalter, in dem der Mensch den Ursprung seines Daseins vergessen hat und nicht einmal mehr erkennt, was er unbedingt braucht, wenn er sich am Leben erhalten will, ist das Wasser zugleich mit anderen Versorgungsquellen ein Opfer seiner Gleichgültigkeit geworden.«

Liebe Gewohnheiten

Die »Doomsday-watcher« behielten Recht. Macht es sie glücklich? Kaum.

Im letzten Jahrzehnt dieses Jahrtausends bietet sich dem Betrachter ein Bild, das wenig Optimismus ausstrahlt: Wasser wird immer knapper, immer belasteter. Trotz intensiver, und inzwischen auch internationaler, Bemühungen der Wissenschaft fehlt es noch an einer genauen Kenntnis mancher Einzelheiten des globalen Wasserkreislaufs und über das Ausmaß noch unerschlossener Grundwasservorkommen. Es wird nun Zeit, wird mancher denken, daß endlich etwas Grundsätzliches, etwas Wirksames unternommen wird, und zwar überall in der Welt. Wenn die Politiker das nicht durchsetzen können oder wollen, dann müßten die Bürger auf die Straße gehen. Im Kampf gegen Giftmüll-Lagerung und Kernkraft-Mißbrauch haben sie es auch getan. Aber –

und hier scheint das größte Problem beim Wasser zu liegen – erst einmal müßte jeder einzelne, bei sich zu Hause, mit den eingefleischten lieben Gewohnheiten des Wasserverplemperns brechen und Wasser *sparen,* wie eine Kostbarkeit. Und sei es vielleicht auch nur, um den Enkeln noch etwas zu lassen, von dem sie leben können.

Mit Gewohnheiten brechen ist Menschen offenbar zuwider. Wohin dies Unvermögen führen kann, soll der »Wasserkrieg« demonstrieren, der in Kalifornien ausgebrochen ist. Zur Vorabinformation: »In den USA ... stieg der Wasserverbrauch zwischen 1945 und 1975 von 79,8 auf 311,6 Milliarden Liter pro Tag – ein ungeheurer Raubbau, der in weiten Teilen des Landes wahrscheinlich bald zu Versorgungsengpässen führen wird«, meldete der »Spiegel« in seiner Ausgabe Nr. 32/1988. Die Engpässe ließen nicht auf sich warten.

Dürre!

Kalifornien im Frühjahr 1990. Die Schlagzeilen aller Zeitungen rufen die furchterregende Nachricht in die Menge:

»Dürre! Wird sie auch hierher kommen?«

»Dürre! Santa Barbara lernt, mit ihr umzugehen.«

»Dürre! Käfer überfallen Bäume!«

»Mit Kalifornien ins vierte Dürrejahr. Bürger und Geschäftsleute werden aufgefordert, ihren Verbrauch schon im Mai um zehn Prozent zu senken, andernfalls haben sie Strafen zu erwarten.«

»Tief einatmen vor der Wasserrationierung in Südkalifornien!«

»Dramatisch gefallener Spiegel des Folsom-Sees erinnert an schreckliche Dürrejahre um 1977.«

»Der Staat soll Verwendung aufbereiteten Wassers zeigen!«

»Wasserbehörde von Kern County übernimmt Dürreplan.«

»Kalifornien im Angesicht eines langen, heißen, grimmigen Sommers.«

»Wie die Dürre die Wirtschaft trifft.«
»Gewinner und Verlierer in der Dürre des Jahres.«

Das lange Befürchtete ist eingetreten: Kalifornien sieht sich im Angesicht einer der schwersten Trockenheiten des 20. Jahrhunderts, seit der letzten großen Dürre 1977. Verzweifelte Behörden rufen die Bürger zur äußersten Sparsamkeit auf. Das Abspritzen der Bürgersteige wird ebenso verboten wie das Rasensprengen und andere Wasserverschwendungen. Wer in Los Angeles mehr als fünf Prozent Wasser einspart, zahlt weniger Wassergeld.

Die Verbraucher der Wasserabteilungen von San Francisco, von San Jose und im Santa-Clara-Tal werden behördlicherseits aufgefordert, mindestens 25 Prozent Wasser zu sparen. Sie erinnern ihre Bürger an die umfangreichen Sparprogramme, die man nach der Dürre von 1977 durchsetzen mußte durch behördlichen Erlaß.

Am härtesten betroffen sind im Frühjahr 1990 die Bereiche Santa Barbara, Monterey-Bucht, San Jose. Während der Norden des Staates noch verhältnismäßig gut dasteht, trifft es den trockenen Süden, der sein Trinkwasser einführen muß, recht schlimm, vor allem die durstige Metropole Los Angeles. Schon spricht man von einem »Wasserkrieg« zwischen Nord- und Südkalifornien.

Woher das Wasser nehmen?

Der trockene, nahezu regenlose »Sonnengürtel« im Süden des Staates könnte nicht existieren ohne den Colorado. Auf seinem 1450 Meilen langen Weg von seiner Quelle in den Rocky Mountains bis zur längst versandeten Mündung in Mexiko bringt er Leben für Hunderttausende Hektar bewässerter Wüste und die Städte. Wer wo und wieviel Wasser entnehmen darf, regeln Bündel juristischer Formalitäten: Staatsregulative, Gerichtsbeschlüsse, Verträge, zwischenstaatliche Vereinbarungen, Kongreßakten. Mit dem Ergebnis: Es wird mehr Wasser zugeteilt, als der Fluß mit sich führt. Zum Glück für durstige Städte im Süden entnehmen die Staaten am Oberlauf nicht soviel Wasser, wie ihnen juristisch zusteht, und auch viele Indianerstämme pochen nicht auf ihre Wasserrechte. Noch bringt der Fluß genug, doch das kann sich schnell ändern.

Ingenieure sannen vor langem auf Abhilfe. Im gigantischen »Central Arizona Project« (ab 1990) werden pro Sekunde 90 Tonnen Wasser 300 Meter hochgepumpt, gehen im Tunnel durch die Buckskin-Berge, durch Kanäle 310 Meilen nach Osten und füllen die Grundwässer von Phoenix und Tuscon auf. Für dieses Projekt wird jedoch mehr Wasser verlangt, als der Fluß liefern kann. Darüber hinaus verfrachtet der Colorado zehn Millionen Tonnen Salz pro Jahr, deshalb mußte am Unterlauf bereits Ackerland aufgegeben werden.

Aus dem trockenen Südkalifornien fließt kein Wasser in den Colorado. Doch künstliche Flüsse bringen Colorado-Wasser: Einer der gigantischen Aquädukte bewässert das Imperial Valley, der andere fließt 242 Meilen in die Gegend von Los Angeles, wo er den Kaliforniern hilft, die Wohltaten des Wassers zu genießen, ohne auf den Regen warten zu müssen, der ja doch nicht kommt.

Der Norden ist – neben den Grundwasservorkommen – auf die Schmelzwässer angewiesen, die von der Sierra Nevada kommen. Aus einem Gebirge, das zu den schönsten des amerikanischen Kontinents zählt. Den Mono-, Potwisha- und Washoe-Indianern waren die schneebedeckten Berge und Alpenseen heilig. Pioniere und Goldsucher starben beim Versuch, sie zu durchqueren. Wer heute die Interstate 80 nördlich des Tahoe-Sees nimmt, passiert den Donner-Paß, wo alles noch an das schreckliche Schicksal einer Gruppe von Pionieren erinnert, die im Herbst 1846, vom »Wildwestfieber« gepackt, hier steckenblieben und in ihrer Verzweiflung versuchten, durch Kannibalismus zu überleben. (Näheres steht bei Dee Brown, »Pulverdampf war ihr Parfum«, 1974.)

Vom Lake Tahoe, dem größten alpinen See Nordamerikas, sagt man, sein Wasser sei fast so rein wie destilliertes.

Im Winter ein international geschätztes Skigebiet. Die Sierra kann über einen Mangel an Superlativen nicht klagen. Mount Whitney ist Nordamerikas höchster Berg, »Bad Water« nahebei der tiefste Punkt. Im Sequoia-Nationalpark steht »General Sherman«, der höchste Baum *(Sequoiadendrum giganteum)*. Vom »Beadle Rock« aus bestaunt der Tourist, wie über dem Tal des San Joaquin die Sonne sinkt. Mit diesem Tal werden wir es noch zu tun bekommen.

● Reise-Tagebuch, 25. Mai 1990. Das dunkle Grün des hohen Waldes ist gesprenkelt mit den lustigen Farben munterer Touristen. Sie lagern, singen, joggen, verteilen Zettel mit Aufrufen, irgend etwas Wesentliches zu schützen oder etwas Verbotenes nicht zu tun: Amerikaner feiern auf ihre Weise den 100. offiziellen Geburtstag des berühmten Yosemite-Nationalparks, der aber zurückgeht auf einen entsprechenden Beschluß des Präsidenten Abraham Lincoln von 1864. Der heutige Geburtstag fällt zusammen mit der 20. Wiederkehr des in Amerika begeistert begangenen »Earth Day« – dem Tag der Erde. Auch hier werden Kinder aufgefordert, unter Musikbegleitung einen Baum zu pflanzen.

Nach einem trockenen Winter leidet der Park unter dem hohen Wasserverbrauch der Besucher und Dauercamper. Plakate fordern sie auf: Stell den Wasserhahn ab, wenn du dich rasierst oder die Zähne putzt! Dusch dich nicht so lange, spare Wasser im Klo und wasche Wäsche nur, wenn du genug davon hast.

Filme, Lesungen und kleine Theateraufführungen erinnern an die ruhmreiche Geschichte von Yosemite, sogar an die ehemaligen Besitzer, die Ahwahneeches-Indianer vom Stamm der südlichen Sierra Miwok. Spiritus rector der Naturerhaltung in diesem Teil der Welt ist John Muir, der 1868 zum erstenmal hierher kam und noch erlebte, wie 1890 der letzte Grizzly-Bär am Crescent-See geschossen wurde. Muir nannte Yosemite das »sanctum sanctorum« der Sierra und hat sein Leben lang über den Park und seine Erhaltung geschrieben und gearbeitet.

Unser Ziel ist das Tal von Hetch-hetchy an der Ostseite von Yosemite. Muir kämpfte noch vergeblich gegen den Damm, der heute das Wasser im Tal aufstaut zu einem großen See. Heute ist das Hetch-hetchy-Reservoir die wichtigste Wasserquelle für die weitentfernte Stadt San Francisco. Sein Generaldirektor, Anson Moran, sagt etwas rätselhaft: »Wir spielen Schneepoker!« Dahinter stecken Kuriositäten, die der Nicht-Kalifornier kaum begreift: San Francisco beherbergt in der City und auf der Halbinsel 2,2 Millionen Verbraucher und benötigt 1990 etwa 133 000 Acre-feet Wasser. Die Umrechnung dieses amerikanischen Maßes ist recht kompliziert: Ein Acre-foot bedeutet einen Acre Land, bedeckt ein Fuß hoch mit Wasser = 1.219,7 Kubikmeter. San Francisco hofft, um behördlich verordnete Sparmaßnahmen herumzukommen, wenn der Schnee in der Sierra Nevada bald schmilzt. Nach Vereinbarungen mit den Distrikten Modest und Turlock, welche Rechte am Tuolumne-Fluß teilen, bekommt die Stadt mehr Wasser, wenn der Schnee rasch schmilzt. Die Aufteilung des Wassers gründet sich auf alten Wasserrechten – sie geben San Francisco einen größeren Anteil am Flußwasser vor dem 15. April. Klar, daß die Stadtverordneten um warmes Wetter beten. Das war mit dem Schneepoker gemeint.

Jetzt, am Ende der Regensaison, sind 40 Prozent weniger Niederschläge gefallen als zu normalen Zeiten. Ausgetrockneter Boden saugte das meiste auf, bevor das Wasser den Weg in eines der 1200 Reservoirs des Staates finden konnte. Der »San Francisco Chronicle« konstatiert in seiner Ausgabe vom 23. April 1990: »Weniger Wasser bedeutet weniger Produktion und höhere Preise. Die Dürre von 1976/77 hat 2,4 Milliarden Dollar gekostet, unter anderem für Verluste an Getreide und Vieh, für Waldschäden und reduzierte Industrieproduktion. Heute könnte es wieder so teuer werden. Die dürregeschwächten Wälder könnten Feuern und Krankheiten zum Opfer fallen. Man sieht kaum eine Chance, ein weiteres Dürrejahr zu überstehen.«

● Reise-Tagebuch, 28. Mai 1990. Das hübsche Städtchen Los Gatos, nicht weit entfernt von Santa Cruz, hat sehr unter dem letzten Erdbeben gelitten; viele hölzerne Häuser stehen schief und krumm, bereit, jederzeit umzufallen. Kristina Dunn fühlt das Entsetzen noch in den Knochen, als sie verzweifelt versuchte, den Türrahmen ihres alten Häuschens festzuhalten, als die Erde schwankte. Sie möchte es um keinen Preis wieder erleben. Und nun noch die Wassernot. Resigniert fegt Kristina ein paar Blätter vom braungebrannten Rasen: »Schauen Sie meinen Garten doch an! Dann sehen Sie, wie schlimm es mich in den letzten vier Jahren getroffen hat. Das hier war alles einmal wunderschön grün. Heute sterben mir die Bäume, und ich darf meine Blumen nicht gießen, nicht einmal die Rosen. Ich wünschte, wir könnten Wasser sparen – nicht nur per Verordnung für die Bürger, sondern für die Landwirtschaft, denn die hat überhaupt kein irgendwie geartetes Sparkonzept. Ich bin stundenlang durchs Tal gefahren, wo unentwegt das Wasser fließt. Wir glauben: Wenn Wasser gespart werden muß, dann sollten alle das tun.«

Die Nachbarin läßt die Kinder noch fröhlich im Swimming-pool plantschen, aber ein bißchen schlechtes Gewissen hat sie schon dabei. Es ist so schwer, auf dieses amerikanische Symbol der Lebensfreude, diese Selbstverständlichkeit, zu verzichten.

Ist das Klima schuld?

Die Lasten sind ungleichmäßig verteilt, ein Verteilungskampf vorprogrammiert. Der Streit um das lebenerhaltende Wasser ist hier zugleich die Auseinandersetzung einer hochproduktiven Zivilisation mit den unberechenbaren Kräften ihrer Umwelt. Niederschläge blieben aus – ist es eine kurzfristige Laune des Wetters oder der Anfang langfristiger Umwandlungsprozesse auf dem Planeten? Könnte die Verteilung der Wolken und damit die der Niederschläge sich verändern oder bereits verändert haben, wie manche Forscher glauben? Ist vielleicht der vielzitierte Treibhauseffekt dafür verantwortlich, der die Erde und ihre Ozeane schneller aufheizt, als den Lebensräumen gut tut? Die Wissenschaft ist sich noch nicht einig über Ausmaß und Wirkungen der sogenannten Klimakatastrophe, doch die Anzeichen mehren sich, daß im Haushalt der Natur einiges durcheinander geriet.

Wir fahren nach Santa Cruz und in den baumbestandenen Campus der Universität. Dort lehrt und forscht der Mathematiker Ralph Abraham über die von ihm entscheidend mitgeprägte moderne Wissenschaft von der »Dynamik chaotischer Systeme«. Sie geht unter anderem zurück auf den Meteorologen Edward Lorenz vom Massachusetts Institute of Technology, der sich schon in den sechziger Jahren über die unendlichen Schwierigkeiten beklagte, das Wetter über längere Zeit im voraus zu bestimmen. Er versuchte dann, die Vorgänge in der Atmosphäre mathematisch zu simulieren mit Hilfe von Modellen. Abraham hat solche Modelle weiterentwickelt und bezieht auch ökologische Erkenntnisse mit ein. Uns sagt er:

»Es ist nun das vierte Jahr, daß wir in den Bergen kaum noch Skilaufen können. Deshalb gibt es bei uns wenig Wasser, und der San-Lorenzo-Fluß in der Stadt ist nur noch ein Rinnsal. Oben in den Bergen streitet man sich ums Wasser. Kalifornien braucht es für seinen Wohlstand. Der Staat – betrachtet als Nation – steht weltweit an der siebten Stelle des Wohlstands. Unser nächstes Jahresbudget wird 50 Milliarden Dollar erreichen. Unsere größte Industrie ist die Landwirtschaft. Sie existiert von der Bewässerung, und diese führt zur Versalzung von Hunderttausenden von Hektar. Durch die Dürre könnte der Staat allmählich verarmen. In der Not bohrt man nach Grundwasser – so wie man im Mittleren Osten das Öl aufbraucht. In 20, 30 Jahren könnten die Ressourcen verschwunden sein. Mit wem man auch darüber spricht, man hört widersprüchliche Ansichten über die Ursachen und möglichen Abhilfen. Das kommt wohl daher, daß es sich um ein überaus komplexes Thema handelt mit vielen verschiedenen Faktoren. Da ist das Weltklima. Dies vierte Dürrejahr könnte verursacht worden sein durch einen globalen Klimawechsel. Ob die Durchschnittstemperaturen hier rasch steigen oder fallen werden, wissen wir nicht, aber vielleicht ist ein Bestandteil dieses ganzen Problems wirklich der allgemeine Klimawechsel.«

Klimaforscher sagen: Der Anteil des Spurengases Kohlendioxid in der Atmosphäre wird sich bis zur Mitte des 21. Jahrhunderts so weit erhöhen, daß die Durchschnittstemperatur der Erdatmosphäre um ein bis drei Grad ansteigen dürfte.

Eine derartige Erwärmung könnte sich negativ auswirken. So würde sich die Verdunstungsrate erhöhen. In manchen Gegenden gingen damit bis zur Hälfte des Bodenwassers verloren. Die Weizenfelder im Mittleren Westen der USA würden durch anhaltende Trockenperioden geschädigt und langfristig vielleicht veröden. Natürlich blieben solche vom Menschen verursachten Störungen des atmosphärischen Gleichgewichts nicht auf den nordamerikanischen Kontinent beschränkt. Viele Regionen der nördlichen Hemisphäre, zum Beispiel Teile der Sowjetunion, Chinas und Europas, würden ebenfalls langanhaltende Dürren erleiden. In anderen Gebieten dagegen würden reichere Niederschläge fallen. Falls die Entwicklung nach diesem Modell verlaufen sollte, müßte das einen Ernteverlust von 20 Prozent in den wichtigsten Getreideanbaugebieten der Erde bedeuten (S. 277).

Umweltlobbyisten

Die Mehrheit der kalifornischen Bevölkerung, vor allem die in den großen Städten, interessiert sich vorerst noch wenig für das, was sein könnte. Von wirklicher Not kann keine Rede sein. Noch immer bezahlt der Einwohner von San Francisco nur ein Zwanzigstel des deutschen Preises für den Kubikmeter Wasser. Im allgemeinen ist der Wasserpreis im Mietpreis enthalten, so daß ein Anlaß zum Sparen kaum gegeben ist – wenn es nicht aus Überzeugung geschieht. Es bilden sich jedoch überall die sogenannen »Grass-root«-Bewegungen, die, jede für sich, für ein neues ökologisches

Bewußtsein werben und Mitglieder um sich scharen. Im alten, leicht heruntergekommenen Bürohaus in Downtown San Francisco besuchen wir Lucy Blake, Direktorin der »Californian League of Conservation Voters«. Hunderte von jugendlichen Stimmenfängern sind für ihren Verein täglich unterwegs von Haus zu Haus, um fördernde Mitglieder zu motivieren, ein harter Job voller Idealismus.

»Lucy: Umwelt und Politik. Was tun Sie im Sinne der kalifornischen Wasserkrise?«

»Unsere Hauptrolle ist die von Verteidigern der Umwelt in der politischen Welt Kaliforniens. Sehen Sie, die Farmer haben ihre Verteidiger, die Bürger der Stadt auch, aber niemand verteidigt das Wasser und die wilde Natur. Das ist unsere Aufgabe.«

»Was tun Sie im einzelnen?«

»Wir wollen erreichen, daß umweltbewußte Menschen in öffentliche Ämter gewählt werden – Republikaner oder Demokraten. Leider hat unser Land keine Grüne Partei, aber wir bewegen gewählte Politiker dazu, mit mehr Intelligenz über Umwelt – und vor allem über Wasserprobleme – nachzudenken.«

»Haben Sie eine Zukunftsvision für die nächsten zehn oder 20 Jahre? Wie wird es sich entwickeln?«

»Wir müssen darauf bestehen, daß die Umwelt an erster Stelle steht – daß wir unsere Feuchtgebiete schützen, ebenso wie die Gewässer unseres Deltas und der Flüsse. Es gibt ja mehr als genug Wasser in Kalifornien, um damit auszukommen, wenn man es klug nutzt. Wir müssen darauf bestehen, daß es von den Farmern ebenso wie von den Bürgern in den Städten weise genutzt wird.«

Eine Politik der weisen Nutzung, wie Lucy Blake sie so vehement vertritt, klingt gut, doch die Verwirklichung läßt auf sich warten.

Hugh Douglas ist Forscher auf dem Gebiet des Ressourcen-Management. Inmitten der umtriebigen Welt von Fisherman's Wharf am Ufer der Bucht stellt er sich uns zum Interview: »Die Gründe für unsere Wasserknappheit reichen weit zurück in die Geschichte der westlichen Vereinigten Staaten. Wasser war hier immer eine knappe Ressource. Die wirtschaftliche Entwicklung war ohne Wasser aber nicht möglich. Wir bekommen das meiste Wasser im Winter. Etwas Grundwasser kommt hinzu. Für eine regelmäßige Versorgung mußten wir Dämme bauen, wie man das in vielen Wüstenklimazonen der Welt beobachtet. Aus geschichtlicher Perspektive ist die heutige Wassernot, wenn ich es so nennen kann, eine hochpolitische Angelegenheit, und deshalb hat sich in Kalifornien auch die Verteilung des Wassers so politisiert. Vor vielen Jahren, als Wasser verteilt wurde, war das vor allem die Aufgabe des Bundes und des Staates. Viele mächtige Interessengruppen bekamen Wasserzuteilungen nach sehr alten Rechten und Gesetzen, die fast hundert Jahre zurückreichen. Heute gehen 85 Prozent des Wassers, das hier in der Sierra in den Hauptreservoirs gespeichert wird, zu den Farmern, neun Prozent in die Industrie, sechs Prozent zu anderen Verbrauchern. Es gibt da sehr alte Lobbies.«

Sind die Bauern schuld?

85 Prozent des verfügbaren Wasservorrats eines Staates gehen in die Landwirtschaft, zu Kubikmeterpreisen weit unter denen, die der Städter zahlt. Wasser, subventioniert von Steuerzahlern, bildet den Auslöser für einen »Wasserkrieg«, für den Verteilungskampf zwischen Bürgern und Bauern. In der Universität Berkeley treffen wir den Agronomieprofessor Dr. Zilverman. Er sieht die Lage so:

»Das Wasserangebot ist mit der Zeit gestiegen, weil weitere Quellen angezapft, mehr Dämme gebaut wurden. Die Farmer erhielten, was sie wollten und brauchten, und gewöhnten sich an eine Landwirtschaft des billigen Wassers. Wasserintensiv, nicht wassersparend sind ihre Methoden. Früher wußten sie, wenn sie mehr wollten, war es vorhanden. Nun plötzlich erkennen sie, daß sich etwas geändert hat: Es ist weniger Wasser da. Wasserbauvorhaben werden teurer. Umweltschützer kämpfen gegen das Eindämmen von Flüssen. Plötzlich sehen unsere Farmer, daß sie mit dem verfügbaren Wasser leben müssen. Und dann gibt es die Probleme der Drainage, der Versalzung. Wir müssen uns also einem System zuwenden, daß in der Zukunft Wasser effizienter, besser ausnutzt. Möglich ist es.«

● Reise-Tagebuch, 24. Mai 1990. Daran aber möchte der Beobachter aus Europa wohl zweifeln, wenn er die unglaublichen Ausmaße des Problems von höherer Warte aus betrachtet. Wir fliegen mit Larry Landis. Einst hat er sein gutes Brot als »Crop-duster« verdient, als Versprüher von Pflanzenschutzmitteln über den Feldern des San-Joaquin-Tals. Dann wurde aus dem Saulus ein Paulus, und heute fliegt Larry Filmcrews und andere Interessierte zwischen Yuba City, Sacramento, Fairfield, Napa und Antioch spazieren. Besichtigung eines Farm-Paradieses der Superlative und der lebende Beweis dafür, was man mit 85 Prozent des gesamten verfügbaren Wassers machen kann. Das größte bewässerte Anbaugebiet der Erde. Sonne, Wärme und Wasser lassen alles wachsen, was der Verbraucher wünscht: vom Obst bis zur Baumwolle. Vorläufig letztes Stadium der Urbarmachung eines vielbesungenen Schauplatzes der amerikanischen Geschichte.

Glück machen

Sie träumten von Gold und Glück und Land und Freiheit, die Menschen im beengten Europa der beginnenden Industriellen Revolution der dreißiger und vierziger Jahre des 19. Jahrhunderts. Erst kamen sie getröpfelt, dann in wilden Strömen – simple Bauern und Abenteurer, Scharlatane und Spieler, die auf dem alten Kontinent nichts werden konnten. Sie landeten an der Ostküste, und viele machten sich auf den Großen Treck gen Westen. Was wäre aus Hollywoods Filmindustrie geworden ohne die Sagas von den tapferen Frauen und Männern in ihren Planwagen, umkreist von wilden Indianern.

Wo in Kaliforniens San-Joaquin-Tal heute die Aprikosen blühen, breiteten sich Marschen und Sümpfe, Hügel und Wälder aus. Hier streiften und jagten, 30 000 Jahre lang oder mehr, nur Indianer, »im Einklang mit der Natur«, wie man heute formuliert. Dem Weißen Mann hatten sie nichts entgegenzusetzen; der Zeitzeuge Warner, ein Trapper und Obrist, meldete: »Die Ufer des Sacramento im ganzen Tal waren besetzt mit Indianerdörfern, die Häuser rot vom Lachs, den die Leute fingen. Nirgendwo sah ich eine zahlreiche Indianerbevölkerung, die allein von den Produkten des Bodens und des Wassers existierte. Als ich zurückkehrte im Sommer 1833, war das Tal entvölkert. Kaum mehr als sechs oder acht lebende Indianer sahen wir, dafür Massen von Leichen unter jedem schattigen Baum.« Warner beschreibt hier die Wirkung der eingeschleppten Pocken.

Johann August Suter wird davon nichts gewußt haben. Ein dubioser Herr, der Erfolg hatte, weil er ein rücksichtsloser »charming boy« war. 1834 ließ er Weib und Kind und einen Berg von Schulden in der Schweiz zurück, ernannte sich zum Major der Artillerie, landete 1838 zum Unwillen einiger Indianer am Ufer des Sacramento, gründete die Kolonie Neu-Helvetia und baute das Fort Sutter (aus Suter hatte er Sutter gemacht). 1841 wurde er naturalisierter Mexikaner, größter Landbesitzer und Gouverneur. Sutter hatte sich binnen kurzer Zeit zum legendären ersten großen »land developer« (Urbarmacher) gemacht, dessen Andenken noch heute in Yuba City und Umgebung lebendig ist. Hellsichtig erkannte der Schweizer den fruchtbaren Boden und experimentierte mit Samen, die er sich aus Übersee beschaffte, schuf die Basis für die Obstgärten und Kornfelder rund um das heutige Sutter County. Schon 1847 besaß der Mann Tausende von Rindern und Hunderte von Pferden, beschäftigte 20 Europäer und Indianer, trieb Handel mit Booten bis nach Yerba Buena, dem Vorläufer San Franciscos.

Getrieben von dem Willen, »Glück zu machen«, kamen aus dem Osten bald die großen Trecks, über den Oregon Trail oder über die nördliche Sierra – wie die tragische Donner-Party. Das Land zwischen Feather und Sacramento war ein Paradies, mit wildem Weizen, der bis zur Schulter wuchs, mit Massen von Vögeln und Fischen, mit Brennholz und Transportmöglichkeiten über die Flüsse. Die Katastrophe kam mit einer Ressource: Sutters Vormann John Marshall entdeckte Gold, und Zeitungsmann Sam Bramnan löste das Goldfieber aus.

Am Feather-Fluß brach das Delirium aus. Ganze Armeen von Goldsuchern strömten ins Land und wühlten sich, Maulwürfen gleich, durch die Erde: Nuggets! Goldstaub! Stoff in Fülle für Autoren und Drehbuchschreiber. Die ökologischen Folgen dieser Wühlarbeit waren noch lange zu sehen und zu spüren. Wälder wurden abgeholzt, und die abgespülten Sedimente aus den Bergen färbten die Flüsse bis hinunter in die Bucht von San Francisco rot und schwarz. Kaum eine Flußstrecke war noch schiffbar.

Der Goldrausch verging so schnell, wie er gekommen war. Landlord Sutter verarmte, und aus Goldgräbern wurden Farmer. Sie machten das Marschland urbar, das heißt, sie deichten es ein mit Schaufel und Schubkarre und pflanzten Weizen und Gras. Die Ernten übertrafen alle Phantasie. Massen chinesischer Arbeiter, denen man Hungerlöhne von 17 Cents pro bewegtem Kubikmeter Erde zahlte, bauten weitere Dämme. Später leisteten Dampfbagger dieselbe Arbeit für sieben Cents pro Kubikmeter. Um 1930 waren etwa 280 000 Hektar Land gewonnen – Deltaland: Torf im Süden, herabgewaschener Lehm aus den Bergen im Norden.

Ein fast magischer Sog ging von dem überreichen Tal aus. Man spürt ihn in der bewegenden Szene, die John Steinbeck in »Früchte des Zorns« in diese Worte faßt:

»Ta sighed, ›I never knowed they was anything like here‹. The peach trees and the walnut groves, and the dark green patches of oranges. And the red roofs among the trees, and the barns – rich barns. Al got out and stretched his legs. He called, ›Ma, come look. We're there!‹«

Zurück in den Mai des Jahres 1990. Der Himmel ist klar, die Sicht reicht weit. Eine Landschaft, vom Grund her umgeformt. Jeder Fluß kanalisiert und viele Male aufgestaut. Unter uns Oroville, der größte aus Erde aufgeschüttete Damm Kaliforniens.

Viel Wasser, wenig Einsicht

Das von der Sonne aufgeheizte Wasser des Stausees dient ausschließlich der Bewässerung. Dämme, Kanäle, Deiche, die gesamte Infrastruktur bezahlte der Staat. Ohne Riesensubventionen wären auf den zum Teil recht mageren Torfböden für Bauern keine Reichtümer zu verdienen.

Der kalifornische Autor Marc Reisner schrieb ein Buch über den amerikanischen Westen und sein schwindendes Wasser: »Cadillac Desert«. Es ist eine bittere Abrechnung mit der sinnlosen Verschwendung: »Nr. 1 ist bewässerte Weide, Gras und Heu für Kühe und Schafe. Das verschwendete 1986 soviel, wie alle 27 Millionen Kalifornier an Wasser verbrauchen, einschließlich Rasen sprengen und Swimming-pools. Der Wert der bewässerten Weide erbrachte ein Fünftausendstel der Wirtschaft, doch sie verbrauchte ein Siebtel des Wassers, auf dem diese Wirtschaft beruht. – Nr. 2: Luzerne. 1986 verbrauchte Alfalfa soviel, wie Los Angeles und das Buchtgebiet zusammen für Trinkwasser, Toiletten, Rasen, Gärten, Duschen, Pools und Autowaschen. Alfalfa brachte dafür weniger Wirtschaftskraft als ein paar Blocks Downtown Los Angeles. – Nr. 3: Baumwolle. Die Millionen Acres an Baumwolle im San-Joaquin-Tal brauchen pro Jahr soviel Wasser wie 17 Millionen Menschen. – Nr. 4: Reis. Daß Reis überhaupt in Kalifornien angebaut wird, liegt daran, daß viele Farmer das staatliche Wasser zu phantastisch subventionierten Preisen kaufen … Einmal angenommen, man würde auf alle Flächen für Baumwolle, Reis, Luzerne und Gras verzichten und das Land brachliegen lassen, dann würde das Bruttoeinkommen der landwirtschaftlichen Industrie im Jahr von 14 auf 12 Milliarden Dollar schrumpfen, und es gäbe sofort Wasser für weitere 70 Millionen Kalifornier. Gott bewahre!«

Das für uns nur schwer verständliche Problem ackerbaulicher Wasserverschwendung reicht weit zurück. Vor 1900 schon wurden Wasserrechte an Farmer vergeben, um Weideflächen für das Vieh zu bewässern. Die Wasserrechte wurden vererbt von einer Generation auf die nächste. Außerdem gilt: Nutze oder verliere! Das heißt, das von dir ersparte Wasser fällt dem Nachbarn zu. Die einzige Möglichkeit für Einsichtige: eigenes Wasser sparen und den Überschuß verkaufen, eine Methode, die heute zunehmend propagiert wird.

Doch die Crux bleibt: »Das Wasser ist billiger als Dreck« (Reisner).

Auf ihre alten Rechte pochend, bilden die reichen Großgrundbesitzer eine Lobby, die zur Zeit offenbar noch stärker ist als jede politische Kraft. Gefährlich für die gesamte Umwelt und den Menschen wirkt sich die Unsitte der Bauern aus, ihre Felder mit langwirkenden Pestiziden zu verseuchen, die in die Nahrungsketten und ins Grundwasser gelangen. Auch um das Thema Gifte ist 1990 ein heftiger Streit entbrannt, da die Bauern glauben, auf sie nicht verzichten zu können.

Ich frage unseren Piloten: »Larry, was hat sich in den letzten 20 Jahren hier verändert?«

»Ich habe das Tal sterben sehen wie eine Blume. Als ich Kind war, in den Nächten während der Entensaison an der Pazifischen Vogelfluglinie, da waren solche Massen von Vögeln, man konnte das Rauschen der Flügel im Wind die ganze Nacht hören. Behörden schätzen, daß 80 Prozent der Vögel verschwunden sind, ich glaube eher 99 Prozent. Fast ausgestorben. Der Grund: Ihre Habitate wurden von den Farmern beansprucht. Die Wassersysteme, die wir heute aus der Luft sahen, die wurden für Reisfarmer geschaffen. Aber wir brauchen den Reis nicht, wir können ihn nicht verkaufen. Wir schenken ihn weg – er ist ja subventioniert. Da ist ein Krieg im Gange. Die Farmerlobby ist hier so mächtig, daß sie damit durchkommt. Den meisten Leuten ist das Ausmaß dieser Plünderung nicht klar. Dasselbe gilt für die Baumwolle. Eine andere Ursache für die Zerstörung der

Entenhabitate sind die Pestizide. Neulich hatten wir eine Vergiftung von vielen tausend Enten. Die Behörden erklären, das seien Öko-Terroristen gewesen (die haben inzwischen die Kommunisten ersetzt, die man seit Gorbi nicht mehr fürchtet). Die Farmer sind viele Jahre damit durchgekommen, das Reis-Herbizid Aldrin in den Sacramento zu entlassen, so daß man es im Trinkwasser der Stadt Sacramento riechen und schmecken konnte. Und es geht natürlich in die Nahrungskette.«

»Was geschähe, wenn die Regierung den Wasserpreis für alle Farmer drastisch erhöhen würde?«

»Damit ist bisher keine Regierung durchgekommen. Das Wasser ist praktisch umsonst. Also pflanzt man Reis auf marginalem Land, das viel besser geeignet wäre als natürliches Marschland für Enten und anderes Wild. Dann würde das Wasser gereinigt werden, nicht vergiftet.«

Die kleinen Sparer

Viel Gift – viel Wasser und wenig Einsicht, das scheint heute die Situation der Milliarden-Dollar-Landwirtschaft Kaliforniens zu sein – im Tal des San Joaquin und des Sacramento, die sich schließlich in die Bucht von San Francisco ergießen und dort ein Mündungsgebiet mit wieder anderen Problemen schaffen.

Kalifornien im vierten Jahr der Dürre, vielleicht an einem Wendepunkt in den Beziehungen der wirtschaftenden Menschen zu den Ressourcen, welche die Natur hier so freigiebig für sie bereithält. Kalifornien könnte durchaus von den Spar-Erfahrungen lernen, die in tropischen Ländern gemacht wurden, wo Wasser die einzige Basis jeglichen Überlebens ist.

● *Einschub.* Reise-Tagebuch, 16. Oktober 1975. Auf den Versuchsflächen des Bodenkundlichen Instituts von Keradj, westlich von Teheran, Iran, filmen wir, wie ein in Australien entwickeltes Tröpfelsystem den Bedürfnissen des ariden

Iran angepaßt wird. Der Fachmann demonstriert, wie das neue System in Erdbeerkulturen wirkt. Unterirdisch verlaufende Kunststoffröhren werden von zentralen Tanks gespeist, denen man Nährstoffe in genauer Dosis beimischt. In bestimmten Abständen erscheinen die Röhren an der Oberfläche. Ihre Ventile lassen nur soviel Wasser heraustropfen, wie die Pflanzen brauchen. Kaum etwas geht verloren. Im größeren Umfang experimentiert man mit dem Tröpfelsystem auch in der großflächigen Apfelplantage. Man will wissen, wie sich die Technik im Laufe der Jahre bewährt. Man führt Buch über jeden Liter und über jeden Zentimeter, den die Bäume wachsen. Dünne Rohre zweigen vom Hauptrohr ab und benetzen die Erde dort, wo die Wurzeln des Baumes sind. Erste Ergebnisse: Das Tröpfelsystem verbraucht weniger als ein Drittel einer Oberflächenbewässerung.

Wieder Kalifornien im Mai 1990. Eine Wegstunde von Davis entfernt besuchen wir die »Skyhigh«-Farm von Paul Holmes. Ein gut bewirtschafteter Kleinbetrieb von zwölf Hektar. Holmes pflegt seine Aprikosenbäume, und die Knoblauchernte dieses Jahr war gut. Das Wasser kommt aus dem wenige hundert Meter entfernten Putah Creek, und Holmes macht mehr daraus als die meisten seiner Nachbarn. Er hat wassersparende Gewächshäuser errichtet, und seine Tomaten gedeihen vorzüglich unter einem ausgeklügelten Tröpfelsystem.

Wir sind verabredet mit der kleinen, begeistert engagierten Umweltkämpferin Judith Redmond. Von ihrem bescheidenen Büro in Davis aus streitet sie in Wort und Schrift heftig gegen die Übermacht der Großfarmer. Als Basis dient ihr dabei das von ihr gegründete »California Institute for Rural Studies«. Das Institut widmet sich seit 1977 dem Studium bäuerlicher Strukturen und Eigentumsrechte, der Farmarbeit und ländlichen Armut und allen Problemen, die sich ergeben aus der Abhängigkeit der Landwirtschaft von giftigen Chemikalien. Es ist, wie häufig in Amerika, eine »Nonprofit«-Organisation für Forschung und Unterricht, die von Stiftungen lebt.

Unter den Aprikosenbäumen frage ich Judith, wofür sie kämpft:

»In Kalifornien haben wir das System, in dem sehr große Farmen und sehr wenige Menschen fast alle Ressourcen kontrollieren, das Land und das Wasser. Wir kämpfen für ein System, in dem kleinere Familienbetriebe und Farmarbeiter ihren fairen Anteil an den Ressourcen Land und Wasser bekommen. Jetzt leiden wir unter der Dürre, und die Frage ist, wer soll das Wasser bekommen? Nur die Großen oder auch die Kleinen? Viele Farmer sehen schweren Zeiten entgegen, denn die Wasserzuteilungen sind ihnen um die Hälfte gekürzt worden. Das Preisgefüge muß vor allem geändert werden: Großfarmer müssen mehr bezahlen und Kleinbetriebe weniger, so daß gewährleistet ist, daß diese von der Landwirtschaft auch leben können.«

Professor Zilverman in Berkeley ergänzt: »Wir brauchen Anreize, die den Farmer bewegen, neue Technologien zu übernehmen, die das Wasser effizienter nutzen. Ein Mechanismus wäre der Wassermarkt: Farmer würden einen Teil ihres Wassers verkaufen und hätten so einen Anreiz zum Sparen. Ein anderer Mechanismus wären Lehrgänge über sinnvolle Wassernutzung, vielleicht könnten auch entsprechende Subventionen ein Ansporn sein. Wie man Wasser spart, wissen wir – jetzt brauchen wir die Institutionen, die das Wissen verbreiten.«

Jim MacNeill, Autor von »Unsere gemeinsame Zukunft« (1986), denkt in diesem Zusammenhang über den »Verschleiß von Umweltkapital« nach. Er nennt es »die Frage nach dem auf Dauer *Tragfähigen* (englisch *sustainability)*, auch als *Überlebensfähigkeit* bezeichnet: Kann ein Wachstum mit Raten, wie sie für die nächsten ein bis fünf Jahrzehnte veranschlagt werden, nach einem Konzept erreicht werden, das sowohl ökonomisch wie auch ökologisch auf langfristige Sicherung der Grundlagen eben dieses Wachstums angelegt ist?« MacNeill sieht eine wesentliche Bedingung für eine auf Dauer angelegte Entwicklung, »daß das ökologische Kapital eines Gebietes beziehungsweise eines Volkes im Laufe der Zeit nicht abnehmen darf ... damit auch ein Mindestmaß an Fairness und Chancengleichheit gegenüber künftigen Generationen gewahrt wird«.

»Wir lehnen es oft ab, Umweltressourcen als Kapital zu behandeln. Wir verbrauchen sie wie Einkommen«, klagt William D. Ruckelshaus und glaubt, »daß ökonomisches Wachstum und globale Entwicklung fortan für unabsehbare Zeit die Grenzen zu wahren haben, die von der Ökologie im weitesten Sinne gesetzt werden – von den Beziehungen zwischen den Menschen und den Ergebnissen ihrer Tätigkeit, der Biosphäre sowie den physikalischen und chemischen Gesetzen, die in ihr herrschen.« Ruckelshaus macht auf eine Diskrepanz aufmerksam, für die unser »Wasserkrieg« ein recht typisches Beispiel ist:

»In den USA gibt es Umweltregelungen, die in ihrer Strenge nirgendwo überboten werden, und in den letzten 15 Jahren ergaben alle Meinungsumfragen den Wunsch der amerikanischen Bevölkerung, daß das Engagement des Staates für den Umweltschutz verstärkt werden solle; dennoch ist der Lebensstil der Bevölkerungsmehrheit weltweit am verschwenderischsten, und er belastet die Umwelt stärker als in jedem anderen Land. Die Wertorientierungen sind also vorhanden, aber die angemessenen Anreize und Institutionen zur Umsetzung in konkretes Handeln reichen bisher nicht aus oder fehlen noch gänzlich.«

Die kranke Bucht

In der Fisherman's Wharf am Hafen ist das alles noch kein Thema. Touristen, die sich vom letzten Erdbeben nicht abschrecken ließen, strömen zur beliebten Sightseeing-Tour auf den Schiffen der Roten und Weißen Flotte von Pier 39 aus in die Bucht. Besonders gern nach »The Rock«, der Insel Alcatraz, wo Al Capone und Maschinengewehr-Kelly zwischen 1934 und 1963 Furore machten.

»Die Bucht«, das ist natürlich die Skyline von San Francisco, das Golden Gate, später die Marschen am Ufer der San-Pablo-Bay, die schöne Suisun-Bay, Grizzly-Bay und die

Mündungen von Sacramento und San Joaquin. Die Gewässer bedeckt von den Segeln der Yachten und Surfer, ein Meer der Freizeit und des Vergnügens. Nur Umweltschützer und Wasservogelfreunde laufen mit sorgenvollen Mienen umher, denn sie wissen nicht, ob dieser große, eigentümliche Lebensraum auf die Dauer dem Streß menschlicher Aktivitäten gewachsen sein wird.

Zur Lage: Die Bucht existiert seit mindestens 10 000 Jahren, als die abschmelzenden Pole den Meeresspiegel anhoben und ein Bassin füllten. Gebirgsbarrieren zwangen die Flüsse, ihren Weg zum Pazifik durch eine schmale Lücke zu nehmen - Golden Gate. So wurde die Bucht nicht nur ein Inlandarm des Meeres, sondern der marine Ausläufer der Flußsysteme des Sacramento und San Joaquin, eine riesige Mündung, in der nahezu alles Wasser aus der Sierra Nevada den Pazifik trifft.

Der amerikanische Biologe W. B. Clampham jr. sieht in solchen Mündungsbuchten (englisch *estuary*) eigenständige und höchst bedeutsame Ökosysteme: Sie sind halbgeschlossen, so daß die Meeresströmungen das System nicht allein bestimmen; zweitens ist die Öffnung zur See so weit, daß die Meeresgezeiten in der Bucht wirksam werden. So werden Mündungen zu »Hybriden« zwischen Fluß- und Meerwasser.

Eine weitere Besonderheit: Gäbe es Gezeiten und Stürme nicht, würde das leichtere Süßwasser über das schwerere Salzwasser hinweg ins Meer abfließen. So aber erfolgt immer wieder die Mischung zwischen beiden. Das alles macht die Mündungsbucht zu einem außerordentlich variablen Ökosystem, dessen Produktivität (Pflanzen, Tiere) unter den aquatischen Systemen nur noch von den Korallenriffs übertroffen wird. Das relativ flache, turbulente Wasser ist reich an Sauerstoff, und die Gezeiten konzentrieren die Nährstoffe, die aus den Flüssen kommen. Mineralische und organische Nährstoffe zirkulieren zwischen offenen Wasserflächen, Feuchtgebieten und Mooren, und ohne ihren Zyklus könnte die San-Francisco-Bucht nicht leben.

»Die Bucht ist schön, wo sie noch gesund ist«, sagt David Rains Wallace, »kleine bewaldete Inseln schwimmen im Dunst über den Salzmarschen, am Horizont sammeln sich die Amseln. Im San-Pablo-Wildreservat rasten an Winterabenden Hunderte von Küstenvögeln auf den Moorflächen. Im Reservat des Alameda County kann man an einem Frühlingsmorgen den orangenen Teufelszwirn sehen, wie Feuerflammen. Aber die Bucht hat schrecklich gelitten in den vergangenen 150 Jahren Zivilisation: Mehr als ein Drittel ihrer alten Fläche wurde aufgefüllt, 90 Prozent der Feuchtgebiete wurden zerstört, 60 Prozent der Flüsse umgeleitet, das Wild dezimiert, das Wasser verschmutzt. Wild und Feuchtgebiete sind beladen mit Müll, Raffinerieabfällen, Rückständen von Pflanzenschutzmitteln. Als kommerzieller Fischgrund ist die Bucht längst am Ende.«

Wildbiologe Tom Harvey vom »San Francisco Bay National Wildlife Refuge«, in Fremont, hat keine besseren Erfahrungen gesammelt: »Die Wasserqualität ist schlimm, vor allem in der Südbucht. Es ist nicht mehr genug Wasser da, das den Dreck von den neuen Siedlungen wegschwemmt. Es fehlt das Süßwasser aus den Flüssen, weil die Farmer es uns wegnehmen für ihre Bewässerungen. Wenn wir noch mehr Süßwasser verlieren, wird es katastrophal. Wir werden eine maritime Salzumwelt bekommen, falls die Verschmutzung – auch die Fette und Öle von den Straßen – nicht schon vorher alles Leben zerstört.«

»Das Schicksal der Bucht entscheidet sich im Delta und in der Nordbucht«, meint David Rains Wallace, »dort liegt Suisun, das größte einzelne Mündungsmarschgebiet in den USA. Dort sieht man die kalifornischen Tieflande noch im Urzustand – ein Meer von Binsen, Kolbenbinsen, Riedgras und Wildgräsern bis zum Horizont. Astern und Sumpfgrindelia bringen blaue, weiße und gelbe Tupfer ins Grün der Sumpfvegetation. Die Zaunkönige zetern, der Tölpel raspelt. Der Flußotter schwimmt auf Fang. Aber: Je mehr Süßwasser dem Delta entzogen wird, desto mehr Salzwasser dringt in das natürliche, offene Marschland. Die Brackwassermarschen mit ihren Binsen verwandeln sich in Salzmarschen mit Salzschilf, kaum geeignet für das Wild der Brackmarschen.«

Wallace entdeckte, daß die lebendige Gesundheit der Bucht die des Menschen widerspiegele.

Menschen und Fische

● Reise-Tagebuch, 22. Mai 1990. Eine Armada kleiner und größerer Boote ankert im Hafen des Städtchens Sausalito, passende Kulisse für einen der heftigsten Kämpfer für das Überleben seiner geliebten Bucht: William T. Davoren, Direktor des von ihm mitgegründeten »Bay Institute of San Francisco«. 1987 erklärte ein führendes Magazin ihn zum »Ombudsman« der Bucht, ein anderes zum »Umweltmann des Jahres«. Der sympathische alte Herr scheucht noch heute seine Mitarbeiter durch die Landschaft und läßt keine Gelegenheit aus, sich schriftlich oder mündlich zu Worte zu melden, wenn es gilt, Unheil abzuwenden.

Davoren will

1. eine gesetzliche Regelung eines ausreichenden Wasserzuflusses aus Sacramento und San Joaquin zur Aufrechterhaltung und Wiederherstellung des Mündungsökosystems.

2. Er will die Gifteinträge in das Mündungsgebiet aus städtischen und landwirtschaftlichen Quellen verhindern oder mindestens kontrollieren.

3. Davoren möchte rund 20 000 Hektar eingedeichter historischer Feuchtgebiete um die Bucht von San Francisco erhalten, schützen und/oder zurückgewinnen, dazu die Suisun-Marschen.

»Bill, ist da noch etwas zu retten?«

»In den sechziger Jahren haben wir die Bucht als Badewanne gerettet. In den siebziger und achtziger Jahren reinigten wir sie vom Dreck der Städte und Industrien. Aber noch haben wir nichts getan, um das zu erhalten, was von dem Wasser der Flüsse übrigbleibt, die die Bucht speisen, damit die natürliche Produktivität erhalten bleiben kann. Das muß in den Neunzigern geschehen.«

»Was muß gemacht werden?«

»Man muß die kalifornischen und die Bundesgesetze ändern, so daß sie die Lebensformen und die Wasserqualität des Systems schützen.«

»Wie sehen Sie die nächsten zehn Jahre?«

»Die Wasserplanung in Kalifornien muß umgestellt werden. Das bedeutet eine Richtungsänderung der wichtigsten Institutionen, wie zum Beispiel der Abteilung für Wasservorräte, aber auch der Wählerschaft, die das 40, 50 Jahre lang unterstützt hat.«

»Müßte man dazu nicht auch das Verhalten des Menschen ändern?«

»Im Gegenteil! Wir müssen zurück zu unserem natürlichen Verhalten. Wir müssen uns aufregen darüber, daß es heute zwei Minderheiten in Kalifornien gibt: Menschen und Fische. Wenn wir uns wieder um Menschen und Fische sorgen, dann kümmern wir uns auch um Kalifornien!«

In ihren ökologischen Eigentümlichkeiten sind sich Flußmündungsbuchten in aller Welt erstaunlich ähnlich. Diesen Nachweis erbrachte unter anderem Dr. Michael Rozengurt vom »Tiburon Center for Environmental Studies«, indem er die Verhältnisse in der Bucht von San Francisco mit denen im Asowschen Meer, UdSSR, verglich. Das Asowsche Meer erhält sein Süßwasser von den Flüssen Don und Kuban und Ströme von Salzwasser aus dem Schwarzen Meer. Rozengurts Zahlen machen den Vergleich deutlich:

San Francisco: Zwischen 1955 und 1978, also nach Vollendung des »Central Valley Project« und des »State Water Project«, wurden insgesamt 296 Kubikkilometer Süßwasser entnommen, davon 202 Kubikkilometer aus den Flüssen für Bewässerung und Hausgebrauch und 94 Kubikkilometer aus dem Delta für die Landwirtschaft. Über 23 Jahre wurden also pro Jahr 12,8 Kubikkilometer Süßwasser entnommen, welche die Bucht nie erreichten.

Asowsches Meer: Innerhalb derselben Zeit summierten sich die Süßwasserverluste auf zirka 250 Kubikkilometer oder elf Kubikkilometer pro Jahr. Auch hier hat die Entnahme von Süßwasser zum Eindringen von Salzwasser aus dem Schwarzen Meer geführt. Masseninvasionen von Meereslebewesen waren die Folge und störten das Gleichgewicht des Ökosystems.

Vergleichende Untersuchungen an Flußmündungen im Asowschen Meer, im Kaspischen Meer, im Schwarzen Meer und im Mittelmeer haben gezeigt, daß der Mensch allerhöchstens 25 Prozent des normalen Süßwassereintrags entnehmen darf, ohne im Mündungsökosystem katastrophale Schäden anzurichten. Aber die großen Flüsse waren und sind nun einmal die wichtigsten Ressourcen für jede Landwirtschaft, und es steht zu befürchten, daß ökonomische Erwägungen über ökologische Einwände siegen werden.

Der Mathematiker Ralph Abraham in Santa Cruz, dem wir schon begegneten, möchte lokale Probleme lieber in einem globalen Zusammenhang betrachten und verstehen. In Amerika kann man Computermodelle kaufen, wie zum Beispiel »Simearth«, an dem schon der Jugendliche herumprobieren und mit den verschiedenen Parametern wie »Landmasse«, »Vegetation«, »Meeresströmungen« etc. variabel experimentieren kann. Abraham aber will mehr:

»Da haben wir zum Beispiel das Klimamodell, das uns der Klimatologe liefert - dann ein Wirtschaftsmodell von einem Wirtschaftstheoretiker - ein Modell für Bewässerung und Wasserzyklen vom Ingenieur. Gekoppelt ergeben sogar die einfachsten Einzelmodelle ein System, das man nicht begreift ohne die Hilfe der kürzlich entwickelten Chaostheorie. Mit ihr aber haben wir die Chance, ein so komplexes System wie das Wasserproblem in Kalifornien und in der Welt im großen Maßstab zu verstehen - einfach mittels grafischer Simulation. Das begreift nicht nur der Fachmann, sondern auch die Leute im Fernsehen. Dieses neue Verständnis komplexer Systeme könnte uns helfen, den Herausforderungen der Zukunft mit Erfolg zu begegnen.«

Der Praktiker Hugh Douglas sieht es nüchtern: »Wir glauben, daß wir eine ernste Krise, die wir nun in den Dürrejahren haben, auf lange Sicht mildern können. Um die Dürre kommen wir nicht herum, wir können aber den Bedarf mit dem Angebot ins Gleichgewicht bringen.«

Immer wieder: die Suche nach einem Gleichgewicht zwischen dem, was Menschen zu brauchen meinen, und dem, was eine höchst technisierte Natur ihnen noch bieten kann. Auf der ganzen Welt wird nach solchen Gleichgewichten gesucht. Kalifornien ist nur ein Schauplatz unter vielen.

Nachtrag, März 1991. Was wir im Mai 1990 drehten, war nur das Vorspiel. Inzwischen ist es zur Katastrophe gekommen: das fünfte Jahr der Dürre! Die Trinkwasserreservoire sind leer. Der »Spiegel« (Nr. 10/1991) meldet: »Um 75 Prozent wird den Farmern ... das Wasser abgekniffen. 50 Prozent ihres früheren Verbrauchs müssen die Bewohner vieler Landkreise sparen, und auch die Großstädte sind dran: San Francisco mit rund 30, Los Angeles mit etwa 25 Prozent Kürzung des Verbrauchs.« Man denkt nach über Importwasser, per Tanker herangeschafft aus Kanada.

Erst eine wirkliche, nicht mehr wegzudiskutierende Katastrophe scheint Menschen dazu zwingen zu können, nun endlich zu lernen, sorgsamer mit den kostbaren, lebenserhaltenden Ressourcen umzugehen.

Trockengebiete

»Während die Riesenschlangen
der Krankheit
die Kinder auffressen
und die Büffel der Armut
die Menschen zu Boden
schleudern
und die Unwissenheit
gewaltig wie ein Elefant
dasteht
ringen die Führer miteinander
im blutigen Zwist
und jeder trachtet
die Leber des anderen
zu essen.«

Okot p'Bitek, Lawinos Lied

Den Sahel kann man nicht vergessen!

Wer vom Sahel spricht, meint Sand und Dürre, denkt an vordringende Wüsten, an hungernde Kinder, an flüchtende Menschenmassen, an sterbendes Vieh.

Sahel kommt vom arabischen Wort *Sahil,* das Ufer. So nannten Araber den ersten Landstreifen, den sie, von Norden kommend, nach der Durchquerung der Sahara erblickten. Eine moderne Karte zeigt: Wie ein breiter gelbbrauner Gürtel legt sich der Sahel, das »Grenzland«, zwischen Steppe und Wüste, über acht Staaten Afrikas hinweg. Er ist viermal so groß wie die alte Bundesrepublik Deutschland.

Erste Einblicke vermittelt uns die Vogelperspektive. Wir gehen mit der alten wackeligen Piper in die Luft. Unter uns das glitzernde Band des Senegal-Flusses, Namengeber der Republik Senegal und weithin einziger Spender des kostbaren Trinkwassers. Im Norden des Landes die schütter baumbesprenkelte *Dornbuschsavanne,* ein flacher, unüberschaubar großer Lebensraum, den ein klimatischer Rhythmus regiert: spärlicher Niederschlag (250 bis 500 Millimeter) zur Regenzeit (wenn sie überhaupt kommt) und zehn bis elf Monate Dürre. Aus noch nicht durchschaubaren Ursachen heraus fällt manchmal mehrere Jahre hindurch gar kein Regen. Dann bricht über Vieh und Mensch die Katastrophe herein. Dann gehen die sattsam bekannten Fotos und Fernsehbilder hungernder Kinder, verzweifelter Mütter und weißgebleichter Rinderskelette um die Welt, wie nach 1973. Für kurze Zeit erfaßt die Menschen außerhalb von Afrika ein solches Entsetzen über die Zerstörung eines riesigen, jahrhundertealten Siedlungsgebiets zwischen Atlantik und Rotem Meer, und die Vereinten Nationen verabschieden Resolutionen zur Bekämpfung der weltweiten Wüstenausbreitung durch die internationale Staatengemeinschaft. Im Sahel erinnern hunderttausend Baumruinen, anklagenden Denkmälern gleich, an die verheerende Macht atmosphärischen Geschehens.

Dimensionen

Der Sahel ist nur ein, wenn auch emotional anrührender Aspekt aus einem größeren Drama. Nach Werner Schädle (1982): »Etwas mehr als ein Drittel, genau 34 Prozent, der Landmasse der Erde ist, nach klimatischen Kriterien, mit Halbwüsten und Wüsten bedeckt. In diesen sogenannten ›ariden und semi-ariden‹ Zonen leben 628 Millionen Menschen, das sind 16 Prozent der Weltbevölkerung. Nach Kriterien der Bodenverfassung und Vegetation aber entfallen auf diese heißen Trockengebiete 43 Prozent der Landmasse. Der Unterschied ist damit zu erklären, daß der Mensch aufgrund seiner Eingriffe in das ökologische Potential seines Lebensraums weitere etwa neun Millionen Quadratkilometer land- und viehwirtschaftlich nutzbare Böden in einen wüstenähnlichen Zustand versetzt hat – das entspricht der 37fachen Ausdehnung der Bundesrepublik Deutschland oder einem knappen Drittel der Landfläche Gesamtafrikas! Eine riesige ›Man-made desert‹ (›Wüste durch Menschenhand‹). Darüber hinaus sind gegenwärtig weitere 19 Prozent der kontinentalen Erdoberfläche und damit weitere 78 Millionen Menschen von dieser nicht naturgegebenen Verödung akut bedroht.«

Schädles Zahlen von 1982 dürften 1991 ein ernsteres Bild zeichnen. In den Fachdiskussionen wird ständig das Wort *Desertifikation* gebraucht. Schädle versteht darunter einen »man-made process«, das heißt »ökologisch nicht oder schlecht angepaßte Eingriffe oder Mißbrauch der fragilen Potentiale der Biosphäre durch den Menschen, (sie) bilden den ursächlichen Hintergrund von Wüstenausbreitung«.

Hier darf auch der Einfluß eines künftigen Weltklimas nicht außer acht gelassen werden (s. S. 277).

Wer vom Sahel hört, denkt vielleicht: Die Sahelzone kann man vergessen, abschreiben. Jeder Pfennig westlicher Hilfe ist ja doch im Sand verloren. Oder nicht?

Wir trafen ein paar Männer im Sahel, Männer, die etwas tun wollten gegen wandernde Wüsten. Christian Dering und Siegfried Tluczykont, genannt Sigi. Doch was können

Männer bewirken, heute - und für morgen? Die lange Straße zu möglichen Antworten war voller Sand und Überraschungen.

Zu den Bäumen des Ferlo

● Reise-Tagebuch, 11. Juni 1980. Saint Louis, an der Mündung des Senegal malerisch gelegen, kann auch heute seinen kolonialen Charme nicht verbergen. 1659 von den Franzosen gegründet und nach ihrem König Ludwig XIII. benannt, war die Stadt einst die Verwaltungshauptstadt Senegals und Mauretaniens. Jetzt wird von hier aus nur noch die Provinz Fleuve regiert. Die weißen klassizistischen Repräsentativbauten kontrastieren reizvoll mit dem bunten Gewühl der Märkte und Fischersiedlungen. Europäer aller Nationen, viele von ihnen Entwicklungshelfer, treffen sich abends in der dunklen Bar des »Hotel de la Poste«, wo die schwarze Animierdame Coumba manchmal ein altes Lied zum Besten gibt. Saint Louis ist der letzte Zivilisationsposten für jene, die sich aufmachen in die trokkenen Sande des Sahel und in die Landschaft des Ferlo.

Nachts singen aufdringlich die Mücken, lauter noch tönen frühmorgens die Gebete des Muezzin aus dem Lautsprecher der Moschee.

»La Brousse«, wie die Franzosen diese Savanne nennen, ist alles, nur kein Urlaubsort. Was der Mensch braucht, muß er mit sich transportieren, Lebensmittel, Medikamente und vor allem Wasser. Sigi hat das Nötige eingekauft, Bier steht in geeisten Boxen, Koffer und Geräte einigermaßen staubdicht verpackt - das Beladen der Wagen ist eine Wissenschaft. Der Unimog, zwei Wagen: eine Expedition. Die gerade Teerstraße nach Richard Toll vom Sandstaub überweht, der sich hier und da zu Dünen häuft. Das Land verschleiert im Dunst.

Verdorrte Bäume. Zuckerrohrfelder zum Erbarmen trokken. Ein kleiner Flugplatz, verlassen. Rechtsab auf die ausgefahrenen Sandpisten.

Einer steuert, so gut er kann, die anderen dösen oder lutschen an der Brause. Steckenbleiben oder Reifen wechseln wird zum Risiko – weit und breit für Stunden kein Mensch, nur traurige Büsche, mal ein scheuer Vogel. In der Ferne wandern weiße Ziegen in Richtung Brunnen Sagobé. Das Eselspaar zieht die langen Seile über weithin quietschende Holzrollen. Drunter hängt der Gummisack, kommt langsam hoch, voll Wasser. Der Hirte gießt es in Trinkwannen aus Holz, und die Herde drängt sich, trinkt. Karge Grüße in unverständlichen Dialekten. Hier spricht man offiziell französisch, doch die Hirten im Ferlo verstehen nur die Stammessprachen Fulani oder Wolof. Dolmetscher sind rar. Sagobé, zeitlos, wie aus dem historischen Bilderbuch über Afrika, wie es einmal gewesen sein soll. Erstes Zeichen auch für dieses »Sein oder Nichtsein« durch Wasser oder kein Wasser. Der Brunnen im Zentrum aller Gedanken dieser Hirten.

In feuchten Niederungen stehen – wie ganz alte Männer – die urweltlichen Charakterbäume afrikanischer Trockensavannen, die Baobabs oder Affenbrotbäume *(Adansonia digitata).* Eine Sage berichtet, Baobab sei einst entstanden, als eine Gottheit einen Baum verkehrt herum, mit den Wurzeln nach oben, eingepflanzt habe. Ein nützlicher Riese. Nahrhafte Samen mit hohem Fettgehalt, die Früchte kann man essen und die jungen Blätter zu Gemüse verarbeiten. Die grauen und seltsam weichen Stämme der älteren Bäume sind meist großflächig geschält, denn die Rinde liefert eine nützliche haltbare Faser für Tauwerk.

● Reise-Tagebuch, 12. bis 15. Juni 1980. Die verstaubte, durstige und müde Expedition hat nach kurzer Rast in der Station M'Bar Toubab schließlich doch noch das Zentrum des Projekts erreicht, den Markt- und Brunnenflecken *Vindou Tiengoli,* herzlich willkommen geheißen von Forstwart Bocar Diogo, einem schwarzen Zwei-Zentner-Mann im weißgrünen »Bou-bou«, dem traditionellen Baumwollgewand. Das Kamerateam verschwindet im kleinen Gästehaus, Christian ruft nach Batschiba, dem Küchenboy, und flucht, zusammen mit Sigi, vernehmlich über den neuerworbenen und erwartungsvoll aufgebauten Gas-Kühlschrank, der das Bier nicht kühlen will - vermutlich, weil jeder immerzu die Tür aufmacht, um es zu prüfen.

Mich hält es nicht, ich muß hinaus zur Brunnenstelle. Es ist, gegen 17.00 Uhr, noch sehr heiß. Vereinzelte Herden stehen ruhig um die langen Betonbecken, Frauen beladen ihre Esel mit frischgefüllten Schläuchen von Lkw-Reifen, hier das ideale Wassertransportmittel. Freundlich grüßt ein Hirte die »Toubabs« - wie man die Europäer nennt. Der heiße, weiche Sand, besprenkelt von Millionen trockener Kothäufchen, fühlt sich durch den Leinenschuh hindurch an wie die Lohe in alten Turnhallen und riecht ähnlich streng. Hallendes »Iah« eines Esels, leises Muhen. Der Motor der Wasserpumpe dröhnt. Das also ist es - *das* Zentrum, um das sich alle aufwendigen Mühen des Projekts drehen, von den Deutschen initiiert, um hier den Kampf aufzunehmen gegen die zunehmende Desertifikation.

Die Ideen dazu kamen nicht über Nacht oder weil ein Entwicklungshilfe-Ministerium gerade mal Geld hatte. Sie haben eine bemerkenswerte Vorgeschichte, weitab, in Hamburg. Ich erfahre sie von ihrem geistigen Vater, dem Forstwissenschaftler Professor Hans-Jürgen von Maydell, im Lohbrügger Institut für Weltforstwirtschaft und Ökologie in einem langen Gespräch am 25. März 1980.

Das Prinzip der Oase

»Wie entstand die Grundidee?«

»Die Grundidee ging aus vom Senegal. Geboren wurde sie im Zusammenhang mit der Dürrekatastrophe. Die Verwüstung rund um die Brunnenstellen schritt fort, man mußte etwas tun. Die Regierung in Dakar stellte den Antrag, ›man möge die Verwüstung um die Brunnenstellen stoppen‹. Da es sich um eine Forstdomäne handelt, möge man die Umgebungen der Brunnenstellen mit *Acacia senegal* aufforsten. Ich habe mir das 1974 dort angesehen, habe die Idee aufgegriffen, habe sie aber umfunktioniert in das agroforstliche Oasenprinzip – gegen den massiven Widerstand vieler dort vertretener Dienste, vor allem der Europäer, die schon lange im Lande lebten und laut lachten über meine Ideen. Sie sagten: Seit 70 Jahren kann man da nichts tun, da geht nichts. Ich sagte: Wenn man von dieser Haltung ausgeht, wird auch in Zukunft nichts gehen. Man muß auch mal was ganz Neues versuchen. Das Risiko ist 50 : 50, daß die Sache schiefgeht. Die Regierung akzeptierte. Man sah, die Nomaden machten erste Ansätze, seßhaft zu werden, das heißt, sie wollten, aber sie konnten nicht richtig.«

»Wie würden Sie Ihr Vorhaben ökologisch einordnen?«

»In diesen Streßregionen der Erde – dazu gehört der Sahel – befinden wir uns, wenn wir überleben wollen, in der Lage eines Seiltänzers auf dem Hochseil. Weil alles labil ist und jeder Fehler sich sehr tragisch auswirken kann. Wir kommen dort nur weiter, wenn wir nicht nur das dünne Seil eines Projekts ausspannen, sondern die Landnutzung so vielseitig wie möglich gestalten. Menschen, Tiere und Pflanzen stehen ja zunächst in Konkurrenz zueinander, weil alle das gleiche wollen: essen, trinken. Wie können wir ihre Bedürfnisse und Handlungsweisen ordnen, indem die einen ihr Vieh treiben, die anderen inzwischen Bohnen anbauen, die dritten Handel treiben etc.«

»Wie lange reicht der Wasservorrat?«

»Wie lange das fossile Brunnenwasser zur Verfügung steht, weiß niemand. Die Hydrologen sagen, zwischen 20 und 300 Jahren. Unser Grundgedanke ist: Nicht mehr produzieren um jeden Preis, man muß sparen, wenn man wenig hat. Wir müssen mit den knappen Ressourcen sparsam umgehen, mit dem Wasser, daher nehmen wir Tröpfchenbewässerung – Kulturen, die keine Bewässerung brauchen. Das Vieh soll nicht mehr getrieben werden; wenn es 30 Kilometer pro Tag marschiert, verbraucht es zuviel Wasser.«

»Wie ist es überhaupt zu dieser Vegetationszerstörung um die Brunnenstellen gekommen?«

»Die Entwicklung begann damit, daß man schon in den vierziger und fünfziger Jahren Tiefbrunnen gebohrt hat, die fossiles Wasser aus 400 Metern und tiefer heraufpumpten, etwa je 50 Kubikmeter pro Stunde. Das sah zunächst gut aus, nur lockte das Wasser das Vieh an. Dieses Vieh wurde von der Veterinärmedizin am Leben gehalten, die natürliche Selektion fiel weg. So kam es, daß an vielen Tagen im Jahr 20 000 Stück Großvieh an den Brunnenstellen standen und stehen. Mit der Folge, daß die Vegetation im Umkreis von fünf Kilometern und mehr total vernichtet wird. Weil es an den Brunnen nichts mehr zu fressen gibt, muß das Vieh nun jeden Tag hin- und wieder zurückmarschieren, zertrampelt das ganze Gelände, frißt alles ab, ein immer größerer Kreis um die Brunnenstelle wird Wüste – Desertifikation, wie sie im Buche steht.«

»Soweit klar, aber wie kamen Sie auf die Vorstellung der Oasen?«

»Wir haben uns gedacht, wir können in diesem Riesengebiet nicht Tausende von Hektar heilmachen, wir können die Brunnen nicht abstellen, die Veterinärmedizin nicht abschaffen. Meine Idee war: Wir kehren zurück zur Natur, aber nicht, indem wir ein Klimax herstellen, das wäre unproduktiv – wir schauen der Natur ihre Tricks ab. Wie schafft es die Natur, dort zu ›überleben‹? So lag es nahe, an die Oase zu denken. In Dürregebieten ist die Oase das Lebenszentrum, auf das man sich zurückzieht. Also: Laßt uns aus der Wüste rund um die Brunnenstellen Oasen machen. Unsere Vorschläge wurden laut verlacht. Wir haben uns nicht entmutigen lassen, sondern angefangen. Nun bauen wir in konzentrischen Kreisen um die Brunnenstellen herum Oasen auf.«

Von Maydell hat Zeichnungen und Grafiken ausgebreitet, die das ungewohnte Oasenprinzip deutlich machen.

»Wir stellen uns vor, zunächst die Brunnenstelle mit fünf Kilometern im Griff zu haben, also Oasen mit zehn Kilometern Durchmesser zu schaffen, das wäre großartig, denn die Brunnenstellen liegen etwa 30 Kilometer voneinander entfernt. Die verbleibenden 20 Kilometer zwischen zwei Oasen würden dann freies Weideland bleiben, wo die Nomaden laufen, das lassen wir unangetastet.«

»Wie sieht es mit den Eigentumsverhältnissen aus?«

»Das Land gehört anerkanntermaßen dem Staat. Dies ist eine forstliche Domäne von der Größe Schleswig-Holsteins. Niemand darf Eigentum an Grund und Boden haben – Senegal ist eine sozialistische Gesellschaft. Der Staat hat die Aufgabe, den Boden vorzubereiten, damit die Dorfgemeinschaften (Kooperativen) das Land auf ewige Zeiten zur Nutzung zugeteilt bekommen. Aber weiter...

Um die Brunnenstellen bauen wir kleine Stationen, Häuser, in denen zum Beispiel der einheimische Förster lebt, der später die Sache leiten wird, wo Experten wohnen können und andere Landwirtschaftsdienste. Dazu gehören Magazine für Ersatzteile und Saatgut, ein Hangar für Kraftfahrzeuge. Ein kleiner Büroraum, Wasserturm, Öltanks, Generatorhäuschen. Alles mit Funk ausgerüstet. Dazu eine kleine fliegende Werkstatt. Daneben die Baumschule, in der wir, pro Stelle, 200 000 Pflanzen aufziehen in gemauerten Beeten, geschützt von einer Hecke.«

»Welche Baumarten?«

»Hauptsächlich Akazien, vor alle *Acacia senegal,* die das *Gummi arabicum* liefert. Denn bei der Trockenheit wächst ja nur sehr wenig. Mit dem Überschußwasser, das wir stundenweise haben, legen wir Kleingärten an von 0,5, maximal zwei Hektar Größe. Mit Tröpfchenbewässerung können wir Tomaten ziehen, Bohnen, Mais, Melonen, Gurken. Als wir anfingen, hat man gelacht über die Idee, Nomaden würden hier mal arbeiten, seßhaft werden und Feldbau betreiben. Jetzt kommen sie in Scharen zu uns.«

»Mundpropaganda?«

»Ja, sie sehen, daß es läuft. Wir haben also um die Brunnenstellen Arbeiterdörfer errichtet. Wir haben den Menschen aus Lehm, mit Beton verstärkt, ihre traditionellen Häuschen gebaut. Bis zu 50 Familien sollen sich da niederlassen. Dazu pflanzen wir Schattenbäume, Obstbäume, Guavafrucht etc. – Künstliche Oasen, wenn Sie so wollen.«

»Mich interessiert besonders die Aufforstung.«

»Um die Brunnenflächen herum bepflanzen wir Flächen von jeweils 100 Hektar mit *Acacia senegal.* Das große Ziel für die Zukunft wären etwa 1500 Hektar Aufforstung pro Brunnenstelle, das wäre beinahe ein Drittel des Sachsenwaldes. Die Akazien werden natürlich nicht bewässert, sie leben ausschließlich aus dem Boden und vom Regen. Man pflanzt sie weitständig, nur 100 Bäume auf dem Hektar, das entspricht dem Savannentyp, der ursprünglich hier stand. Die Baumflächen werden geschützt vor Vieh und Feuer. Ab und zu verirren sich Ziegen hinein, sie werden von unseren Wärtern gefangen. Der Wächter freut sich diebisch, wenn er Ziegen gefangen hat, bringt sie abends in den Gefängnispferch, und die Leute kommen reumütig an, jedermann kennt jedermanns Ziege. Das Eigentum wird respektiert.«

»So ein umfangreiches Projekt bringt Geld ins Land?«

»Mit den Aufforstungen geben wir pro Brunnenstelle etwa 40 Menschen Arbeit, so sind also 40 Familien das ganze Jahr über mit Geld versorgt. – Noch einmal das Prinzip: Innen Intensivkulturen mit Tröpfchenbewässerung. Baumschule, Markt. Drumherum Aufforstungen und Gatterwirtschaft für die Tiere, darum herum Schutzflächen in Rotation und darum herum freie Flächen.«

»Wie paßt die Landwirtschaft ins Bild, die die Wolof hier betreiben?«

»In der Umgebung gibt es lockere Dörfer, die mit unzureichenden Mitteln hier und da etwas Ackerbau betreiben, bei diesen Niederschlagsverhältnissen ziemlich hoffnungslos. Man pflanzt Bohnen, Hirse und Erdnüsse. Die haben gesehen, was wir machen, und sagten uns: Helft uns! Sie schlugen vor, daß wir ihnen Zäune um die Felder ziehen, jeweils in Parzellen von 100 Hektar. Innerhalb der Parzelle entscheidet der Dorfälteste, welche Familie welches Landstück erhält. Wir fahren mit Unimog und Scheibenegge darüber und bearbeiten den Boden, das ist nicht teuer. Wir geben ihnen junge Akazien, die sie selber pflanzen, alle zehn Meter. Dazwischen pflanzen sie ihre Erdnüsse. Alles ohne Bewässerung, das ist reiner Regenfeldbau. Später kommt durch die Akazien etwas Dünger hinzu, weil diese Bäume ja Stickstoff sammeln und Blätter abwerfen. Die Akazien gehen in das Eigentum der Leute über, und sie können später das *Gummi arabicum* nutzen. Dann wird auch Gras wachsen, und sie können ihre Weidetiere hineintreiben, das heißt, sie haben laufend Erträge vom eigenen Land, sie können davon existieren. In den nächsten vier Jahren sollen mindestens 2400 Hektar dieser Bauernaufforstungen gemacht werden. Uns entstehen dabei Kosten von höchstens 100 DM pro Hektar. Die Bauern der ganzen Umgebung sollen mitmachen.«

»Die nächste Zukunft?«

»Wir gehen nicht weiter weg. In den nächsten vier bis fünf Jahren bleiben wir auf den sechs geplanten Brunnenstellen und machen das ordentlich. Ich habe mich mit den Leuten unterhalten über Dolmetscher. Die zusammenfassende Beurteilung gab ein Vorarbeiter, der schon vier Jahre dabei ist. Er erzählte von seinem sehr schweren Leben: Seit er hier im Projekt wäre, sei er zufrieden in seinem Herzen, und er spräche auch für die anderen. Das ist es, was wir erreichen wollen!«

Wann werden wir eure Bäume essen?

Wenn die Toubabs nicht da sind, regiert Bocar Diogo, der Forstwart, sein kleines Reich von M'Bar Toubab, wo alles begann vor sechs Jahren. Die Oasenidee gewinnt erste Gestalt. Sigis saftige Melonen aus dem tröpfchenbewässerten Kleingarten schmecken köstlich. Riesige Sonnenblumen werfen Schatten auf die Kulturen. Das Arbeiterdorf mit dem Rund kleiner Häuser und dem Palaverbau in der Mitte ist fast fertig zum Beziehen. In der Baumschule werden Betonbeete mit grünen Setzlingen bewässert. Alles sieht so freundlich aus, so vielversprechend.

Sechs verwüstete Brunnenstellen wählten die Deutschen aus, um ihr Oasenprinzip zu erproben. Sechs kleine Punkte irgendwo in der Weite der Zerstörung. Man muß schon ein bißchen verrückt sein – oder Idealist –, um hier nicht zu verzweifeln.

Nach drei heißen Stunden Sandpiste endlich »Ganina«, Wasserstelle Nr. 3 auf der Liste künftiger Oasen. Aber vor das Bauen haben hier die Götter das Palaver gesetzt. Nicht eines – hundert.

Der baumlange, flachsblonde Förster Christian und Sigi, der Weideexperte mit dem Wildwesthut, sprechen die Verkehrssprache Französisch und auch recht gut Arabisch. Endgültig überzeugen von dem Neuen aber können sie die Hirtennomaden nur in deren Sprache, dem Fula der Fulbe beziehungsweise dem Wolof der Hirsebauern. Rede und Gegenrede müssen genau übersetzt werden, und das braucht Zeit. Zeit hat man hier mehr als genug, man bringt sie halt mit. Immer wieder fragen die Hirten: »Warum sollen wir unsere Bräuche aufgeben, sie haben sich bewährt. Wer garantiert uns, daß dies nicht wieder so ein Reinfall wird, wie wir ihn schon früher erlebten?« Sie haben gelernt, den Europäern gründlich zu mißtrauen. Für sie schmeckt alles aus Europa noch immer nach Kolonialismus. So muß Christian immer wieder von vorn anfangen in seiner Werbung, muß mehr Psychologie, Takt und Menschenkenntnis einsetzen als forstliches Know-how. »Wann werden wir eure Bäume essen?« fragt einer – zum wievielten Mal? Es geht natürlich immer um das Nächstliegende, um Nahrung für die Herden.

Die anderen

Wer sind die anderen, für deren mögliches Überleben der deutsche Steuerzahler sein Scherflein beiträgt? Wer sind jene, die nach den Vorstellungen der Europäer ihre Traditionen und Gewohnheiten ändern sollen, damit ihr Ökosystem sich regenerieren kann? Die Experten der Entwicklungshilfe haben es hier mit einem Partner zu tun, der nicht eigentlich »hilfsbedürftig« im westlichen Sinne ist, dessen uralte Traditionen jedoch zunehmend in Widerspruch zu einer Welt der Technik und des Marktes geraten. Es handelt sich um die Nachfahren eines großen, selbstbewußten, ja

»herrischen« Volkes mit einem soliden Fundament von kriegerischen Traditionen: Sie nennen sich *Pulo,* wir sagen *Fulbe,* die Engländer *Fulani,* die Franzosen *Peulh.* Ihre schwer erlernbare Sprache ist das *Ful, Fulfulde* oder *Fula,* in der eine reiche Literatur, eine bedeutsame Lyrik vorliegt. Die Fulbe sind keine *Negroiden,* sondern *Äthiopiden,* von schlankem, hohen Wuchs.

Ihr Ursprung wird in der europäischen Wissenschaft widersprüchlich diskutiert. Der Saharaforscher Henri Lhoté stellte 1940 die These auf, sie könnten die Schöpfer der realistischen Felsmalereien im Tassili-Gebirge der Sahara sein, die schlanke Hirten und große Herden zeigen. Die einst feuchtere und lebensfreundlichere Sahara habe nach 2500 vor Chr. begonnen, auszutrocknen. Die Änderung des Klimas habe die Vorfahren der Fulbe zur Wanderung in den Sudan getrieben.

Die Geschichte nimmt erst recht spät von ihnen Notiz. Historiker vermuten, daß die Zerstörung des Staates Gana um 1076 (Europa hatte Afrika noch nicht entdeckt) die Fulbe auf eine lange Wanderung vom Senegal in den Süden und Osten getrieben habe. Die Hirten wurden Moslems, und es scheint, als seien ihre Eroberungszüge danach religiös motiviert gewesen. Ihr legendenumwobener Führer Osman dan Fodio gründete in den Hausa-Stadtstaaten des heutigen Nordnigeria nach 1801 das Kalifat von Sokoto. 1810 eroberte der Fulbe Hamadou Sékou das Land Masina und baute Hamdallahi als neue Residenzstadt. Saidou Tall eroberte 1861 die Stadt Ségou. Französische Kolonialtruppen erreichten Ende des 19. Jahrhunderts den Savannengürtel Westafrikas. Der Hauptteil des Kalifats von Sokoto unterwarf sich den Briten, Adamaua wurde deutsch (bis 1919). Präsident Sekou Touré zerstörte um 1958 die Theokratie im Fouta-Djalon (Guinea). Ahmadu Bello, der Dardauna von Sokoto, wurde 1966 beim ersten Militärputsch in Nigeria erschossen.

Wem heute die Ehre zuteil wird, einem traditionellen Fulbe-Führer gegenüberzusitzen, wie Karlinguel, dem Chef der Pampinabé, gewinnt auch ohne die Möglichkeit zur sprachlichen Verständigung sofort den Eindruck: Welch ein ruhiges Selbstbewußtsein, welche Sicherheit des Auftretens und der Entscheidung! Im zerfurchten Gesicht des alten Mannes ist die Geschichte seines Volkes zu lesen.

Bei den Fulbe ist das Gemeinschaftsleben strengen Regeln unterworfen, bestimmt und durchgesetzt von alten Männern wie Karlinguel oder Sow. Sie sind es auch, die ihre Dörfer nach außen vertreten. Mit ihnen haben sich die Experten auseinanderzusetzen. Nichts läuft ohne die traditionellen Führer, nicht einmal die Reparatur eines Weidezauns.

Geduld und viel Sinn für Geschichte und Traditionen des alten Hirtenvolkes – ohne diese Voraussetzungen ist jeder Entwicklungshelfer, und sei er noch so tüchtig in seinem Fach, im Sahel verloren. Manch ein gut gemeintes und teures Projekt ist gescheitert, weil von außen Kommende in ihrer kolonialen Arroganz nicht begriffen, daß ihre westliche Technik zwar ganz interessant sein kann, hier jedoch nur sekundäre Bedeutung hat gegenüber den Wünschen, Vorstellungen und Bedürfnissen von Menschen, die mit dem Lebensraum, seinen Pflanzen und Tieren, seinen klimatischen Rhythmen seit ungezählten Generationen zutiefst vertraut sind.

Jeder Plan, der verwirklicht werden soll, muß darüber hinaus den politischen Einfluß der Fulbe berücksichtigen. So dient der traditionelle Führer als Mittler für die politischen Informationen, er sorgt für die Vorbereitung der Wahlen. Über die Führungselite erreicht der Staat auch in abgelegenen Gegenden politischen Einfluß.

Während bei uns im Westen das Bankkonto den Status des Inhabers bestimmt, sind es bei den Fulbe viele, oft magere Rinder. Die große Herde bedeutet für den Besitzer Ansehen, Gewicht, Kapital, Ausdruck einer Weltanschauung. Sie sind voneinander abhängig – Herde und Hirte. Der Mensch kennt seine Tiere einzeln beim Namen, hütet sie unausgesetzt, schafft ihnen Wasser und Weide. Die Rinder kennen ihre Hirten, liefern ihnen Milch, Butter, Fleisch, Leder, Felle. Und beim Verkauf auch Bargeld, mit dem der

Hirte andere Güter kaufen kann – meist wieder Kühe. Weil der Fulbe sein Leben lang von Kühen begleitet wird, kann er seine Tiere nicht einfach zur Schlachtbank liefern. Eine »natürlich gewachsene Hemmung« verbietet es ihm. Wir werden noch sehen, daß das deutsche Projekt aber genau das von den Fulbe erwartet.

Der Fremde tut gut daran, die dauerhafte Sozialstruktur dieses Volkes kennenzulernen. Die Rollen der Männer und Frauen sind fest umschrieben.

Männer verwalten, hüten und pflegen ihre Herden. Sie sorgen für Nachzucht und sind Meister des Viehhandels. In der Regenzeit betätigen sie sich als Landwirte und bauen Hirse an. Männer sind zuständig für die hölzernen Zäune um die Felder und die Schlafplätze der Tiere. Und sie verbringen viel Zeit mit stundenlangen Palavern über interne oder politische Angelegenheiten.

Die geschmackvoll gekleideten und geschmückten Frauen tragen – auch hier – die größeren Lasten. Sie ziehen die Kinder auf, sie schleppen das Wasser für den Haushalt in schweren Wannen auf dem Kopf oder im Lkw-Schlauch per Eselskarren herbei. Sie sammeln das Holz für das Kochen der Mahlzeiten. Frauen melken die Kühe und verarbeiten die Milch zu Sauermilch und Butter. Der Erlös vom Milchverkauf auf dem Markt steht ihnen aber allein zu. Frauen bauen Bohnen und Melonen auf eigenem Stück Land an, sie errichten die Zäune um das Wohngebiet, ja sie errichten sogar die ästhetisch geflochtenen Rundhütten und richten sie freundlich ein.

Die Haushalte sind polygam. Ein verheirateter Mann besitzt keine eigene Hütte. Er übernachtet abwechselnd in den Hütten seiner zwei oder drei Ehefrauen (und muß gut achtgeben, die richtige Reihenfolge einzuhalten).

Abys Brandzeichen

Nicht allein zwei Gesellschaftsformen, zwei Kontinente begegnen sich; es sind grundverschiedene Weltbilder, die hier, sprach- und ratlos, einander gegenüberstehen beziehungsweise -sitzen. Aby scheint den Toubab wohl zu mögen, jedenfalls sendet sie universal verständliche weibliche Signale. Was aber geht in ihr vor?

Aby, die Fulbe-Frau übernimmt – in ihrer Gesellschaft ist das so – die Initiative und hockt sich vor den Toubab in den heißen Sand vor der Hütte. Mit einem Stöckchen malt sie rätselhafte Figuren, deutet hin und wieder zum Horizont, sagt ein Wort, malt wieder eine Figur. Abys Söhnchen Mamadou spielt derweil mit der großen Schwester Duna ein stilles Spiel, in dem der einzige hier verfügbare Kronenkorken von Coca-Cola die Hauptrolle darstellt. Abseits im Schatten hockt Usman Bar und studiert den Koran. Der »angenommene« junge Mann schlachtet den mitgebrachten Ziegenbock, hängt ihn, außerhalb des Zauns, kopfunter an den Baum, zieht die Haut herunter wie einen Handschuh und hängt sie daneben. Kleine Fleischteile schneidet er heraus und spannt sie auf kleine Holzkreuze, die er zum Trocknen in die Sonne stellt. Ein makabres Bild.

Mamadou trinkt, im Vorübergehen, bei Aby. Weit draußen schreit mißtönend ein Esel. Unter dem Kessel knackt ein Holz, Schritte schlurfen im Sand. Sonst ist es unbegreiflich still in dieser »Kommune«. Neurosen? Unbekannt. Unbehagen an der Kultur? Das Leben geht einen selbstverständlichen Gang, wie immer. Aby tippt den Toubab an, deutet auf die Hieroglyphen im Sand, schaut ihn schelmisch fragend an mit ihren ägyptisch schrägen Augen. Stunden später erst erfährt der tumbe Europäer, was Aby ihm verraten wollte: Sie zeichnete, was in ihrem Dasein die allererste Stelle einnimmt – die Brandzeichen der Herde ihres Vaters.

● Reise-Tagebuch, 18. Juni 1980. Herdenführer Inel Salif Sow vom Clan der Bissinabé hatte die Deutschen in sein Campement eingeladen, weit draußen im Ferlo. Im Rund des geflochtenen Zauns stehen fünf hohe Rundhütten. Dort wohnen: Chef Sow, sein ältester Sohn, die Frauen und Schwiegertöchter. An erster Stelle die älteste Frau: Abba. Ihr folgen Dianaba mit Kind Dado, Schwesterchen Duna und Aby mit Sohn Mamadou. Der »angenommene« junge Mann, der Koranleser Usman, ein Hund, ein Pferd.

Inzwischen gehen die Frauen ihrer Tagesbeschäftigung nach, jeweils zwei stampfen mit langen schweren Holzmörsern die Hirse im ausgehöhlten Holzbottich, Schlag auf Schlag im musikalischen Rhythmus. Mutter Abba schiebt vorsichtig die Holzscheite unter dem Feuer nach, hier ist Holz der Energieträger und kostbar. Im tiefen Schatten der Hütte hocken alle um die Schüssel mit Reis und Ziegenfleisch. Die besorgte Rede geht um Rinder. Viele leiden an Botulismus. Die Tiere hinken, haben hohes Fieber und sterben innerhalb von drei Tagen. Ursache ist ein Mineralstoffmangel im Brunnenwasser; er veranlaßt die Rinder, Haut und Knochen von Kadavern zu fressen. Dadurch infizieren sie sich. Woher aber soll Sow die Gegenmittel hernehmen?

Inel Salif Sow, Jahrgang 1918, baute das Campement vor zehn Jahren. Noch kann seine Herde sich sehen lassen: 216 Rinder, 30 Ziegen, 50 Schafe, acht Kamele, fünf Esel und drei Pferde. Die große Dürre in den Siebzigern wird er nicht vergessen, da schrumpfte die Herde auf 65 Tiere zusammen. Sow wartet auf den Tee, bevor er sich auf den langen Weg zur Herde macht; sie steht, vom Sohn bewacht, an der weit entfernten Wasserstelle Amadi.

Mutter Abba widmet sich ruhig der täglichen Tee-Zeremonie: Ein Schnapsglas voller grüner Teeblätter in die kleine Kanne über dem Holzfeuer. Aufkochen lassen. Eine gute Handvoll Zucker hinzu vom aufgeschlagenen Zuckerhut. Aufkochen lassen. Umgießen in so viele Schnapsgläser, wie Gäste zu bewirten sind. Zurückgießen in die Kanne. Ausgießen in die Gläser mit hochgehaltener Kanne, so daß es schäumt. Probieren, umgießen, zurückgießen, eine halbe Stunde lang. Hinzufügen frischer Minze. Eingießen, probieren. Das Herz tobt nach einem halben Glas, die Nase ist frei, der Zucker vertreibt die Müdigkeit. Wüstenlabsal.

Ein zu kurzer Tag, behütet von altüberkommener Gastfreundschaft der Hirten, hinterließ mehr Fragen als Antworten. Über das Oasenprojekt wurde nicht gesprochen. Solange die Herden nicht in Frage stehen, wird man die Toubabs machen lassen. Es hat sich schon früher so viel geändert. Alte Fulbe erinnern sich, daß die Savanne in manchen Gegenden des Ferlo während der vierziger Jahre undurchdringlich, gefährlich war. Es habe Löwen gegeben, Affen, Gazellen, Hyänen und Rebhühner. Unzählige Arten von Gräsern, Kräutern und Bäumen seien seit damals verschwunden.

Die Tiefbrunnen erlaubten mit ihren reichlichen Wasservorräten zwar eine schnelle Vergrößerung der Herden, doch damit wurden die Weideflächen, ohnehin degradiert, knapp. Die Auswirkungen der Dürre von 1972/73 sind noch nicht überwunden. Europäer und Fulbe stellen sich besorgt die Frage, ob die Natur zu einer Regeneration in der Lage ist.

Akazien für den Senegal

● Reise-Tagebuch, Juni 1980. Die Wassermelonen von M'Bar Toubab. In der UNO fragte jemand: »Ihr legt 1000 Dollar in die Wüste, wird sie dann grün?« und antwortete selbst: »Nein, arbeiten müßt ihr!« Wer hier zuschaut, begreift, daß die Sache mit dem Baum in der Wüste nichts als Mühsal ist. Denn es geht nicht um einen Baum, es geht um Millionen Bäume.

Christian Dering führt seine Forstbaumschule vor. Es herrscht Betrieb. Der Sand für die Keimlinge wird gesiebt und mit Düngestoffen durchmischt. Ein abgeschnittener Ölkanister dient als Trichter, um die Erde abzufüllen in ungezählte Tüten aus Kunststoff, jede mit kleinen Löchern im Boden, damit die langen Pfahlwurzeln der Keimlinge hindurchdringen können in den Boden. Alles ist Handarbeit; die Beschaffung mancher Arbeitsplätze. Lange Reihen von Betonbeeten wurden zuvor gegossen. In ihnen werden die Tüten für die nächsten drei Monate stehen. Jede Tüte eine Akazie von der Art *Acacia senegal.* Vom fünften Lebensjahr an liefert sie unter anderem den Rohstoff *Gummi arabicum,* der einst ein wichtiges Exportprodukt des Senegal war.

Nach dem Befeuchten der Erde überwacht Christian, wie der Forstgehilfe sorgfältig drei Löcher in jede Tüte bohrt, drei Löcher für drei Samen, um sicherzugehen, daß wenigstens einer keimt. Die hartschaligen Akaziensamen keimen in der Natur am ehesten, nachdem sie einmal den Magen eines Tieres passiert haben (in Ostafrika beispielsweise den des Elefanten). Um diesen Effekt zu erzielen, hat man sie hier in Wasser geweicht. Nach Tagen sprießen die ersten Keimblätter. Das Unkraut wird geduldig ausgerupft, Spritzmittel sind verpönt. Drei Monate nach der Aussaat werden die jungen Akazien groß und kräftig genug sein, um draußen ohne künstliche Bewässerung überleben zu können.

Wir sind noch im Juni 1980. Zurück nach Vindou Tiengoli, Wasserstelle und Standort der »Mission Forestiére Allemande au Senegal – Projet Sénégalo-Allemand de Reboisement et d'Aménagement Sylvo-Pastoral de la Zone Nord«. Bescheidene Anfänge. Arbeiter sind dabei, aus handgeformten Ziegeln Mauern für neue Gebäude hochzuziehen. Der handgeschweißte Tiefpflug ist wieder kaputt. Kfz-Meister Dieter Merz forscht nach Sand im Getriebe der Motoren. Christian Dering und Siegfried Tluczykont montieren mühsam die schwere Walzenegge an den Unimog. Draußen taucht der Staubsturm das Land in glasiges Licht. Schwere Bedingungen für die Arbeiten in der Parzelle 80a im Westen: Förster Diogo steht auf dem Unimog, der zieht den Untergrundlockerer mit Furchenschar. In diesen geraden Furchen wird sich Feuchtigkeit sammeln für die jungen Akazien. Wenn Christian geht, soll Diogo die Station übernehmen.

In der Forstbaumschule von Rao hinter Saint Louis kann man auf der Regenerationsfläche sehen, wie die Neuanpflanzungen später einmal aussehen werden. Geschützt vor dem hungrigen Weidevieh ist *Acacia senegal* nach zweijährigem Wachstum schon recht vorzeigbar. Man könnte sie den »pflegeleichten Vielzweckbaum« nennen: Ihre gefiederten Blätter bieten nahrhaftes Futter, aus den langen Blüten entstehen eiweißreiche Schoten, das Holz ist gut zum Brennen und für Zäune. Fallendes Laub schützt die Erde vor Austrocknung, tiefe Wurzeln verhindern Erosion.

»Christian, das sieht gut aus, fast wie heile Natur. Ist das nun ein Modell für die Zukunft – oder kann es auch eine Entwicklungsruine werden?«

»Warum entstehen Entwicklungsruinen? Es gibt viele Gründe. Ein Projekt kann zu kurzfristig angelegt worden sein, die Finanzierung wurde zurückgezogen, bevor einheimische Fachkräfte ausgebildet worden waren, bevor die neuen Bewirtschaftungsmethoden sich in der Bevölkerung verbreiteten, bevor die Bevölkerung akzeptiert hat, so und so zu arbeiten. Oder man hat Fehler bei der Konzeption gemacht, ging von falschen Voraussetzungen in der Natur aus, oder man schätzte die soziologischen Kräfte falsch ein.«

»Man kann also in Europa entwickelte Modelle nicht einfach hierher übertragen, sondern man braucht intime Kenntnisse der hier vorliegenden ökologischen Gegebenheiten, um überhaupt etwas in Gang zu setzen?«

»Das ist klar. Ich kann ja auch keinen Almbauern in die friesische Marsch setzen. Wir müssen unsere Methoden, unsere allgemeinen Erkenntnisse so anwenden, daß wir zu einer angepaßten Bewirtschaftungsform vorstoßen. Das ist die Aufgabe des vor Ort arbeitenden Technikers. Wir müssen versuchen, die natürlichen Gegebenheiten einzuschätzen und unser Fachwissen entsprechend anzuwenden.«

»Und Sie bauen auf den Grundlagen, die andere schufen, zum Beispiel über das Klima, die Böden etc.?«

»Wir versuchen möglichst viele Informationen auch von früheren Projekten zu sammeln, von Forschungsprojekten, Untersuchungen, Studien und, was uns wertvoll erscheint, einzubauen.«

»Was können wir unsererseits von den Einheimischen lernen, wo können wir deren Erfahrungen nutzen?«

»Sigi hat sich zum Beispiel bei der Anlage seiner Weideparzelle und bei der Artenwahl der Baumarten, die wir einführen wollen, sehr stark verlassen auf die Auskünfte der Hirten. Die wissen genau, welche Bäume wertvoll sind, sie kennen die Pflanzen, kennen alle beim Namen. Sie sind sehr gute Botaniker. Der Hirte weiß, wann der Baum Früchte trägt, welche Teile als Futter dienen können, welche als Medizin für Tier und Mensch. Der Mensch hier ist noch mit der Natur verbunden.«

Zu Hause ist der Jammer ausgebrochen. Coumba weint herzzerreißend, will partout nicht zurück zum Gatten, weil der sie finster bedroht. Die Nacht vergeht mit den geduldigen Mühen Christians und Diogos, die Verzweifelte mit klugen Argumenten zu beruhigen. Man bringt die Aufgelöste schließlich nach Hause, später wird sie sich für 250 DM von ihrem Mann loskaufen und zum Projekthaus zurückkehren. Auch Psychologie gehört zum Bäumepflanzen.

Sigi baut den Zaun

● Reise-Tagebuch, 19. Juni 1980. – » Hier – genau hier – gräbst du jetzt das Loch für den Zaunpfahl! Genau so groß mußt du das Loch machen!« Nichts überläßt Fachmann Sigi dem Zufall. Seine handgeschweißten Eisenpfähle müssen tief und standfest betoniert werden. Später sollen sie den sprungsicheren australischen Weidezaun halten. Er ist teurer als herkömmlicher, hält aber 40 Jahre, selbst gegen Ziegen. Der Zweck des Aufwands? Sigi möchte feststellen und beweisen, wie viele Rinder und Schafe oder Ziegen man auf einer bestimmten Weidefläche ernähren kann, ohne die Vegetation zu zerstören. Ein erster Schritt zur dringend notwendigen Verkleinerung der Herden.

Sein Wirkungsfeld (wie für die Aufforstung) ist ein »Réserve Sylvo-Pastorale«, ein staatliches Gebiet, das für Viehhaltung und als Wald reserviert wurde und von der staatlichen Forstbehörde kontrolliert wird. Sigis Ideen mußten also zunächst von staatlichen Stellen gutgeheißen werden. Abends beim Bier auf der kleinen Veranda hat der Umtriebige ein wenig Zeit, von seinen Vorstellungen zu erzählen.

Der Diplomlandwirt und »Weideexperte« ist seit 14 Jahren im Raum der Sahara beschäftigt gewesen, bevor er sich mit Zäunen befaßte. »Zunächst wurde ein Operationsplan aufgestellt und den senegalesischen Behörden zur Begutachtung vorgelegt. Dann zeichneten wir Karten und suchten zusammen mit Senegalesen die Flächen aus. In stundenlangen Palavern mußte jede Frage beantwortet werden: Was geschieht mit dem Land, was mit den Herden? Zu diesen Meetings kamen die Dorfältesten und Politiker der Region. Dann kamen die Höflichkeitsbesuche bei den Dorfältesten mit Essen und Teetrinken und Fragen beantworten, viele Stunden. Jeder hält eine Rede, und man muß stundenlang zuhören. Einer sagte: Hoffentlich wird das nicht eine Sache, daß man in der Savanne ein geladenes Gewehr hinlegt, und es geht los, und dann gibt's kein Pulver mehr für den nächsten Schuß. Am Anfang hatten sie Angst, daß hier nur Wald entsteht, jetzt sind sie zufrieden, daß auch Weide integriert wird.«

»Was werden Sie denn da gefragt?«

»Alles, woher ich komme, was ich früher gemacht habe, ob ich Bauernsohn bin, ob man die Schafe dann melken dürfe, ob sie geimpft werden, warum ich Zäune bauen will, wie viele Schafe ich dort haben will, was die fressen werden... einfach alles.«

»Nun wollen Sie ja die Herden verkleinern?«

»Das ist die heikle Angelegenheit. Für den Fulbe ist die Kuh eine Art Bank, eine Reserve. Es tut ihm leid, eine Färse zum Metzger zu schicken. Man läßt die Kuh sieben- bis achtmal kalben, erst dann wird sie verkauft, und dann ist sie alt. Sie sehen nicht, daß man aus der Kuh Gewinn machen soll, für sie ist erst mal die Anzahl wichtig.«

Sigis ebenso einfache wie überzeugende Philosophie: »Die Nutzung der Savanne ist seit Generationen bekannt. Mit der heutigen Konzentration des Viehs und der Menschen und ihrer Vermehrung wurde das ökologische Gleichgewicht gestört. Jetzt geht es darum, daß man das Vieh in die Savanne integriert und Weidemöglichkeiten schafft, ohne das ökologische Gleichgewicht ganz zu zerstören. Bisher ist es doch so: In und nach der Regenzeit fressen die Kühe das Gras und die Kräuter. In der Trockenzeit fressen sie die Trockengräser. Dieses ›Heu auf dem Halm‹ ist wie trockenes Holz, ohne Nährwert. Das einzige Eiweiß für sie kommt dann vom ›Schneiteln‹ der Bäume: Der Hirte steigt hinauf und schlägt einige belaubte Äste für die Tiere.«

»Wie fangen Sie an?«

»Unsere Aufgabe ist, festzustellen, was hier an Gras- und Buschvegetation wächst und wie Überweidung sich auswirkt. Die Büsche, die das Vieh verschmäht, vermehren sich immer stärker, und die nutzbaren Büsche verschwinden. Wir müssen genau wissen: Welche Pflanzenarten wachsen hier ursprünglich, welche haben sich also den Bedingungen angepaßt, sind heimisch – und welche sind verschwunden? Wir müssen feststellen, wieviel Großvieheinheiten oder Schafeinheiten wieviel Land brauchen, um sich zu ernähren, ohne die Vegetation zu zerstören.«

In Reihen stehen Männer stumm und halten jeder eine Holzstange gerade, damit die Linie stimmt, wo Sigi die Pfähle einsetzt für den ersten Zaun an der Ostseite seines neuen »Weide-Perimeters«, der geschützten Savannenfläche, in der sich die Vegetation erholen kann, um dann eine genau berechnete Anzahl von Vieh zu ernähren.

38 Grad warm strömt das Wasser aus dem Tiefbrunnen zu Vindou. Verzweifelt müht sich der Esel, den Wasserspiegel im Betonbecken zu erreichen, doch er ist zu klein. Im leeren Geräteschuppen sammeln sich Experten und Dorfbewohner zum nächtlichen Abschieds-Tam-Tam. Die Drei-Mann-Band produziert einschläfernden Singsang und feiert jede Geldspende mit improvisierten Gedichten. Kühne Witze werden rhythmisch beklatscht. Coumbas Freundin säugt ihr Baby. Für Stunden hat mancher das warme Gefühl, hier seien alle eine große Familie.

Ferlo – wieder besehen

● Reise-Tagebuch, 26. April 1990. Eine Wagenkolonne auf der Straße von Dakar nach Saint Louis. Die Straßenbäume kommen mir höher vor, doch die Baobabs sind noch immer die Denkmäler pflanzlicher Widersinnigkeit. Die primitiven Wald- und Jagdbilder im »Hotel de la Poste« sind dunkler geworden. Auf der Terrasse für den Tee vor der stählernen Flußbrücke, deren Belag die Autoreifen singen läßt wie Berliner S-Bahnen, sitzen wieder (oder noch immer) die internationalen Experten. Vor dem Hotel betteln Kinder um Aufmerksamkeit für hölzerne Souvenirs. Ein uralter Bus preist sich an für Abenteuerfahrten in Schutzgebiete, wo man Tiere sehen soll. Das Zimmer zum Fluß riecht nach hunderttausend verschwitzten Bewohnern. Das Fliegengitter knarrt, der Lokus zieht nicht ab, die Dusche tröpfelt, und die Überdecke ist noch immer bunt gehäkelt. Man ist fast wieder zu Hause. Auch die Dame Coumba (nicht die vom Ferlo) wandelt wie immer auf den nächtlichen Pfaden der Animation. Trotz vertrauter Umgebung ist die Nacht unruhig durchwebt von bangen Träumen.

Frühmorgens steigt dunstig die Sonne über dem Wasser. Kalt weht der Wind vom Meer herüber. Und die Kellner im frankophonen Senegal verstehen nichts von Spiegeleiern zum Frühstück.

Sigi, grau geworden und voller Optimismus (der Staat hat ihm inzwischen für herausragende Verdienste einen hohen Orden verliehen), Sigi also hat Wagenladungen von Überlebenskram für die Expedition in den Ferlo eingekauft. Es wird Zeit! Sachte, die Wege im Ferlo sind weit. Diplomandin Ellen Koller sitzt neben dem Projektleiter Dr. Ulf Baum; Sigi fährt mit dem Kamerateam voraus, aber nicht den vertrauten Weg über Richard Toll, sondern von Süden her. Das rächt sich, denn der alte Wüstenfuchs verfährt sich prompt und muß zweimal Hirten nach dem »Weg« fragen. Niemand sonst wagt sich ohne Kompaß und Karte ins Gewirr der einander kreuzenden, sich windenden und querverlaufenden Pfade im ewig gelben Sand. Sand, Büsche, versprengte Bäume – kaum ein Halt fürs Auge, kaum eine Markierung. Gefahren lauern. Der Reifen platzt. Das Wechseln hat seine Tücken, denn Toyota bringt das Ersatzrad ungünstig an. Herden ziehen vorüber, die Hirten grüßen. Ein paar Rundhütten um die Wasserstelle. Endlich die weite, flache, hufzertretene Fläche um den Brunnen von Vindou Tiengoli. Die Station ist größer, schöner geworden mit neuem Gästehaus, Pavillon und Garten.

Den Zurückgekommenen treibt es hinaus zu den Rundhütten, den Menschen und Herden. Groß ist Vindou geworden, ein richtiges Dorf mit Straßen, einige sogar – vom Projekt – beleuchtet. Die meisten Dörfler gehören zum Volk der Fulbe, den Hirten mit der Tradition und Literatur, den weisen alten Männern und schönen Frauen, den weißen Rindern mit den graziös geschwungene Hörnern und grauen Eseln. Leuchtend blau die Boubous der Frauen, weiß die Gewänder der Männer. Viele feuchtkalte Händedrücke, Gemurmel in Fula, Französisch, in Wolof. In der Station funktioniert der Eisschrank besser, und beim abendlichen Bier findet Ulf Baum Zeit für einen Bericht zur Situation:

»Vor zehn Jahren gab es in Vindou vier Kaufleute, heute 25, damals eine Bäckerei, jetzt fünf. Damals existierte keine Schule, heute muß die Schule dringend vergrößert werden. Wir haben sogar eine Disco! Es sind mehr Fulbe hergezogen von den verschiedenen Clans, den Bisnabé, den Pampinabé, den Bakanabé, den Woudabé, so daß eigene Ortsteile entstanden. Nur für die unterste Kaste, die Loubé, gab es keine Ausdehnungsmöglichkeit. Warum die Vergrößerung? Das Projekt bietet Sicherheit, zum Beispiel Wasser, die Versorgung mit Medikamenten, mit Elektrizität, mit Waren. Wenn mal das Wasser ausfällt, wissen die Leute aus Erfahrung, daß das Projekt dafür sorgt, daß die Tiefbrunnen wieder funktionieren.«

»Also eine Ansammlung von Wohlstand und Bequemlichkeit?«

»Ja, man braucht nicht mehr lange Wege zu gehen, um einzukaufen. Früher lebte man ja nie in Dorfgemeinschaften, sondern verstreut in Campements als Großfamilien. Nicht nur die Fulbe hat es nach Vindou gezogen, es kamen auch Wolof-Abkömmlinge seßhafter Ackerbauern, die hier Handel treiben, Bäckereien, kleine Läden unterhalten. Vindou ist ein interessanter Sammelpunkt in der Region geworden, ein wachsendes Zentrum.«

»Aber Sie sehen auch Gefahren für die Zukunft?«

»Genau. Wollen wir das eigentlich alles? Wir schaffen mit dieser Konzentration um die Brunnenstellen auch Konzentrationen von mehr Vieh. Es ist ein Sog entstanden, der vielleicht eine Umgewichtung von einer gleichmäßigen Tierbesatzdichte in der gesamten Umgebung hin zum Zentrum nach sich zieht. Das birgt die Gefahr, daß um Vindou die Weiden noch stärker degradiert werden und daß nur umzäunte Weideflächen wie grüne Inseln herausragen. Das aber können wir nicht wollen. Eine unserer Hauptaktivitäten ist es deshalb, von Saint Louis aus für den Abfluß der überzähligen Tiere zu sorgen – via Markt, einen Markt, den es noch nicht gibt, den wir schaffen wollen, mit dem großen Fragezeichen, ob uns das nachhaltig gelingen kann. Man aß bislang kein Kalbfleisch, die Schlachter verarbeiteten keine Kälber, und uns kommt es darauf an, daß junge Tiere von den Weiden verschwinden, daß die Tiere nicht erst vier Jahre alt werden. Was als Kalb rausgeht, kann sich nicht mehr vermehren. Wir haben nie damit gerechnet, daß die Fulbe Kälber abgeben, weil die Kuh auch eine mythische Figur ist. Die Fulbe sagen: Die Kuh ist unsere Stamm-Mutter, ein heiliges Tier, unsere Mutter gibt uns Milch, Fleisch, Leder, Dung zum Brennen, sie ist unsere einzige Lebensgrundlage. Schau, sagt der Fulbe, welcher Unterschied ist dabei, wenn das Auge, das die Kuh beobachtet, auch das Kind beobachtet – es ist dasselbe Auge. Für mich ist die Kuh soviel wert wie mein Kind. Wir sagen, auch die alte Kuh, die wir schon längst abgestoßen hätten, schmückt die Herde. Deshalb behalten wir auch die alten Kühe, einfach um die Herde insgesamt als komplexe Einheit schön sein zu lassen. Nicht von ungefähr tragen die Kühe die wunderschönen Hörner, das ist ein Zuchtprinzip. Wir, das Projekt, versuchen nun, dagegenzuhalten mit einer harten Produktionsmentalität. Die Frage, ob wir das wollen dürfen, ist für mich noch offen. Deshalb machen wir jetzt intensive soziologische Untersuchungen, um zu sehen: Was beeinflussen wir da, welche Wertvorstellungen beeinflussen wir vielleicht negativ?«

Die Ruinen von M'Bar

Bevor wir uns mit den Fortschritten auf dem Kalbfleischmarkt beschäftigen, müssen wir unsere Neugierde befriedigen: Was wurde aus den pflegeleichten Vielzweckbäumen, die Christian vor zehn Jahren mit solcher Energie im Ferlo anpflanzen wollte? Wir folgen den tief eingekerbten Radspuren von Vindou nach M'Bar Toubab und finden dort mit einiger Mühe das moderne Arbeiterdorf oder das, was übrigblieb: Ruinen - wie die Kulissen zu einem Italo-Western. Verlassene, geborstene Häuschen ohne Dach und Tür. Nur die Mimen fehlen. Statt ihrer wandert Sigi sinnend über seine einstigen Beete, wo Melonen und Sonnenblumen wuchsen. Die Leitungen zur Tröpfchenbewässerung hat man gekappt.

Alle Mühe, aller Optimismus waren umsonst, weil die Regierung den Wasserpreis so hoch schraubte, daß es nicht mehr lohnte. Und *Acacia?* Wo einst tausend kleine Samentüten standen, weiden Pferde im gelben, trockenen Gras. Ein bedrückendes Bild der Vergeblichkeit.

Wir fahren weiter nach Tatki. Da stehen sie noch, die altgewordenen Akazien, in Reih und Glied, wie man sie pflanzte. Der Zaun ist verschwunden. »Die Regierung müßte das übernehmen, sie hätte auch Leute dazu, sie unternimmt aber nichts, so weidet jetzt da das Vieh. Den alten Bäumen tut es nichts, aber der Jungwuchs kommt nicht auf«, kommentiert Sigi und erzählt, was geschah in den schrecklichen Jahren 1983/1984:

»Das war schlimm. Die Fulbe sind 1983 schon im Januar nach Südosten weggezogen, weil es hier kein Gras mehr gab. Nach Mali, wo es keine Tse-Tse-Fliegen gibt. Und hier, sehen Sie doch die vielen toten Bäume, die sind aus den Dürrejahren, einfach umgekippt.«

»Hat die Dürre sich auf degradierte Flächen stärker ausgewirkt als auf Gebiete mit einer Vegetationsfläche, wie in den Perimetern?«

»Die Gefahr hier ist eine Verwüstung vom Punkt her. Wenn wir eine kahle Fläche haben, und dann kommt die Dürre dazu, dann folgt die Winderosion. In einer Baum- und Buschvegetation, im Grasland, gibt es keine Winderosion.«

»Wann kamen die Fulbe zurück?«

»Mit der Regenzeit 1985 kamen sie herein, und nach der Regenzeit gingen sie in die Perimeter, seit 1985 leben sie nun dort.«

»Das Vieh und die Menschen dort sehen gesund aus.«

»In den Perimetern ist das Vieh viel gesünder als außerhalb. Die Fruchtbarkeitsrate, die Abkalbrate sind höher, auch die Milchproduktion, das ist für die Leute wichtig, die Milch hat mindestens sechs Prozent Fett.«

»Was wurde mit den Zäunen, die Sie damals setzten?«

»Mit den australischen Weidezäunen haben wir angefangen, weil Australien damals so etwas anbot. Mittlerweile haben wir auch deutsche Zäune und sogar einen Zaun, der im Lande gemacht wird, der ist noch besser. Sind aber Zäune die Lösung? Eine teure Lösung. Es wäre viel einfacher, das ohne Zäune zu machen, dazu gehört aber Disziplin, und die kommt erst, wenn die Fulbe eingesehen haben, daß man auf einer bestimmten Fläche nur so und so viele Tiere halten kann, daß aber die Tiere dort dann genau soviel produzieren. 100 Kühe innerhalb des Perimeters produzieren soviel wie 200 draußen. Auf die Dauer brauchen wir eine Agrarreform, ein Weidegesetz (Code pastoral) für Weidenutzungsrechte. Aufgrund unserer Erfahrungen ist die Regierung jetzt dabei, so etwas auszuarbeiten.«

»Wie Sie damals sagten, es hat Modellcharakter bekommen.«

»Ohne euphorisch zu sein, würde ich sagen, es ist eine von vielleicht mehreren Lösungen. Aber zur Zeit gibt es keine bessere. In Australien, in Südafrika, Südwestafrika, in Kenia funktioniert das System hundertprozentig.«

»Kommen nun auch andere, die so etwas machen wollen?«

»Eine gute Frage. Es ging soweit, daß Leute an den Gouverneur schrieben und an den Präsidenten der Republik: Warum nur Vindou? Warum nicht Tatki, warum nicht Niassante, Ganina? Alle wollen das System haben, es gab beinahe einen politischen Eklat.«

»Also keine neuen Bäume mehr?«

»Der Plan sieht vor, daß die teure Aufforstung jetzt ganz wegfällt, denn mit einer begrenzten Viehzahl auf bestimmten Flächen hat die Savanne die Chance, sich von selbst zu regenerieren ... Aber wir wollen uns nichts vormachen. Damals haben wir improvisiert, da wurde ein Zaun gesetzt, wo wir ihn gar nicht wollten. Heute stehen hier 200 Kilometer Zäune. Wissen Sie, was das heißt, das alles auszumessen, zu topografieren?«

»Kann man über die Kosten sprechen?«

»Unsere Perimeter kosten, wenn wir alles zusammennehmen, mit Zaun, Wasserleitung, Tränken, pro Hektar 50 DM. Für deutsche Verhältnisse ist das nicht viel, hier sind das hohe Kosten. Wir müssen davon ausgehen, daß wir für eine tropische Großvieheinheit zehn Hektar brauchen, das heißt zehnmal 50, sind 500 DM pro Kuh. Davon sind wir aber abgegangen. Die Innenzäune haben wir jetzt weggelassen. Das neue Perimeter von '89 hat nur noch Außenzäune und Tränken. Die Interessengruppen innen verwalten sich selbst. Die gehen nicht fremd, die bleiben in ihrem Revier. Und die anderen, von außen, können nicht hinein.«

»Gibt es Eifersüchteleien: Wir drinnen, ihr draußen?«

»Schon, ja. Wer die Besatzdichte nicht einhält, muß raus. Vier Familien sind jetzt draußen, und sie haben an Ansehen verloren. Von allen Brunnenstellen kommen Leute, die hineinwollen in die Perimeter. Die einzige Milch, die hier auf dem Markt zu kaufen ist, kommt aus den Perimetern, draußen geben die Kühe keine. So sind die Frauen drinnen stolz, denn die Milch ist ja ihre Haupteinnahmequelle.«

»Ein Problem für sich scheint die Eigenbeteiligung zu sein.«

»Man muß Entwicklungshilfe kritisch sehen. Aber hier gibt es eine Eigenbeteiligung der Leute. Sie zahlen zehn Prozent aus eigener Tasche. Das ist neu! Und sie zahlen wirklich, was andere immer nicht glauben wollen.«

Sigi wurde zu einer Institution im Ferlo. Jeder kennt ihn, mag und schätzt den Mann, der im wahren Sinne mit Vindou verheiratet ist.

»Andere Projektgruppen haben es einfacher. Die Fehler, die wir hier machten, brauchen die nicht mehr zu machen. Aber es müssen Leute rein, die sich engagieren. Wenn Experten in der Großstadt wohnen und glauben, daß es von allein geht - Scheiße. Ein Kollege sagte mir neulich, du bist verrückt. Du gehst gesundheitlich kaputt in diesem Backofen, und wenn sie dich nicht mehr brauchen, schicken sie dich weg.«

Nie zu müde fürs Palaver

Besser als hundert Worte würde ein Bild den Unterschied zeigen: In der Mitte der Zaun. Links (außen) die kahlgetrampelte staubige Sandfläche mit ein paar Kümmerbäumen. Rechts (im Perimeter) lebendige Büsche, Bäume, hohes Gras. Was Sigi vor zehn Jahren vorführte, ist heute akzeptierte Wirklichkeit. Nun steht er am Zaun in der Gruppe der Herdenführer und palavert - zum wievielten Male wohl? - über Zäune und was geschieht, wenn sie kaputtgehen. Sein würdigster Gesprächspartner ist Clan-Chef Karlinguel, auch Salika genannt. Seine Worte übersetzt Sow, selbst aus vornehmer Familie.

Sigi: »Zäune gehören weder dem Projekt noch der Regierung, sondern den Fulbe, die den Auftrag haben, sie in Ordnung zu halten, wenn Schäden entstehen.«

Karlinguel: »Ich bin von mir aus gekommen, wenn Schäden am Zaun waren, und deren gibt es einige. Als der Maschendraht runtergebogen war, bin ich sofort aktiv geworden. Zu den Leuten habe ich gesagt, hier, verdammt noch mal, müßt ihr was tun. Sie haben sich geholfen, haben mit Totholz den Zaun dichtgemacht, und der provisorische Zaun hat ein Jahr lang gehalten, bis damals das Projekt eingeschritten ist.«

Man ist sich einig, so sieht es jedenfalls aus für den, der hier immer der Fremde bleibt.

Mittags versammeln sich die Herren zum Großpalaver in Vindou. Ein Kreis hockender Männer, die Blicke auf Sigi gerichtet. Es geht würdig, gemessen zu – während die Frauen im Hintergrund am Brunnen albern, völlig respektlos, wie nur Fulbe-Frauen sein können. Das örtliche Oberhaupt, Präsident Dadalka, begrüßt in wohlgesetzter Rede die deutschen Fernsehleute und meint höflich, er habe immer schon vorgehabt, nach Deutschland zu fahren, um zu sehen, wie sich das Leben dort abspielt. Für ihn sei klar, das Projekt so gut wie möglich zu unterstützen, denn es nütze ihnen. Man sei bereit, sich mit allen zusammenzutun, die die Viehwirtschaft verbessern wollten. Hilfe müsse von außen kommen, denn außen sei das Kapital. Was die Rückzahlung beträfe, so werde das Geld auf jeden Fall bis Ende April zurückgezahlt sein – egal, was jetzt noch ausstehe.

Karlinguel meint, er wolle keine lange Rede halten. Er wisse genau, daß bis zum Ende der gesetzten Frist alle bezahlt haben würden. Man zahle nicht, weil man müsse, sondern weil man begriffen habe, daß die Vorteile, die man im Perimeter hat, durchaus ihre Zinsen wert seien. Er sei überzeugt: Wenn die Hirten des Senegal die Wahl hätten, in Parzellen dieser Art aufgenommen zu werden und so eingebunden zu werden in ein System, sie wären sofort bereit, das zu machen, weil sie sich alle Vorteile davon versprächen.

Die kritischen Punkte der Entwicklungshilfe werden wieder deutlich: sichtbarer Erfolg, Eigenarbeit und Eigenfinanzierung der Betroffenen.

Clan-Chef Karlinguel lädt die Filmleute ein. Auf der Fahrt in den Perimeter passieren wir am Zaun das hohe weiße Denkmal, welches ein Künstler zur Symbolisierung der Projektidee im afrikanisch-modernen Stil geschaffen hat. In Karlinguels Rundhaus liegen schöne Teppiche, es ist so dunkel, daß der Kameramann nur mit zwei Handlampen drehen kann. Neben dem Familienoberhaupt seine älteste Frau Djoumel, ruhig beschäftigt mit der langwierigen Tee-Zeremonie. Zweitfrau Selam hat das Baby auf dem Arm. Blaugemustert gewandet Tochter Dengeré, neben ihr die hübsche jüngere Fatimé. Dann gibt es noch das Baby Djoumel und Schwiegertochter Hola.

Zusammen mit seinem Sohn hat Karlinguel die im Perimeter erlaubte Anzahl von Tieren: 80 erwachsene Rinder, ungefähr 30 Kälber, 80 Schafe und 40 Ziegen. Ein Teil der Familie lebt außerhalb des Zauns. Normalerweise lebt auch seine Zweitfrau Selam dort unter der Obhut seines Sohnes Gallo. Die Familie des alten Karlinguel fühlt sich offenbar wohl in Sigis Perimeter, alle machen einen gutgenährten, wohlhabenden Eindruck.

Überlegungen. Hirten sind unterwegs, seit Jahrtausenden. Hier sitzen sie in umzäunten Arealen, wo das Gras wächst, wo das Wasser läuft. Sollen ihren Stolz, die Herden, dezimieren. Frage: Führt die Aufnahme im Perimeter nicht irgendwann zur Bildung einer Elite nach dem Motto »Ätsch, wir sind drinnen, haben die bessere Weide, ihr da draußen müßt sehen, wir ihr zurechtkommt!?« Ein zweischneidiges Schwert, diese »Kontrolle«. Heißt das nicht auch Errichtung von Reservaten, in die nur jene hineingelassen werden, die entsprechendes Wohlverhalten zeigen? Dann wäre es weniger eine »Hilfe zur Selbsthilfe«, mehr Zwang von außen: »Wir wissen, was gut für euch ist.« Auch unter solchen Fragen wäre Sigis Lebenswerk zu sehen.

Auch für den Projektchef Ulf Baum gibt es mehr Fragen als bereitliegende Antworten:

»Unser Modell ist technisch übergebbar. Viele soziologische Probleme aber bereiten uns noch Kopfschmerzen, da sind Lösungen noch nicht in Sicht. Auch ökologisch wissen wir nicht, was sich tatsächlich abspielt in der Veränderung der Bäume, Kräuter und Gräser vom Einbruch einer Trokkenkatastrophe bis zum Einbruch der nächsten. Was läuft innerhalb eines solchen Zyklus ab? Wir verfolgen das seit

1980 und hatten eine Trockenzeit dazwischen, uns fehlt aber die zweite. Als Arbeitshypothese können wir sagen, daß die Verwüstung vermutlich an den Kuppen beginnt und schubweise fortschreitet. Dort sieht man das Totholz herumliegen, weniger in den Senken. In welcher Form eine Wiederbesiedelung aus den Senken heraus vonstatten geht – mit Baumarten, die anspruchsvoller sind an Wasser und Nährstoffen, und ob überhaupt eine Wiederbesiedelung kommt. In welchen Zeiträumen.

Wir wissen, in der Gras- und Krautflora besteht das kürzeste Erinnerungsvermögen an die Dürre (das längste in Holzpflanzen). Wir stellten fest, daß seit der letzten Trockenzeit, 1983/84, noch nicht alle feuchteliebenden Pflanzen wieder eingewandert sind und andere nur spärlich. Auf den ganz geschützten Flächen, wo wir kein Vieh zulassen, stellten wir fest, wie sich ein Gleichgewicht allmählich wieder herstellt, aber es gibt noch viele Fragen zu beantworten. Dann die Ökonomie: Wir wissen nicht, wie die Fulbe auf die Dauer reagieren werden, wenn sie auf unser ökonomisches Prinzip einsteigen, also Produktion – Verkauf mit einem relativ raschen Geldumlauf. Oder ob sie mit einer Hälfte des Geldes hinterher wieder ihre Herden vergrößern. Insofern wäre es wünschenswert, hier in Vindou eine kleine Forschungsstation zu haben, die solchen Fragen nachgeht.«

»Dies ist ein langfristiges Projekt, wenn man es aus der Rückschau betrachtet, es ist älter als manche anderen. Trotzdem plädieren Sie dafür, es weiterlaufen zu lassen, damit das Erreichte nicht in kurzer Zeit kaputtgeht?«

»Wir müssen uns überlegen, was wir in der Entwicklungshilfe wollen. Wenn die Bundesrepublik sich im Sahel weiter engagieren will, und es sieht so aus, als sei sie geneigt, das zu tun, dann brauchen wir für unsere Arbeit erst mal klare Basisdaten. Mir wäre am liebsten, wenn wir – außer im Senegal – eine Forschungsstation auch im ostafrikanischen Sahel hätten, die sich mit unserer ergänzen könnte. Man könnte Daten vergleichen und daraus Modelle entwickeln. Es ist wichtig, aus anderen Erfahrungen, aus anderen Ethnien, zu lernen. Solche Forschungsstationen müßten nicht viel Geld kosten.«

Den Kern des Problems legt Baum mit der Bemerkung offen: »Was wir hier betreiben, ist Ressourcenschutz. Ein solches Modell richtet sich *gegen* die kurzfristigen Interessen der wirtschaftenden Bevölkerung vor Ort, obwohl es langfristig *für* die Bevölkerung arbeitet, zur Sicherung ihres Lebensraumes. Ich bin inzwischen davon überzeugt, daß solche Ressourcenschutzprojekte langfristig die Hilfe ausländischer Experten brauchen, welche gewährleisten, daß die ökologischen Maßnahmen auch durchgesetzt werden.«

Die Deutschen leisten wissenschaftliche Vorarbeiten, die – wie immer auch das Projekt weitergeführt werden sollte – all jenen zugute kommen, die sich bemühen, gegen die Ausbreitung der Verwüstung anzutreten. So hat die deutsche Botanikerin Sabine Miehe von 1981 bis 1990 die Pflanzenarten in der Savanne um Vindou Tiengoli protokolliert und aufgezeigt, wie sie auf Einzäunungen und Beweidungen reagieren. Die häufigsten Gehölze sind die Bäume: *Balanites agyptica, Sclerocarya birrea* und *Acacia senegal,* der Busch *Boscia senegalensis* und die verholzende Staude *Calotropis procera.* Frau Miehe stellte fest: Die Entwicklung der Vegetation hat in diesem Raum stärker unter den Dürren gelitten als unter der Beweidung. So gingen die Hartlaubbäume *Sclerocarya birrea* und *Combretum glutinosum* ständig zurück und konnten sich nicht wieder verjüngen. Auch feuchteliebende ausdauernde Krautarten verschwanden. Die Dorngehölze *Balanites aegyptica* und Akazien konnten sich dagegen ausbreiten. Sigis Weideperimeter bewirkten eine positive Entwicklung: Überall hat die durch Einzäunung kontrollierte Weide zu einer Erholung der Gehölzbestände geführt.

Mäßige Beweidung, so fand Frau Miehe, fördert die Gehölze vor allem in den feuchteren Senken. Auf den Kuppen hindert schon eine geringfügige Beweidung die Vegetation daran, sich zu erholen. Frau Miehe stellte auch die Gräser und Kräuter (wichtigstes Weidefutter) zusammen und prüfte, wie sie sich der Beweidung gegenüber verhielten.

Eine Zunahme bei starker Beweidung stellte sie fest bei *Zornia glochidiata, Cenchrus biflorus, Dactyloctenium aegyptiacum, Eragrostris tremula* und *Aristida mutabilis.* Eine Abnahme bei *Ceratotheca sesamoides, Monsonia senegalensis, Tephrosia purpurea, Schoenefeldia gracilis* und *Brachiaria xantholeuca.* – *Chloris prieurii* und *Panicum laetum* traten bei mittlerer Beweidung am häufigsten auf, und *Alysicarpus ovalifolius* reagierte standortabhängig unterschiedlich auf Beweidung.

Die Kälber der Madame Kane

● Reise-Tagebuch, 3. Mai 1990. Der Ferlo glüht wie ein Backofen, 50 Grad vielleicht. Manchmal sieht er aus wie eine ostafrikanische Savanne ohne Giraffen. Seltsam: Vor zehn Jahren sah das mit den pflegeleichten Vielzweckbäumen so vielversprechend, so optimistisch aus, als ob da jemand wirklich das Ei des Kolumbus gefunden hätte für die dauerhafte »Begrünung« des Sahel. Und nun ist alles in Frage gestellt, vage, unsicher, ein großes Vielleicht. Sind die großen Trockengebiete dieser Erde letzten Endes doch die Sieger, weil der Mensch, der westliche vor allem, nicht begreift, begreifen kann, was wirklich in ihnen vorgeht im Ablauf der großen Zyklen zwischen Regen und Dürre?

Auf der langen Straße über Richard Toll nach Saint Louis hat man Nächstliegendes im Kopf: Kälber und Madame Kane. Letztere ist sozusagen das Paradebeispiel des Projektes, denn Madame Kane erklärte sich willens, es mit dem ungewohnten Verkauf von Kalbfleisch in einem eigenen, hübsch bemalten Kiosk an verkehrsgünstiger Stelle zu versuchen. Ihr Gesprächspartner ist der Forstrat Georg Kasberger:

»Hier kennt der traditionelle Markt keine Qualitätsdifferenzierung. Das Kilo Fleisch eines sechsjährigen Ochsen kostet genausoviel wie ein Kilo eines einjährigen Jungbullen. Hier legen die Kühe täglich bis zu 20 Kilometer zurück, um ans Wasser zu kommen, also wachsen sie langsam, weil ihre Energie schon bald aufgezehrt ist. Deshalb wird ihr Fleisch so zäh. Für die Leute ist aber nur wichtig, sich den Magen zu füllen und Eiweiß, Kalorien zu bekommen. Die Viehhalter sind also nicht bereit, einjährige Tiere zu verkaufen, wenn sie für das Kilo nicht mehr bekommen als bei einem fünfjährigen. Sie sagen, dann lasse ich das Tier noch fünf Jahre stehen, das Futter kostet nichts, denn außerhalb der eingezäunten Flächen ist alles Kollektivweide. Man wird also die Ressourcen ausbeuten, bis nichts mehr da ist. Damit er sein Jungvieh auf den Markt bringt, muß man dem Fulbe einen attraktiven Preis bieten. Deshalb haben wir die Verbindung, ohne Zwischenhändler, direkt vom Fulbe zum Metzger, der trägt die Kosten für das Dieselöl. Seit einem halben Jahr haben wir nun Frau Kane. Sie will in den Markt eindringen und akzeptiert auch Jungtiere, obwohl sie lieber alte Ochsen hätte, die ergeben eine höhere Ausschlachtung. Wir kaufen die Tiere in Vindou, bringen die Tiere zu Frau Kane und bekommen das Geld in Raten jeden Abend zurück. Die Frau hat den anderen Metzgern schon viele Kunden abgeworben, vor allem alte Leute ohne Zähne sind begeistert von unserem weichen Fleisch. Im Schnitt vermarkten wir so täglich ein Rind. Damit können wir die Probleme des Überbesatzes an der Brunnenstelle Vindou lösen. Es gilt nicht für den Ferlo, nur für die 40 000 Hektar um Vindou. Es geht nicht von heute auf morgen; man muß die Fulbe langsam an den Gedanken gewöhnen – für sie ist eine Qualitätsdifferenzierung ganz unsinnig: Fleisch ist Fleisch. Frau Kanes Geschäft läuft. Für ihre Marktinnovation bekam sie von der Handelskammer einen Preis. Die Traditionellen aber lieben Frau Kane gar nicht. Hier kennt jeder jeden.«

Für den Uneingeweihten mag es kurios sein, auf welchen Wegen Entwicklungshilfe manchmal zu wandeln gezwungen ist, um irgendwo ein labiles ökologisches Gleichgewicht zu festigen.

Rückschau und Frage nach dem Menschen

Der Hamburger Forstwissenschaftler Hans-Jürgen von Maydell, geistiger Vater des Ferlo-Projekts, zieht 1990 eine vorläufige Bilanz:

»Auf der Weltwüstenkonferenz 1977 in Nairobi sagten alle, man werde gegen die Wüste kämpfen. Manche Leute fragten, wie ich, was man denn tun könne. In den frühen siebziger Jahren wußte weltweit niemand, was gegen Verwüstung getan werden könnte. Als wir 1975 unsere Idee von der kombinierten Forstwirtschaft in den Senegal brachten, sagten die Franzosen, das sei so dumm, daß man gar nicht darüber lachen könne. Ich antwortete den Franzosen: Ihr seid hundert Jahre hier, schlechter als ihr können wir es auch nicht. Die Hauptsache ist doch, wir wollen lernen, wie man in solchen Regionen überleben kann, denn ein Drittel der Erdoberfläche ist bereits durch Wassermangel periodisch oder für immer behindert. Das ist also kein kurioses Sonderproblem. Wenn wir an die Großstädte denken mit ihren Trinkwasserproblemen, Mexico City etc., müssen wir wissen, wie gehen wir um mit dem Rohstoff Wasser, mit Landschaften, die man nicht mehr nutzen kann.

Ich sagte damals schon, Desertifikation kann man im übertragenen Sinne als eine Verwüstung menschlicher, gesellschaftlicher Zusammenhänge verstehen – daß also nicht nur die biologischen Ökosysteme zerstört werden, sondern auch die – sagen wir einmal – Ökosysteme menschlicher Kommunikation, geistiger Leistung. Wir hatten alte Traditionen in den Wüstengebieten, die Jahrtausende überdauerten. Durch ganz kleine Veränderungen sind sie vom Rand her kaputtgegangen. So der Karawanenhandel, der ja auch Kommunikationsmittel war, durch die Einführung der Lastkraftwagen. Auch die Familienstrukturen waren betroffen und vieles mehr. Unser Problem ist also, wie halten wir die menschlichen Beziehungen intakt, die das ganze Gebiet in Ordnung halten. Was wollen die Menschen, wohin entwikkeln sie sich, lachen sie über uns? Begünstigen wir womöglich besondere Chief-Familien, die sich daran bereichern, und den anderen geht's um so schlechter? Ein eigentlich menschliches Problem. Wir wissen nun, daß wir sehr viel weniger in die Technik stecken sollten, in Maschinen und teure Zäune, viel mehr aber in die Arbeit mit den Menschen, für die Menschen, Menschen an der Sache beteiligen.

Damals gingen wir noch von der Forstwirtschaft aus. Aber wir wissen bis heute nicht, wie viele Bäume man braucht, wie groß sie sein müssen, welcher Art, um einen ökologisch positiven Einfluß auf so eine Region auszuüben. Wir haben im Projekt nie genügend über den Spruch nachgedacht: ›Wann essen wir eure Bäume?‹ Letzten Endes geht es immer um die Ernährung von Menschen und Tieren, und auch Viehfutter dient ja dem Menschen. Selbst wenn wir einzelne Bäume und Sträucher finden, die eßbare Teile liefern, wissen wir immer noch nicht, wie verträglich sie sind. Viele von diesen Pflanzen sind ja zugleich Medizinalpflanzen. Wir Forscher sind dazu da, zu sagen, was in Zukunft womöglich Probleme machen kann und wie wir jetzt schon Lösungen anbieten können. Wir sind mit unseren Lösungen im Sahel und in anderen Gebieten zu spät gekommen. Jetzt sehen wir, daß diese Probleme auch bei uns auftreten können, und wenn wir nicht jetzt für das Jahr 2100 vorsorgen, dann werden wir bei uns auch zu spät kommen, wie heute in den Entwicklungsländern.

Ich sage meinen Studenten: In ganz frühen Zeiten unserer Forstgeschichte hatten Bäume zwei wesentliche Funktionen. Einmal die Sicherung der Existenz, denn man hat von den Bäumen gegessen, man hat im Wald gejagt. Man brauchte Bäume zum Überleben. Heute glauben wir davon unabhängig zu sein. Zum zweiten hatten Bäume eine große mythologische Bedeutung, bei den Schamanen, bei den Germanen die Esche usf. Man behauptete, das sei alles Aberglaube und wir seien technisch so geschickt und stark. Heute aber kommen wir so nach und nach und ganz verschämt auf den Knien wieder angerutscht und nennen die Götter ›Umwelt‹, die göttlichen Kräfte ›Fotosynthese‹. Das Ignorieren uralter Weisheiten ist eigentlich nur ein Zeichen zeitweiliger Dummheit. Wir sollten also auch die Weisheiten der afrikanischen Bevölkerungen, die manchmal seltsam ausgedrückt werden und nach Aberglauben klingen, sehr sorgsam beachten, darauf hören und versuchen, zu übersetzen, was es in unserer Sprache bedeutet, wenn einer sagt: ›Da sind böse Geister drin.‹«

Lernprozesse

Frage an Projektleiter Ulf Baum: »Was hat man in den vergangenen zehn Jahren gelernt?«

»Ich möchte Ihnen mit zwei Beispielen antworten. Wir haben gelernt, daß mit gezäunten Schutzzonen, in denen weniger Vieh steht, eine natürliche Verjüngung der Vegetation und besonders der wichtigen Bäume möglich ist. An unserem Modell gibt es nicht mehr viel zu verbessern, wir arbeiten seit ungefähr neun Jahren daran. Wichtig aber ist, daß unser System nur knapp 15 Prozent einer Akazienaufforstung kostet, also ein Aufwand, der durchaus auch auf großer Fläche finanzierbar ist. Wir haben aber auch lernen müssen, daß Ressourcenschutz, und das heißt in diesem Falle Schutz der Savanne vor Wüstenbildung, mit den kurzfristigen Interessen der Fulbe kollidiert, weil sie natürlich mehr Tiere wollen und nicht weniger Tiere. Unsere Maßnahmen sind dagegen auf eine langfristige Sicherung ihres Lebensraums abgezielt, daher müssen wir neben Überzeugungsarbeit vor allem ständige Kontrolle ausüben. Kontrolle ist notwendig, und zwar Kontrolle einer übergeordneten Instanz.«

»Wie könnten Visionen und Vorstellungen für morgen und übermorgen aussehen?«

»Überzeugungsarbeit kann aus verschiedenen Gründen nur langfristig greifen. Wir kennen genügend Parallelen aus der Bundesrepublik Deutschland. Bis dahin aber werden die Hirten mit anderen Mitteln dazu gebracht werden müssen, ihre Herden zu verkleinern, wenn diese gefährdeten Zonen mit ihrer Wüstenbildung langfristig gedämpft werden sollen. Zum Beispiel könnte ich mir vorstellen, daß

Maßnahmen wie Subventionen durchaus drin sind, aber auch politischer Druck nötig sein wird. Man darf dabei nicht vergessen, daß die Hirten durchaus politischen Einfluß besitzen, und die Regierung in Dakar hat im Augenblick andere brennende Sorgen und hält sich aus möglichen Konflikten dieser Region heraus. Ich würde mir wünschen, daß wir daheim uns so verantwortungsbewußt gegenüber unserer Umwelt verhalten, wie wir es als selbstverständlich von diesen Hirten hier im Ferlo-Tal im Senegal erwarten.«

Hunger und Hirse

Das Beispiel Gambia

Wegen Überfüllung geschlossen?

Ich mag Kinder, gleich wo in der Welt. Die bescheiden-ruhigen schwarzen Winzlinge mit den großen Glubschaugen irgendwo in Afrika. Die buntgeputzten Püppchen in Asien. Die schmutzigen Fellachengören in Ägypten, die monoton ihr »Bakschisch« rufen. Kinder – das ist alles, was noch werden könnte, die Zukunft, wenn es sie gibt. Kinder bringen mich zum Heulen, wenn sie auf den Müllbergen an den Rändern der Metropolen im giftverseuchten Abfall wühlen, um vielleicht Brauchbares aufzustöbern, was man für Pfennige verkaufen kann. Sie wissen nicht, wie kurz die Lebensspanne ist, die ihnen noch bleibt.

»Ich liebe meine Kinder«, lächelt der Kellner im »Magellan-Hotel« von Cebu, »es sind 13, aber ich möchte noch mehr! Kinder sind so süß – und die Machart erst.« – Auch eine Antwort auf die plakativen Appelle für Familienplanung, die von jeder Ecke mahnen, angeblich schon in hundert Ländern. Wer in der Dritten Welt unterwegs ist, wird den Gedanken nicht los, in einem einzigen riesengroßen Kindergarten zu Besuch zu sein. Dann aber ruft es aus den Vereinten Nationen: Es sind ihrer zu viele! 14 Milliarden im nächsten Jahrhundert, da hört der Spaß auf, wer soll die alle ernähren, wer sie mit Wasser und sonstigen Ressourcen versorgen? Das fragen vor allem die Leute in den Industrienationen – und schalten um auf die nächste Unterhaltungsshow im TV. Im übrigen führen sie weiter ihre Kriege um Absatzmärkte.

»Wegen Überfüllung geschlossen!« – So und ähnlich könnte das Schild verkünden, das eine außerirdische Macht unserem Globus umhängt. Leider hat man trotz emsigster Fahndung keinen Alien gefunden, der bei uns Ordnung schaffen könnte wie Batman. Wir selbst sind dazu ganz offensichtlich nicht in der Lage. Das Raumschiff »Erde«, die Biosphäre der Evolution, kann seine Besatzung nicht mehr lange am Leben erhalten, jedenfalls nicht jedes Mitglied der Art *Homo sapiens*. Die Mehrheit wird inzwischen auf halbe und viertel Ration gesetzt – die in den unteren Decks. In der

1. und 2. Klasse sind die Tabletts der Stewarts so voll, daß die Hälfte in den Abfall wandert.

Das Bild eines Raumschiffs für die Erde ist alt, und es stimmt auch nur an der Oberfläche, doch es mag zur Veranschaulichung dienlich sein. Zum Ende des 20. Jahrhunderts sieht die Menschheit sich in einer Lage, die keine Auswege zu verheißen scheint. Aber sieht sich *Homo sapiens* wirklich schon als *Menschheit* und nicht noch, wie stets in der Geschichte, als lockere Sammlung einander bekriegender Völker und Nationen im erbitterten Streit um Rohstoffe und Energie?

Daß alle Menschen der Erde – Unterschieden zum Trotz – *einer* biologischen Art angehören, demnach eine natürliche Schicksalgemeinschaft sein müssen, hat sich nicht überall herumgesprochen. Es sind ihrer schlicht zu viele. Nüchterne Zahlen: Nach den Prognosen des Bevölkerungsfonds der Vereinten Nationen (UNFRA) »hört die Menschheit nicht bei rund zehn Milliarden, sondern erst jenseits von elf Milliarden auf zu wachsen. Aber auch 14 Milliarden sind möglich«, zitiert der »Spiegel« (Nr. 21/1990), doch es gebe »keinen wissenschaftlich definierbaren Grenzwert für die zumutbare Höchstmenge Menschen und Elend, mit welchem der davon betroffene Teil der Erde gerade noch leben kann.«

Als Barry Commoner 1971 die ökologische Situation der Menschheit ähnlich umriß, bezeichnete man ihn als »Doomsday-watcher«, als Beobachter des Weltendes: »Die Masse von Erde und Ökosphäre ist unveränderlich ... müssen sich Erde und Ökosphäre – weil zyklische Vorgänge das Ökosystem beherrschen – stets in einem Gleichgewichtszustand befinden. Es ist somit eine unumstößliche, naturgegebene Tatsache, daß die Grundlage der menschlichen Existenz, wie sie Biosphäre und Bodenschätze darstellen, quantitativ und funktionell begrenzt ist. Man kann darüber streiten, ob die Ökosphäre in ihrem gegenwärtigen oder in ihrem vormenschlichen, ›natürlichen‹ Zustand bereits die Grenze ihrer Leistungsfähigkeit erreicht hat oder nun bald erreichen wird; aber daß es eine solche Grenze gibt und daß eine unbeschränkte Funktionssteigerung dieses Systems ausgeschlossen ist – daran gibt es keinen Zweifel.«

Noch zehn Jahre vorher, im November-Heft »Science«, 1960, setzten drei Wissenschaftler sich mit der Frage auseinander: Wie viele Menschen kann die Erde tatsächlich tragen? Wie hoch wäre wohl die zulässige Dichte pro Zone? Derart in die Zukunft extrapolierend, nannten die Wissenschaftler als Tag des »Jüngsten Gerichts« Freitag, den 13. November 2026, an dem, wie sie meinten, unsere Urenkel nicht Hungers sterben, sondern zu Tode gedrückt würden.

Sage niemand, er habe nichts gewußt. Das Problem ist seit langem bekannt, und man erinnert sich sogar wieder an die Vorausschauen eines Thomas Robert Malthus von 1803 (»Essay on the Principle of Population«).

Eine Situation erkennen, ist das eine. Sie zu ändern, etwas ganz anderes. Das Unvermögen zur Wandlung beklagte 1965 Carl Friedrich von Weizsäcker: »Wie soll man eigentlich die Welt verwandeln, wenn man einmal gelernt hat, zu sehen, wie schwer es ist, einen Menschen zu verändern? Wie ändert sich denn ein einziger Mensch?«

Der Kellner im »Magellan-Hotel« zu Cebu sieht nicht ein, daß er sein Fortpflanzungsverhalten ändern sollte, auch wenn er um jedes Trinkgeld betteln muß, um Reis zu kaufen für die darbenden Lieben. Und Jobé Kujabi im Compound von Kafuta, von dem gleich die Rede sein wird, auch nicht. Er ist froh um jede (Jungens-) Hand, die ihm auf dem Erdnußfeld hilft.

Nach den Analysen der UNFRA vermehren sich am schnellsten die Afrikaner. »Der Boom hat seinen Kulminationspunkt noch nicht einmal erreicht... Afrika hat in naher Zukunft wenig Aussichten, den Teufelskreis von Armut und Kinderreichtum zu durchbrechen: Mehr Kinder schaffen soziale Sicherheit im Alter. Aber mehr Kinder machen auch jeden kollektiven Fortschritt zunichte... Familienplanung kann nur Erfolg haben, wenn Alterssicherung nicht mehr ruinösen Kinderreichtum voraussetzt. Die Einzelglieder in der Kette notwendiger Entwicklungsschritte sind untrennbar miteinander verbunden: Ausbildung, Wirtschaftswachstum, Sicherheit, Geburtenrückgang.«

Familienplanung allein kann aber die Unterentwicklung genausowenig beseitigen wie eine ungerechte Weltwirtschaftsordnung ohne durchgreifende Landreformen. Millionen von Nahrungsproduzenten in den Tropen sind immer noch gezwungen, »Cash-crops«, also Baumwolle, Bananen, Kaffee, Kakao, Erdnüsse etc., anzubauen und gegen bar zu verkaufen, um sie so indirekt gegen Nahrungsproteine (beispielsweise Reis) einzutauschen, die sie durchaus selbst produzieren könnten. So liefern Afrikas Bauern noch heute einen Teil der wertvollen Zutaten für Kraftfutter, damit Schleswig-Holsteins Kühe mehr Milch geben. Die allzuoft verlogenen »Schuldenerlasse«, welche Industrieländer der Dritten Welt »gewähren«, können nicht verhindern, daß der Nord-Süd-Konflikt sich weiter verschärfen wird – bis die verarmten zwei Drittel der Raumschiff-Besatzung einmal aufstehen zur großen Revolution. Aber dann ist es – bei uns – wieder einmal keiner gewesen.

Nun wollen wir nicht so tun, als sei das Wort »Industriestaat« das Synonym für »Reichtum«. Es gibt, auch in Deutschland, eine offene und eine versteckte Armut und Hoffnungslosigkeit der vielen, die durch das soziale Netz fielen oder geworfen wurden. Wir haben die Probleme der Alten, Kranken, Siechen, Obdachlosen, Drogenkranken und Arbeitslosen. Wir spenden, solidarisch, Pakete für die Hungernden in Leningrad und Moskau, auch weil viele sich noch der Segnungen der CARE-Pakete nach dem Zweiten Weltkrieg erinnern. Wer das erbärmliche Gefühl nagenden Hungers selbst erlitten hat, vermag sich eher in die Gefühle jener einzuleben, die nachts davon träumen, sich den Bauch vollzuschlagen.

Hunger und die Angst vor dem Hunger haben die Entwicklungen auch der westlichen Zivilisation stets begleitet. Auch deshalb müßten wir uns solidarisch fühlen mit den vielen, die »es noch nicht geschafft haben« und vielleicht nie schaffen werden. Unser normaler Zeitgenosse bekommt selten die Gelegenheit, einer afrikanischen Hausfrau zuzusehen, wenn sie das Essen für die Familie bereitet, und kann deshalb nicht recht beurteilten, *wovon* die Menschen im Schwarzen Erdteil etwa tagtäglich leben. In einer Studie zur »Ernährung des Menschen« für das Schulfernsehen des NDR (Werner Nowak) haben wir 1985 versucht, Informationen vor Ort zu sammeln, und fuhren deshalb in das ehemals englische Besitztum Gambia.

Afrikas Blinddarm

Seit 1982 ist die Republik Gambia Mitglied der Konföderation Senegambia. Offizielle Landessprache ist aber, im Gegensatz zum Senegal, Englisch. Seiner langgekrümmten Form wegen nennt man den Staat auch »Blinddarm Afrikas«. Der Blinddarm rechts und links des Gambia-Flusses ist nur 250 Kilometer lang und 45 Kilometer breit, das kleinste Land des Schwarzen Kontinents, kleiner als Schleswig-Holstein. Mit seinen 850 000 Einwohnern (geschätzt 1980) und einer Bevölkerungsdichte von 76 Einwohnern/Quadratkilometer ist Gambia für afrikanische Verhältnisse dicht besiedelt. Seine Bevölkerung wuchs (1970–1986) um 3,1 Prozent pro Jahr. 20 Prozent konnten (1980) lesen und schreiben. Das Bruttosozialprodukt pro Einwohner betrug 1987 220 US-Dollar. Währungseinheit ist der Dalasi = 100 Bututs. Bodenschätze sind kaum vorhanden. Das Rückgrat der gambischen Wirtschaft bilden die Bauern mit Erdnüssen, Baumwolle, Paddyreis, Sorghum, Hirse und Mais. Einzige Exportprodukte: Erdnußsamen, Erdnußkuchen und Erdnußöl.

Alles Leben wird bestimmt vom Gambia-Fluß und seinen Flußauen sowie von zwei jeweils nördlich beziehungsweise südlich angrenzenden Streifen Savannenlandschaft. Die ehemals dichten Wälder sind bis auf Reste geschrumpft: Wegen der Siedlungsdichte wurde viel Wald mittels Brandrodung in Ackerland verwandelt; außerdem brauchen die Haushalte zum Kochen Holz, hier der einzige Energieträger.

Nanga def

● Reise-Tagebuch, 26. Juni 1985. »Nanga def« heißt: Wie geht es dir? – und der Höfliche antwortet: »Manfi«, prima. Sprachunterricht auf dem Graf Market, einer bunten Sammlung hölzerner Hütten, vor dem klotzigen »Senegambia-Hotel« am Meer. Die Marktfrauen versuchen, den Touristen allerlei Schnickschnack zu verkaufen, um ihre Familien in der armseligen Altstadt zu ernähren. Sie treffen sich in der »Bar« von Uncle Dembos bei einer Brause. Das typische Stammesgemisch des Landes. Haddy, genannt Elisabeth, ist vom Volk der Wolof; Jarijem eine Mandinka; Mary, die Sere; Sari Bah von den Fulbe; von den Jola stammt Omi, und die lange Totalla gehört zu den Karundike. Am liebsten sagen sie »Nob na la«, ich liebe dich, lachen schallend und kauen unentwegt kleine Zweige des Jambakateng, der die weißen Zähne reinigt, aber auch einen hilfreichen Tee bei Magenkrankheiten ergibt.

In Serrekunda, dem Küstenort der Weißen, Reichen und internationalen Hotels, sind die Wohngebäude geschützt von dicken Mauern und Wächtern. Trotz drohender – und vollzogener – Prügelstrafen klauen Gambianer, was immer erreichbar ist, auch das Benzin aus den Autos. Der Kontrast vom Wohlleben der Europäer zur allgemeinen Armut ist zu kraß, zu deutlich. Die Schweizer Reisegruppe im Hotel findet Afrika »magnifique«, vom Land kennt sie nur die endlos-weiße Beach, wo »malerische« Pirogen sich in die Brandung wagen für den Fang der begehrten Fische.

Wenn die Touristen abfahren, haben sie selten etwas begriffen. Die meisten konservieren die alten Vorurteile von den unfähigen, arbeitsfaulen Afrikanern, die an ihrer Armut selbst die Schuld tragen. Sehr selten dient Afrika-Tourismus der Völkerverständigung. Wer will es dem Mann aus Gambia übelnehmen, wenn für ihn die Gleichung gilt: Toubab = Geld = rausrücken!

»Die Deutschen sind wunderbar«

Der Pickup dröhnt und schaukelt sich über die Wellen und Löcher der stets überlasteten einzigen Ostroute, auf der jeder »brettert«, was der Karren noch hergibt. Rechts und links die merkwürdig leere Landschaft. Rotbraune, staubtrockene Erde. Brennende, qualmende und schon verkohlte Palmstrünke, dazwischen vereinzelt Frauen bei der Schwerstarbeit des Hackens für die Saat.

Der Boden lechzt nach etwas Feuchtigkeit. Tief hängen graue Wolken, aber noch immer ist kein Tropfen Regen gefallen, obwohl nach dem Kalender längst die jährliche Regenzeit eingesetzt haben müßte: Juni/Juli bis Oktober. Wird es wieder so sein wie 1983/84, als die Dürre alle Frucht auf dem Feld verdorren ließ?

Was wächst, ist auch eine Frage des Standorts. Das kleine Gambia ist nicht homogen, zeigt große Unterschiede in den örtlichen Klimaten. Weit verbreitet ist der rötliche Lateritboden, ein eisenreicher Lehm. Er darf nicht frei liegen, also nicht tief gepflügt werden. Wenn Laterit austrocknet, wird er zu steinhartem, unfruchtbarem Straßenbaumaterial.

Wir passieren die Distrikthauptstadt Birkama und erreichen das weite umzäunte Areal des neuen Sägewerks bei Kafuta. Spiritus rector dieses ehrgeizigen Entwicklungsprojekts ist der Forstwirt Eberhard Götz. Teamchef Werner Schindele kümmert sich derweil um die Aufforstungen. Forstwirst Josef Trainer leitet die Arbeiten beim Abtransport der Tothölzer aus dem halbzerstörten Wald nahebei. Die Grundidee: Man will Gambia helfen, seine Restwälder zu bewirtschaften, um die Bestände zu schonen, soweit das noch möglich ist. Eberhard hat hübsche Proben schneiden lassen als sinnreiche Geschenke für mögliche Förderer: »Jallo«, das Mahagoni; »Kyembo«, das Eisenholz; »Keno«, das Rosenholz.

Die beste Ernährung ist nichts wert, wenn man sie nicht kochen kann. Der Holzbedarf liegt bei 1,4 Kubikmeter pro Kopf und Jahr. Ein Bündel Holzscheite reicht im Haushalt etwa eineinhalb Tage. Die Hausfrau verbraucht im Monat etwa 26 Bündel und zahlt dafür 30 Dalasi, ein Fünftel des Monatseinkommens. Nach alter Tradition kocht die Frau mit dem rötlichen harten Holz des »Rose-wood«, das kaum qualmt und gut riecht. Deshalb werden in den Wäldern vor allem Rosenbäume geschlagen – Mitursache der Waldzerstörung.

Das deutsch-gambische Forstprojekt erklärt den Gambianern die Rolle des Waldes als Wasserreservoire und Bodenerhalter. In Konkurrenz zu einheimischen Händlern liefert es aus seiner Sägemühle Bündel des reichlich vorhandenen Totholzes und hofft, mit der Zeit den Rosenholz-Verkauf einzudämmen.

Eberhard führt uns herum. Alles ist neu und blitzsauber. Werkstätten, Holzlager, ein kleines Büro, der Hackplatz. Alles rennt und befiehlt durcheinander, weil das Werk auf noch mehr Hochglanz gebracht werden muß für die feierliche Eröffnung durch den Präsidenten. Weißgestrichene Feldsteine markieren Parkplätze. Fußböden werden grün gestrichen und wollen nicht trocknen.

Der fest verschließbare Kühlschrank birgt Softdrinks, aber es gibt Strom und Wasser nur stundenweise. Die deutschen Damen sorgen hektisch für Belegtes. Unter dem riesigen Mahagonibaum die tuchbespannte Bartheke. Per Lkw kommt aus Banjul das weißblaue Präsidentenpodest und wird, mit Baldachin, aufgebaut. Reisigbesen fegen den Hof. Ist auch das Holzschild fertig, das an den historischen Tag erinnern wird? Und kommt die hölzerne Schale für das Geschenk? Wird man die Leerflaschen wiederkriegen? – das Pfand ist hoch. Wurden alle eingeladen, vor allem die *Alcalos,* die Dorfchefs? Wer wird wo sitzen, wird Regen alles aufweichen in roten Schlamm? Werner schwitzt schon jetzt, es steht was auf dem Spiel für ihn und die Sache.

● Reise-Tagebuch, 27. Juni 1985. Um 20.00 Uhr rauscht, wie bestellt, der erste Regen auf die dürre Erde. Kafuta erstrahlt im Festglanz. Feiertagsgewänder, so bunt es geht. Kavalkaden von Dörflern mit ihren Kindern wandern von weither. Honorationen stehen herum. Gelbuniformierte Militärmusiker üben das Deutschlandlied. Ein Minister mit Eskorte nach dem anderen. Die Botschafter von China, England, der Bundesrepublik. Vor dem Tor improvisiert man Tänze nach Lautsprecherklängen. Eine Stimmung wie auf dem Jahrmarkt. Dem Filmteam aus Banjul sind die Videobänder ausgegangen. Endlich der Präsident, Herrscher seit 20 Jahren, eingepfercht mit vielen Oberen auf dem engen Podest. Musik, Tusch. Eine Stunde lang lobtriefende Ansprachen. Von Fortschritt ist die Rede, von Importunabhängigkeit, vom Schutz des Waldes und vor allem von den großartigen Deutschen, die das alles so wunderbar organisieren. Fachleute übersetzen englische Reden ins Wolof, deshalb kommt das Beifallklatschen mit einiger Verspätung. Fehlt nur noch ein Orden für Eberhard, der rot ist voller Stolz. Der Landesvater akzeptiert die hingereichte Schale mit Früchten, das beigegebene gefesselte Huhn versucht zu fliehen, die Ziege, auch eine Gabe, bleibt stehen. Schulmädchen in Uniform stehen Spalier. Hymnen erklingen. Der Präsident entnimmt der dargebotenen Holzschale würdig die Schere und zerschneidet beifallumbrandet das grüne Band der Maschinenhalle. Dann besichtigt er fachkundig jede Maschine, jede Holzprobe und macht sich grüßend wieder auf den Weg. Endlich werden die Softdrinks freigegeben, es entbrennt eine erbitterte Schlacht. Mancher versucht, zwei Flaschen gleichzeitig hinunterzugießen.

Dann dauert das Aufräumen des historischen Schauplatzes länger als der Aufbau, und es fehlen Hunderte der teuren Pfandflaschen. Aber es war ein großer Tag.

Tendaba

»Paßt bloß auf meinen Kamerakoffer auf!« fleht Georg Pahl, der Kameramann aus Berlin, aber Assistent Peter Uhlig hat für alles gesorgt. Es bereitet Kopfschmerzen, Material und Menschen für die lange Reise in den »Busch« im 504 und Pickup zu verstauen. Mit den Förstern Werner und Eberhard und ihren Damen, dem Pflanzenexperten Bangura und dem Fahrer sind wir neun. Und bewegen uns, eng bedrängt, ostwärts: Kafuta, Bwiam, Bondali, Kalagi Richtung Ufer des Gambia. Die Dreharbeiten verlaufen ohne Plan, nach Sicht. Hier ist nichts vorzubereiten. Einem normalen Aufnahmeleiter stünden die Haare zu Berge. »Frau mit Hacke«, ein Motiv. Anhalten, aussteigen, Kamera auspacken, aufbauen, Bangura macht in einer seiner elf Sprachen den Leuten klar, was wir wollen und daß sie, bitte, nicht in die Kamera gucken sollen. Drehen, einpacken, verstauen, Körper sortieren, abfahren. War es zwanzigmal an diesem Tag? Georg Pahl, die Ruhe selbst, filmt auf diese seltsame Weise: bäuerliche Landschaften mit schwarzen Gewitterwolken, hackende Frauen im Reisfeld unter Bäumen, den verbrannten Wald bei Bwiam, die grau-abgestorbenen Mangroven am Bintang, einem Seitenarm des Gambia, Frauen beim Säen und Einhacken von Hochland-Reis, brennende und verbrannte Wälder, ein Mann pflügt mit zwei Ochsen, die Fulbe-Frau am Straßenrand mit dem Bündel Rosenholz und und und. Szenen, die, zusammengesetzt, ersten Einblick gewähren in das Alltagsleben der Bauern in diesem schmalen Landstreifen längs des Flusses. Geschafft und verschwitzt landet die Kolonne am Nachmittag im Tendaba-Camp – einer Ansammlung runder Gästehütten, das offene Speisehaus dicht am träge ziehenden Fluß. Der Besitzer, ein knorriger Schwede, gibt Freunden ein Festessen: Kalebassen voller Reis, Krabben, Erdnußsoße, Hirsebrei und Ziegenfleisch. Der Kaffee aus dem Wasser des Gambia schmeckt streng nach Salz, eine Folge der Gezeiten, die bis hier herauf wirken. Die Luft hält den Atem an, und mit dem Sturm kommt der Sturzregen.

Melodiöse Vogelstimmen wecken zu früh am Morgen. Laue Dusche irgendwo weit hinten, faulriechende Handtücher, die Luftfeuchte ist enorm. Schwitzend dreht das Team vom Holzboot aus die bizarren Mangroven des Flußufers. Bangura gibt mir indessen Unterricht über die nützlichen, einheimischen Pflanzen:

Kenner schätzen den Busch namens *Combretum sp. nigranta,* den »Teabush«, dessen Blätter gekocht einen heilsamen Tee gegen Fieber bieten. Wohlschmeckend süßsauer sind die Früchte des kleinen Baums *Sisiphus duduba.* Die Blätter des Affenbrotbaums werden getrocknet, gemahlen und unter die Hirse gemischt. Seine süßsauren Früchte kann man zu Eiskreme verarbeiten, aber auch in die Haut reiben gegen Pickel. Die Stämme des Wilden Mango benutzt man zum Hirsestampfen, seine Samen hat man früher zu Speisemehl verarbeitet, die Früchte schmecken süß. Eßbar sind auch die Früchte und Keimlinge der Rhun-Palme. Sie liefert den berauschenden Palmwein, ihre Blätter verwebt man zu Teppichen, aus den Stämmen baut man Dächer und Brücken. Vielseitig und beliebt ist »Netto« – *Pakia biglobosa.* Seine langen braunen Schoten werden gesammelt und gelagert. Das süßliche gelbe Fleisch der Samen wird im Mörser gestampft und dient als Speisewürze. Die gemahlenen Blätter ergeben das »Lalo«, ebenfalls ein Zusatz zu Speisen. Wilde Lianen liefern Früchte mit gelbem, vitaminreichem Fruchtfleisch, viel saurer als jede Zitrone. Frauen stampfen die Früchte der wilden Ölpalme und bereiten aus dem Saft in heißem Wasser eine nahrhafte Suppe.

Die Aufzählung ist unvollständig. Sie zeigt aber schon, was alles in den internationalen Nahrungsstatistiken nicht erscheint. Und was unwiederbringlich verlorengeht, wenn Naturlandschaften und Wälder in Ackerland verwandelt werden, weil der Bevölkerungsdruck zu groß geworden ist.

Auf der Rückfahrt ein Erlebnis: der Pirang-Wald, eingezäuntes kleines Reststück des einstigen Urwaldes von Gambia. Daß er überhaupt noch steht, verdankt der Pirang-Wald einem Bann, mit dem er vor drei Generationen aus unbekannten Gründen belegt wurde. Uns überkommt das feierliche Gefühl, irgendwo in ferner Vergangenheit zu stehen: So also sah es einmal aus! Infolge der Rodungen gibt es kein Wild mehr, das als zusätzliche Nahrungsquelle dienen könnte.

Jobé

Auf der breiten, sandigen Dorfstraße spielen Kinderscharen, kratzen Hühner, lächeln wassertragende Frauen. Damit die Deutschen filmen durften, war ein Höflichkeitsbesuch beim *Alcalo* angesagt. Würdevoll unterm Schattenbaum sitzend, nahm jener das Gastgeschenk, fünf eingewickelte Colanüsse, freundlich in Empfang und gewährte das Erbetene.

Der Drehort für die Filmszenen gambischer Eßgewohnheiten ist ein sogenannter Compound, hier die Bezeichnung für einen kleinbäuerlichen Betrieb. Man kann von einer Subsistenzwirtschaft sprechen. Eine Großfamilie (20 bis 80 miteinander verwandte Männer, Frauen und Kinder) ernährt ihre Mitglieder, auch jene, die hin und wieder aus der Stadt kommen, um sich einen Sack Reis oder Hirse mitzunehmen.

Eine durchschnittliche Großfamilie bewirtschaftet 1,5 bis drei Hektar Land mit Hirse, Erdnuß, Cassava beziehungsweise Reis. Getragen wird das System von den Frauen. Sie leisten Schwerstarbeit auf dem Feld, im Garten, im Haushalt.

Unser Compound im Dorf wird »regiert« von Landing Kujabi. Ihm folgt in der Hierarchie Jobé Kujabi, von uns »Die Rotmütze« getauft, weil die Kopfbedeckung ihn weithin kenntlich macht. Das Sagen hat unzweifelhaft Mama Jargu, Landings Frau (Frauen behalten ihre Mädchennamen). Dann folgen die alten Damen Aisatou Badjie und Nyma Jargu. Jobés Frau heißt Binta Kamara. Jeder ist mit jedem verwandt, verschwägert. Die Kinder zu zählen, ist vergeblich.

Man führt uns in blitzsaubere winzige Wohn- und Schlafzimmer, zum Brunnenklo im Gärtchen neben dem Körperwaschplatz, zu den finsteren Kochhöhlen am Hof. Hinter dem Haus der Tiefbrunnen, der Stall mit Ziege und Vorräten. Auf dem Dach trocknen die Netto-Schoten. Im kleinen Garten häufelt Binta die Bittertomaten. Ihre Pfefferpflanzen stecken in Löchern. Damit alle schön mitmachen beim

Filmdrehen, verteilen wir Colanüsse und Softdrinks. »Rotmütze« haben wir zum Star erklärt und wandern mit ihm und der Kamera unter lebhafter Anteilnahme der Jugend durchs Dorf.

Um elf Uhr beginnen die Vorarbeiten zum Mittagessen. »Rotmütze« hat damit nichts zu tun, würde sich auch nicht in die Nähe der »Küche« wagen. Mama puhlt geduldig Schmutzkrümel aus dem Reis im Strohsieb. Binta säubert Fische aus dem Gambia. Aisatou stampft Netto-Schoten zu gelbem Pulver. Die kleinen Feuer des Rosenholzes brennen an zwei Kochstellen zugleich.

Erstaunlich, mit welcher Geduld die Damen es ertragen, wenn Georg ihnen mit der Kamera auf die Pelle rückt und sie herumdirigiert, weil das Licht wieder nicht stimmt, denn in den Kochstellen ist es voller Qualm und stockfinster.

Nach drei Stunden: Das Mahl wird aufgetragen in weißen Emailleschüsseln: Fisch in Erdnußöl, gebraten mit einer Soße aus Erdnußbutter mit Zwiebeln, Tomaten und getrockneten Austern. Reis. Scharf, sättigend, appetitlich.

Die traditionellen Eßgewohnheiten besagen: Männer speisen für sich, bekommen das Fleisch, falls es welches gibt. Was bleibt, essen die Frauen, Kinder die Reste, oft zu wenig. Der deutsche Arzt Dr. Fischer in Mansa Konko sieht hierin eine Ursache für Fehlernährung: »In meiner Region mit 120 000 Einwohnern haben wir Ernährungsstudien angestellt an Kindern bis zum Alter von zwölf Jahren. Wir verglichen Körpergröße mit Körpergewicht und teilten die Ergebnisse in die Bereiche grün – gelb – rot. 25 bis 35 Prozent aller Kinder lagen in den Bereichen gelb bis grün: einseitige Fehlernährung. Ursache: Zuwenig Energie in der Nahrung, weil die Kinder die Reste bekommen und Geschwister als Nahrungskonkurrenten auftreten. 98 Prozent der Mütter stillen ihre Kinder bis zum Alter von zwei Jahren, so lange geht es den Kindern gut. Am schlechtesten geht es den Kindern zwischen drei und sechs Jahren. Mit 170 auf 1000 ist die Kindersterblichkeit hoch.«

Wer die Kinder in den Dörfern sieht, sucht vergeblich nach den Trommelbäuchen der Eiweiß-Unterernährung.

Die tatsächliche Fehlernährung bleibt unsichtbar. Es stellt sich die Frage, was diese junge Generation zur Verbesserung der Situation tun kann, wenn sie erwachsen sein wird. Permanente Unterernährung fördert bekanntlich die geistige Leistung nicht.

Solche Zusammenhänge sind »Rotmütze« fremd. Er fährt mit uns durchs Dorf auf sein weit entferntes Feld. Er wird Hirse säen. Mehr kann er jetzt zu Beginn der Regenzeit nicht tun, der Boden ist noch nicht feucht genug. Der Bauer gibt Auskunft. Er besitze neun Acre Land. Für den Eigenbedarf bebaut er etwa die Hälfte mit »Millet« – Kolbenhirse *Pennisetum glaucum* und Cassava (auch Maniok genannt, *Manihot esculenta*). Die andere Hälfte ist reserviert für seine »Cash-crop« Erdnuß, die er an die Regierung oder auf dem Markt verkauft. Kein gutes Geschäft. Für ein Kilo Erdnüsse zahlt man ihm 60 Bututs, etwa 50 Pfennige. Zahlreiche Aufkäufer und Zwischenhändler wollen mitverdienen. Jobé kann von seinen Erdnüssen nicht existieren. Um die 25 Menschen seines Compounds zu füttern, muß er Reis kaufen. Ein 100-Kilo-Sack kostet 120 Dalasi (zirka 110 Mark) und reicht maximal 25 Tage. Um das zu finanzieren, muß Jobé sein Gemüse aus dem Gärtchen verkaufen.

Stichwort Erdnuß

Die Erdnußpflanze stammt aus dem Hochland von Nordost-Brasilien und ist ein Schmetterlingsblütler wie unsere Erbse. So reichert sie auch den Boden mit Stickstoff an, ist in Monokultur aber anfällig gegen Krankheiten und Schädlinge. Nach der Selbstbestäubung und Befruchtung krümmen sich die Fruchtknoten, wachsen auf den Erdboden zu und drücken sich fünf bis acht Zentimeter in das Erdreich hinein. Vor Sonne und Trockenheit geschützt, reifen dort die Früchte heran. Die Samen enthalten 40 bis 50 Prozent Fett und 24 bis 35 Prozent Eiweiß. Wegen seines hohen Gehalts an ungesättigten Fettsäuren (32 Prozent) wird das Erdnußöl als Speiseöl und zur Margarineherstellung verwendet. Die bei der Ölgewinnung anfallenden eiweißreichen Rückstände (Kuchen) sind hochwertiges Viehfutter.

Etwa die Hälfte der gesamten Ackerfläche Gambias wird (1984) mit Erdnüssen bebaut. Diese Fläche geht für den Anbau des Nahrungsgetreides Hirse verloren. Zwischen Gambias Erdnüssen und Europas Butterbergen besteht ein enger Zusammenhang, denn Erdnußkuchen ist in manchen Staaten der EG ein Bestandteil des Kraftfutters für Rinder.

Jobé weiß nicht, welches Spiel mit ihm getrieben wird. Er weiß aber, daß die Erdnuß für ihn ein hohes Risiko darstellt, und ist selbst auf den klugen Gedanken gekommen, in Zukunft mehr Hirse anzubauen für den eigenen Bedarf.

Seine Ackerkrume könnte mehr hergeben, wenn man sie düngte mit Kalk, Phosphor, Kali, Magnesium, Stickstoff – wie das deutsche Bauern reichlich tun. Jobé kann sich importierten Mineraldünger natürlich nicht kaufen. Außerdem wäre Düngerstreuen ein Risiko: Bei ausbleibender Regenzeit wäre der Dünger verloren. So ist Jobé auf natürlichen Dünger angewiesen, aber tierischer Kot fällt halt nur dort nieder, wo Herden wandern. Daß die relativ leichten Böden nach einigen Jahren verarmen, das ist vorprogrammiert.

Stichwort Hirse

Kraft, Geduld und viel Zeit braucht eine Hausfrau wie Nyma, um den wohlschmeckenden und sättigenden »Cous« zuzubereiten. Die harten Hirsekörner müssen erst mal langwierig, mit etwas beigegebenem Brunnenwasser, im Mörser gestampft werden. Binta hilft dabei.

Das erste Stampfen entfernt die Schalen von den kleinen Körnern. Erst beim zweiten Stampfen entsteht allmählich ein grauweißes Pulver. Die Frauen sieben es aus. Dann der Kochtopf mit Wasser über dem kleinen Rosenholz-Feuer, bis es siedet. In den ersten Lehmtopf der zweite, passende mit kleinen Löchern. Hirsepulver hinein, beide Töpfe fest miteinander verkleben: ein afrikanisches Wasserbad. Wenn die erste Portion gar ist, schüttet Nyma sie in eine Schale, verrührt den Cous mit Lalo-Pulver und Salz. Portion nach Portion, bis es reicht für die Familie. Darüber gießt sie wieder die scharfe Erdnußsoße, fertig.

Als typische Getreideart der wechselfeuchen Tropen braucht Hirse viel Licht und Wärme, wächst noch auf mageren Böden, widersteht der Dürre und bringt auch bei geringen Niederschlägen noch gute Ernten. In Gambia finden wir vor allem »Millet«, die Kolbenhirse *(Pennisetum glaucum)* mit einer frühen Sorte »Suno« und einer späten »Sanjo« – sowie »Sorghum«, die Mohrenhirse *(Sorghum vulgare),* und »Fonio«, die Fingerhirse *(Digitaria exilis).*

Oft wird Hirse im Fruchtwechsel mit Erdnüssen auf leichten und höher gelegenen Böden angebaut. Zur Aussaat werden vielerorts kleine eselgezogene Sämaschinen eingesetzt. Bei manchen Stämmen streuen Frauen die Körner sparsam auf den zuvor gelockerten Boden und treten ihn mit den Füßen fest. Nach einer Wachstumszeit von drei bis fünf Monaten kann im Oktober/November geerntet werden, das hängt ab vom Beginn der Regenzeit.

Hirse ist, wie gesagt, nahrhafter, aber schwerer zuzubereiten. Reis ergibt mehr »Masse«, füllt eher den Magen und gilt als »feiner«, vor allem, wenn Gäste zu bewirten sind. Doch in vielen abgelegenen Dörfern gilt Hirsebrei noch als etwas Besonderes und wird zum Beispiel bei Hochzeiten als Ehrengabe überreicht. Traditionell ißt man Hirse zusammen mit einem »Porridge« aus gestampfter Cassava. Die Knolle hält sich nicht lange, doch man kann sie das ganze Jahr über ernten und frisch verarbeiten. Cassava enthält Vitamine und Mineralien.

Nachbarn

Jobés Nachbar produziert den Dünger, den Jobé gut brauchen könnte. Es ist der seßhafte Rinderhirte Jallow mit Frau Aisatou. Er besitzt 60 weiße Dama-Rinder. Jetzt ist das Gras noch dürr und gelb, und Jallow hat nichts zu melken. Wenn er später Milch hat, bleibt ein Teil für die Kinder, der Rest wird Sauermilch. Nur wenn reichlich Milch fließt, kann er etwas auf dem Markt verkaufen. Der Besitz vieler Rinder bedeutet für Jallow nicht nur Prestige, sondern auch eine »lebende Kühltruhe«, wie er sagt, für Dürrezeiten.

In Jallows Compound (geschätzt 30 Personen) schauen wir zu, wie Frau Aisatou Saidy die roten Früchte der wilden Ölpalme sortiert und, das Kind auf dem Rücken, im Mörser stampft. Die harten Kerne sortiert sie aus dem Brei, auch das Kind bekommt eine Handvoll. Der Saft des Fruchtfleiches ergibt, mit Erdnuß und Fisch, eine Suppe. Dazu Cous. Die Frauen amüsieren sich königlich über Georg, der von Topf zu Topf springt, um die geheimen Kochkünste im Bild festzuhalten. (Ich stelle mir dabei vor, was unsere Hausfrauen zu einem gambischen Topfgucker zu sagen hätten.)

Fülle und Dürre

Jobé, Aisatou, Binta, Nyma und all die anderen im Compound zu Kafuta haben heute zu essen, nächstes Jahr vielleicht nicht. Sie leben in steter Angst vor den Launen der Atmosphäre: Regen – kein Regen, zu wenig Regen. Fast ganz Afrika leidet permanent unter dem Hunger. Westafrika hingegen unter einer jahreszeitlichen Unterernährung.

John F. Annegers zeigte (1973) die wichtigsten Ursachen auf: »Die Wachstumsperiode ist kurz. Die Ernte kann schlecht sein aus Mangel an Regen, weil Vögel und Heuschrecken alles kahlfressen. Oder die Arbeiter sind während der Ernte zu schwach wegen allerlei Krankheiten. Mangel an Bewässerung, die mehrere Ernten erlauben würde. Traditionell kaum eine Nutzung von Wurzelfrüchten, vor allem Maniok, die Kalorien liefern und die Erntezeiten verlängern. Sehr negativ wirkt sich aus, daß Lebensmittel nicht richtig und für längere Zeit gelagert werden können. Es fehlt an Lagerhäusern. Das Szenario eines schlimmen Jahres sieht dann so aus: Im Dezember noch satt zu essen. Im

Mai beginnt es knapp zu werden. Im Juli/August, wenn am härtesten gearbeitet werden soll, setzt der Hunger ein. Gekochte wilde Blätter und Früchte und Baobab-Samen werden verzehrt, Magenkrankheiten nehmen zu. Fünf von neun Kindern, die im Juli/August geboren wurden, starben kurz nach der Geburt. Ende August hatten zehn Prozent der Bevölkerung zwei Mahlzeiten pro Tag aus den Hauptnahrungsmitteln, 60 Prozent eine Mahlzeit, 30 Prozent keine richtige Mahlzeit mehr. Im September wurde der Mais gegessen, aber wenig, weil Samen knapp waren. Der Mais war in einer Woche weg. Mitte September wurde ›Fonio‹ geerntet, eine Grasart, die ein sehr feines Mehl ergibt, vergleichbar dem äthiopischen ›Teff‹, sowie das Wildgras *Amplocera amplectens.* Im November war die Haupt-Reisernte, und es begann die Zeit der Fülle.« Westafrika: Der Zyklus von Überfluß und Hunger als Norm.

Stichwort Reis

Seit Ende des Zweiten Weltkriegs ist Reis, neben der Hirse, der wichtigste Lieferant von Kohlenhydraten in Gambia. Im Gegensatz zur Hirse ist Reis Frauensache. Von der Aussaat über die Ernte bis zur Zubereitung. Männer werden nur tätig, wenn Maschinen zu bedienen sind oder der Reis mit Ochsenkarren transportiert werden muß.

Die Ökologie Gambias mit ihren Unterschieden in Kleinklima, Bodenart und Wasserangebot bedingt unterschiedliche Anbauarten. Im Westen dominiert der Trockenreis im Regenfeldbau. Frauen streuen Reiskörner auf die nackte Erde und hacken sie mit ihren kurzen Handhacken, ständig gebückt gehend, oberflächlich ein. Sie ernten, ohne den Reis zuvor umgepflanzt zu haben. – Im mittleren Landesteil herrscht der Sumpfreis vor. Er wächst in den Niederungen entlang des Gambia, die regelmäßig überschwemmt werden. Niedrige Erddämme teilen die Felder ein. Sumpfreis muß, wie in Asien, umgepflanzt werden. – Im Osten des Landes findet man noch Bewässerungsreis. Etwa 120 Tage nach der Aussaat ist der Reis reif und wird büschelweise mit dem Messer mühsam hockend geschnitten. In manchen Gegenden drischt man den Reis schon auf dem Feld in fußbetriebener Trommel aus, in anderen tragen Frauen in Kolonne ihn büschelweise ins Dorf. Gestampft wird er – wie die Hirse – im Mörser; polierter Reis ist unbekannt. Wir sahen auf unseren Fahrten große Flächen in den Compounds, auf denen die Reiskörner ausgebreitet waren zum Trocknen in der Sonne.

Ein Problem: Hirse ist einfach und mit billigen (männlichen) Arbeitskräften anzubauen. Reisbau erfordert Organisation, Technik und Management, Dinge, die dem Afrikaner traditionell fremd sind.

Günstig dagegen: In Gambias Sümpfen liegen (1985) noch etwa 30 000 Hektar brach, die nur für den Sumpfreisbau geeignet sind. Man muß versuchen, das Potential zu nutzen, sagten sich deutsche Berater.

Singend hacken sie Deiche

● Reise-Tagebuch, 5. Juli 1985. Projekt Bwiam. Kulturtechniker Mees van Krimpen stapft über die sanfte braune Erde der großen künftigen Reisfelder nicht weit vom Ufer des großen Flusses. Bei ihm dreht sich alles Denken um Deiche, Dämme, Drainage, um die Probleme von Böden im Bereich der Gezeitenzone: »Vor 20 Jahren fielen im Jahresdurchschnitt noch 1200 Millimeter Regen, heute 800. Deshalb bringt der Fluß immer weniger Wasser aus dem Osten. Zu manchen Jahreszeiten ist der Salzgehalt des Gambia höher als der des Atlantik. Zur Trockenzeit werden hier bei jeder Springflut (immer bei Voll- und Neumond) weite Bodenflächen überschwemmt. Bei der Hitze von 46 Grad im Schatten verdunstet das Wasser rasch, und das Salz bleibt auf den Feldern zurück. In der Regenzeit wird das Salz dann aufgeweicht und in den Fluß zurückgeschwemmt. Die Mündung des Gambia ist sehr breit, deshalb reicht der Tidenhub bis zu 250 Kilometer weit ins

Landesinnere. Weil weniger Niederschläge fallen, kann immer weniger Süßwasser das schwerere Salzwasser überlagern. So führt also der Fluß eine Hälfte bis zwei Drittel des Jahres Salzwasser. Deshalb ist hier nur eine Reisernte möglich, obwohl zwei Ernten möglich wären, bei diesem Klima.«

Der Vorsänger brüllt, die Frauen fallen ein. Schier endlos die Kette buntgewandeter Frauen, die nach eigenem Singrhythmus die langen, schweren Holzhacken auf und niederschwingen, Schritt für Schritt. Eine unglaubliche Kraftleistung, stundenlang in glühender Hitze die Hacke zu schwingen, um so allmählich einen langen niedrigen Damm aufzuhäufen. Dammbau, um die weitere Einfuhr des Salzes aus dem Fluß aufzuhalten und den Regen, wenn er kommt, auf den Feldern zu halten. Die Arbeitskräfte stammen aus dem nahen Ort und kommen in der Trockenzeit einmal wöchentlich zusammen. In zwei Wochen soll das Projekt Bwiam stehen. Neue Reissorten werden eingeführt, die die Wachstumszeit von 120 auf 90 Tage verkürzen sollen. Mit Mineraldünger, den es nicht gibt, wären hier die Erträge nach Schätzungen um 600 Prozent zu steigern.

Im nahen Dorf Vondali machen wir einen kurzen Besuch im Compound von Mamanding Kolly. Er ernährt 80 Personen von 40 Acres Land: Mais, Hirse, Reis. Seine Reisernte reicht gerade für zwei Monate, dann muß er Reis zukaufen, das Kilo für zirka eine Mark.

»Gehört den Compounds ihr Land?«

»Man kann es so nennen. Die Leute haben das ausschließliche Nutzungsrecht am Boden, der offiziell dem Staat gehört. Der Chef des Compound bestimmt, wer wieviel bearbeiten soll. Übrigens vererbt sich das Nutzungsrecht am Boden von der Mutter auf die Tochter. Ein Teil des Reisanbaus ist für den Compound bestimmt, ein Teil gehört den Frauen für den Eigenverbrauch und für den Verkauf.«

Menschen statt Maschinen

● Reise-Tagebuch, 8. Juli 1985. Vom Stützpunkt Mansa Konko zum Bureng-Dammprojekt. Axel Thoma, Energiebündel eines Experten, wandert ausholenden Schrittes und barfuß über den neuen Damm, gefolgt von der Kamera und einem Pulk gerätebewaffneter Frauen. Thoma widmet sich für »Freedom from Hunger« dem Reisanbau im Sumpfland. Der schwankende Einbaum trägt uns über den Flußarm, denn die alte Holzbrücke brach zusammen. Übermannshoch steht das Schilf mit schmerzhaft schneidenden Blättern. Kein Lufthauch, kaum ein Laut. Die feuchte Gluthitze macht den Marsch zur Qual. Wer wollte – könnte hier viele Stunden Feldarbeit leisten?

Mittels hochgehaltenem Regenschirm versuche ich, Georgs Schädel und seine Kamera vor dem Kollaps zu bewahren. Axel zeigt, erläutert, nichts scheint ihn zu berühren. In dieser Hölle schlagen Männer Schneisen und Flächen ins Schilf, hacken Frauen anschließend den Boden auf für die Saat. »In diesem Sumpfland wären Maschinen unnötig und gefährlich«, doziert Axel, »man kann sie nicht transportieren. Die Dämme und Holzbrücken haben wir mit den Händen gebaut. Früher mußten die Frauen vier Stunden lang durch den Schlamm waten, um an das Feld zu kommen. Über die Dämme schaffen sie es trockenen Fußes in einer – die ersparten drei Stunden stecken sie in den Reis. Mit den Dammwegen können auch die Alten und die Kinder wieder mitarbeiten, so können wir neues Saatgut heranschaffen. Wir müssen ja zwei Energieformen unterscheiden: In Europa messen wir Energie in Maschinen und Treibstoff. Hier wird alle Energie an der Arbeitskraft gemessen. In Europa vielleicht pro Tag vier Hektar mit der Maschine – hier ein Viertel Hektar mit Muskelkraft. Aber wir haben schon jetzt höhere Ernten erreicht. Es macht eben mehr Spaß, Reis anzubauen, wenn man 20 Sack erntet anstatt zwei. Nehmen Sie das Dorf Bureng mit seinen 1000 Einwohnern. In fünf Jahren können die hier statt zwanzig 170 Tonnen Reis ernten, also 50 Tonnen auf den Markt bringen als zusätzliches Einkommen.« Axel berechnet das zusätzliche Einkommen auf 36000 Dalasi, also 1000 Dalasi pro Großfamilie, etwa 800 DM.

Reis könnte auf diese Weise »Cash-crop«, Verkaufsfrucht, werden, meint Axel. Bureng zumindest könnte sich heute selbst ernähren. Und in 15 bis 20 Jahren könnte Gambia vielleicht unabhängig sein vom Import. »Aber man muß hier alte Traditionen ablösen. Bei uns in Europa hat das auch Generationen gedauert.«

Axel Thoma nimmt seinen Beruf ernst, und er meint es gut mit diesem Land, das noch immer am Erbe des Kolonialismus leidet.

»Gambia könnte sich selbst ernähren, aber nicht durch den Anbau von ›Cash-crops‹ wie Erdnuß und Baumwolle, denn die schränken die verfügbaren Flächen für Hirse und Reis ein. Gambia muß heute noch Nahrungsmittel (Erdnuß) ausführen, um Nahrungsmittel (Reis) einführen zu können. Gambia müßte gesalzene und geröstete Erdnüsse fertig verpackt exportieren und würde mit wenig Erdnüssen soviel verdienen wie heute auf vielen Hektaren. Doch die Einfuhrbestimmungen in Europa erlauben das nicht, so schneiden wir den Ländern den Hals ab. Wir verschulden sie durch große Projekte, und sie müssen ihre Schulden abtragen mit ihren landwirtschaftlichen Produkten. So kommen diese Länder nie auf eigene Füße. Was wir hier brauchen, sind keine Klotzprojekte, sondern den ›Grass-root-level‹, die Basishilfe, an die Bauern angepaßt und zusammen mit ihnen geplant. Das braucht viel Zeit, viel Vorausplanung. Lebensmittelspenden aus Europa oder Australien sind immer höchst problematisch.«

Sträuße abzählen

Die Malinka, mit denen Axel es vor allem zu tun hat, sind historisch ein Krieger-, kein Bauernvolk. Ihre Beziehung zur natürlichen Umwelt ist weniger intensiv als beispielsweise die der Fulbe. Malinka glauben fest daran, daß Karpfen und Pelikane sich an der Reissaat vergreifen, dabei sind Krebse die Übeltäter. Auch die engen Zusammenhänge von Waldkahlschlag und Erosion sind ihnen unbekannt.

Die Arbeitsleistung der Malinka-Frauen mit ihren harten Muskeln bleibt dem Europäer jedoch ein Rätsel. Ihr Tag ist lang. Frühmorgens bereiten sie das Essen für Kinder und Männer, marschieren aufs Feld, arbeiten in glühender Sonne acht, neun Stunden, wandern zurück, machen das Essen, sorgen für die Kinder etc. etc. Aber das Geld verwalten die Männer.

In ihrem »Women's Education Project« versucht Marlene Richter, einer Gruppe von Malinka-Frauen auf dem Weg in in eine gewisse Selbständigkeit beizustehen. Zum Entsetzen der Männer überredete sie, ziemlich massiv, die Bankangestellten, den Frauen ein eigenes Konto einzurichten. 500 Dalasi sind schon drauf, bald wird es genug sein für einen eigenen Esel. Eine zusätzliche Spende der Fernsehleute bringt die Damen so in Stimmung, daß sie inmitten der Mangroven einen grandiosen Rundtanz aufführen mit Händeklatschen und nicht zu interpretierenden Gebärden.

Dann bringt Fatou ihnen geduldig bei, genau parallel verlaufende Saatfurchen zu ziehen, es erleichtert später das Unkrautjäten. Aber gerade Linien sind eine sehr schwere Aufgabe. Am liebsten schwingen die Frauen rhythmisch singend ihre langen Hauhacken, Schritt um Schritt vorrükkend in langer Reihe. Zum Schluß tritt Fatou die eingestreute Saat mit ihren Füßen fest.

Zur Frage des Handwerkszeugs. Was ist besser zum Ernten, Messer oder Sichel? Eine schwierige Frage. Wenn man nämlich den Reis mit dem Messer schneidet, kann man die Ernte in kleinen Sträußen auf dem Kopf nach Hause tragen und dort jeden zehnten Strauß abzählen, den sie als Moslems abgeben als Almosen an die Gemeinschaft. Sichel und Dreschtrommel sind nicht gut, denn das mit der Sichel Geerntete hat mehr Stroh, und man kann nicht mehr jeden zehnten Strauß abzählen. Ein Sack Reis läßt sich eben nicht leicht aufteilen. Ihnen sind soziale und religiöse Pflichten immer noch wichtiger als technische Vereinfachungen. Auch das gehört zum Thema »Innovation«.

Werner Mach, Finanzexperte von »Freedom from Hunger«, bringt das Problem auf einen kritischen Punkt:

»Es nützt nichts, hier Geld hineinzupumpen. Das Geld ›verdunstet‹. Langfristige Planungen sind das Entscheidende und – die Menschen müssen unsere Projekte wollen!«

Wasser für Dibba Kunda

● Reise-Tagebuch, 17. Juli 1985. Die Regenzeit ist da, aber sehr reichlich ist es nicht, was täglich vom Himmel fällt. Doch die Kinder tummeln sich fröhlich unter der Dusche, die von den Wellblechdächern strömt. Bislang hatten wir uns auf dem lebhafteren, verkehrstechnisch halbwegs erschlossenen Südufer des Gambia bewegt. Wir wollen nun auch noch einen Blick auf die »Northbank« werfen und begeben uns wieder auf Expedition. Über Mansa Konko hinaus an das von Autoleichen und anderem Abfall übersäte Ufer des Gambia. Kolonnen überladener Lkws warten auf verschlammten Wegen auf die Überfahrt. Das verrostete Vehikel, das dann anlegt und sich Fähre nennt, scheint ein Relikt der Kolonialzeit zu sein und kann den weiten Weg zum anderen Ufer eigentlich nicht bewältigen. Doch was heißt in Afrika schon funktionierende Technik. Irgendwie schaffen wir es hinüber, ohne zu sinken.

»Drüben« ist die Zeit ein bißchen stillgestanden. Der Marktflecken Farafenni, Durchgangsstation für den Verkehr vom Senegal nach Gambia, ist eine Ansammlung düsterer Kneipen. Eddys Hotel, »erstes Haus am Platze«, besteht vorwiegend aus einem Gartenhof mit Plastikmöbeln und einer Speisekarte, die einen sehnsüchtig von Hirsebrei träumen läßt. Die Disco dröhnt bis zum frühen Morgen, aber in den Wohnhöhlen geht um acht das Licht aus.

»Es wird hart«, sagt unser »Reiseführer«, der Wasseringenieur Helmut Muenderlein, und es wird ein langer, heißer

Tag in Dutzenden malerischer Strohdörfer mit Abertausend Kindern, die jubelnd die fremden Toubab-Wagen umringen und Hände drücken wollen. Muenderlein ist der allen bekannte Wasserpapst, denn er baut Brunnen, manche über 30 Meter tief, die sauberes Wasser spenden. Vom Juni 1983 bis zum Januar 1986 werden es 215 Schachtbrunnen sein, welche die Deutschen auf der Northbank finanziert haben.

Brunnenbau auf 3700 Quadratkilometern, das ist ein Drittel des Landes. Über die Hälfte der Bevölkerung kann gutes Wasser trinken, kann seine Gärten wässern, nicht aber die Felder, dazu reicht es nicht. Viele Jahre schlechter Erfahrungen haben Muenderlein gelehrt, daß man die Brunnen so konstruieren muß, daß sie auf das einfachste zu bedienen, zu warten und zu schützen sind. Den Frauen – nur sie sind zuständig für alles Wasser – bringt er geduldig bei, daß man den Brunnenhebel langsam und zügig bewegen muß, damit der Mechanismus lange hält. Und er ordnet an, daß alle neuen Zapfstellen mit tiersicheren Zäunen umgeben werden, damit der Kot das Wasser nicht infiziert.

Im Dorf Dibba Kunda wird unter lebhafter Anteilnahme der Bevölkerung ein Arbeiter vorsichtig in den tiefen Schacht hinuntergelassen zur letzten Inspektion. Dann läuft der Generator, der erste dicke Strahl schießt hervor und in die Bottiche der Frauen. Es wird ein fröhliches Wasserfest. Der Europäer kann es kaum mitansehen, wenn zehnjährige Mädchen sich die schweren vollen Wasserwannen auf den Kopf wuchten und mit durchgebogenem Rükken langsam davonschreiten. Wie lange halten die jungen Knochen solche Belastungen aus?

Beim Dorf Wellingara keimt wunderschön hellgrün der Mais, in der Ferne wandert eine magere Rinderherde einsam auf versalzter Fläche. Bei Iliassa sehen wir archaische Steinkreise, deren Bedeutung niemand interpretiert. 70 Compounds und tausend Rinder umfaßt das Fulbe-Dorf Conteh. Auch hier herrscht als Anbaufrucht der Mais vor. Das Gras ist gewachsen, die Kühe haben Milch für ihre Kälber. Halbverdurstet ist nur das Kamerateam und genießt – bescheiden geworden – die laue Brühe bei Eddys. Auf der großen Fähre, die die Mündung des Gambia kreuzt auf ihrem Weg nach Banjul, eine Gruppe modisch gekleideter, wohlhabender schwarzer Touristinnen aus den USA im harten Kontrast zu den mitreisenden Mandinka-Frauen. Die Amerikanerinnen sind auf Bildungsreise. Sie suchen die Spuren von Kunta Kinte, dem Helden der »Roots« von Alex Haley. Und in Gambia liegen sie damit gar nicht so falsch.

Naturreservate

Das Beispiel Israel

In This Valley

In this valley which many waters
carved out in endless years
so that the light breeze may now
pass through it to cool my forehead,
I think about you. From the hills I hear
voices of men and machines wrecking and building.

Jehuda Amichai, Love Poems

Das geheiligte Kap

● Reise-Tagebuch, 6. März 1990. »Bei Zikhron Ya'akor biegen Sie rechts ab, dann gleich wieder links, den Eingang können Sie gar nicht verfehlen, da ist eine Zufahrt und ein Schild und ein großer Parkplatz, Shalom!« hatte der Tankwart freundlich Auskunft gegeben. Und richtig, schon am frühen Morgen stehen Busse und Wagen in Reih und Glied. Dahinter die Kulisse des Karmel, grün-braun-weiße Steilhänge, bunt betupft mit Scharen lebhafter Kletterer, die auf schmalen Pfaden, den Zeichen nach, das geklüftete Gebirge erkunden.

Vielsprachiger Hochbetrieb in der bebilderten Eingangshalle. Niemand bleibt ohne gründliche Informationen über diesen Schauplatz rätselhafter Zeiträume. Karmel – das archaische Stück Urgeschichte, fremd und sehr fern. Verwirrt mag der flüchtige Besucher den Daten und Zahlen lauschen: be-greifen kann er das Ungreifbare, das Geheimnis nicht. Auch wir wollen nur ein paar skizzenhafte Anhaltspunkte geben:

Der Fuß zertritt fossile Muscheln. Geologen sagen, sie seien 100 Millionen Jahre alt: Erdfrühzeit. Damals bewohnten die Schalentiere ein umfangreiches Riff im warmen Urmeer, das Schicht um Schicht aufgetürmt worden war von winzigen Korallenwesen. Zeit vergeht. Die Kräfte des Erdinneren stemmten das Riff empor zu einem »Block« über dem Land. Dieser Block ist heute geteilt in den 548 Meter hohen Berg Karmel und die 518 Meter hohe Alexanderkuppe. Zwischen ihnen liegt als breiter Sattel die Menashe-Höhe. Die Berge bestehen – dank ihres Ursprungs – aus hartem Kalk und Dolomit.

Der Regen wusch Löcher und Höhlen in den Kalk. Tiere wohnten darin – und dann auch Menschen. Bis zu 80 Meter tief reichen manche der »Flußhöhlen« in die Bergabhänge. Sie boten so treffliche Behausungen, daß die Menschen sich nicht von ihnen trennten, 200 000 Jahre lang. Eine schier endlose Kette von Generationen, die sich heute niemand vorzustellen vermag. Die Menschen hinterließen

Spuren: Knochen, steinerne Werkzeuge. Fachleute haben sie analysiert und zeitlich geordnet.

Die ersten »Mieter« waren Frühmenschen vom Typ *Homo erectus* in kleinen Familiengruppen. (s.a. G. Bosinski, S. 288). In ihrer Epoche, dem *Acheulèen,* war es auf der Erde deutlich wärmer als heute. Die Erdpole waren eisfrei, und der Meeresspiegel reichte hinauf bis an den Fuß der Höhlen. 50 Jahrtausende lang lebte und jagte *Homo erectus* am Karmelberg. Diesem frühen Menschentyp – er wurde vor allem bekannt durch Leakeys Funde in Ostafrika – folgten andere Jäger- und Sammlergruppen. Es war noch immer sehr heiß und trocken, und der Meeresspiegel lag hoch.

Vor rund 100 000 Jahren setzte hier die Mittlere Altsteinzeit ein, die in aller Welt bekannte Kultur des *Mousterièn,* die ihren Namen einem südfranzösischen Dorf verdankt. Es ist die Zeit des *Neandertalers,* dem später ausgestorbenen »Vetter« im Staumbaum des Menschen. 60 Jahrhunderte lang beherrschte der kühne Jäger die Karmel-Szene. Seine Beute: Damhirsch, Gazelle, Wildrind Der Neandertaler erlebte und erlitt den großen Kälteeinbruch der letzten Eiszeit. Die Pole bedeckten sich mit Eiskappen, das Meer zog sich zurück.

Wie der Neandertaler gelebt haben mag, haben Fachleute der »Nature Reserves Authority« kenntnisreich rekonstruiert. Am Pfad zur Höhle findet der Reisende überraschend viele seltene und seltsame Pflanzen, die sich dem kühlen schattigen Lebensraum anpaßten: die Borstige Malve *(Alcea setosa)* etwa, die Wilde Nelke *(Diathus pendulus)* oder sogar *Brassica tournefortii,* die es in Israel nur hier im Reservat Nahal Mearot gibt.

Dann öffnen sich die hohen Hallen der 70 Meter tiefen Nahal-Höhle. Während der letzten 60 000 Jahre ist sie immer wieder bewohnt und verlassen gewesen. Wer sich ein wenig für Ökologie interessiert, hier ist er gut aufgehoben. Hier nahm seinen Anfang, was uns heute als »Übervölkerung« und »Welthunger« so viel Kopfzerbrechen macht. Weil die Höhle einer jener Orte ist, an denen Menschen den folgenschweren Schritt vom Jäger und Sammler zum Hirten und Bauern taten. Aus den Höhlen sind sie dann in Dörfer gezogen und haben Städte gebaut wie Jericho. Doch das ist eine lange, eigene Geschichte.

Der Karmel ist ein anthropologisches Museum. Und er ist noch etwas anderes, Geheimnisvolles. Der Karmel ist eines der ältesten Kultgebiete der Erde, Zentrum eines dichten Gewebes von Mythen und Religionen. Wir dürfen vermuten, daß dieses mythisch-religiöse Element seine Entstehung dem Wald verdankt.

»Die Niederschläge sind infolge der Meeresnähe und des dadurch verursachten rapiden Aufstiegs der Luftmassen weitaus höher als die Untergaliläas und erreichen Jahresmittel von über 800 Millimetern. So konnte sich eine echte Waldvegetation entwickeln, die wegen der Unzulänglichkeit des Geländes sich bis auf unsere Tage erhalten hat«, schreibt der jüdische Geograph Yehuda Karmon. Der Karmel ist die einzige Region Israels, wo sich noch mittelmeerischer Wald in größerem Umfang findet. Dichter Wald muß den wüstengewöhnten Mittelmeervölkern etwas Wunderbares gewesen sein. Wohl deshalb nannte Pharao Thutmosis III. den Karmel das »geheiligte Kap«.

Thutmosis lebte im 15. Jahrhundert vor Christus. Dann wurde der Karmel, dieser »Weingarten Gottes«, zum Schauplatz der Auseinandersetzungen zwischen dem Propheten Elia und den Baalspriestern. Im Alten Testament, 1 Kön. 18, 30 lesen wir: *»Und als alles Volk zu ihm trat, baute er den Altar des Herrn wieder auf, der zerbrochen war, und nahm zwölf Steine nach der Zahl der Stämme der Söhne Jakobs ... und baute von den Steinen einen Altar im Namen des Herrn ... Elia aber sprach zu ihnen: Greift die Propheten Baals, daß keiner von ihnen entrinne! Und sie ergriffen sie. Und Elia führte sie hinab an den Bach Kishon und tötete sie daselbst ...«* Einige Autoren wollen in den zwölf Steinen gewisse Parallelen sehen zu den Steinkreisen der Megalithkultur, die man am Golan fand.

Im Karmel liegt auch der »Hain der 40 Eichen«, das größte Heiligtum der Dryaden, der Baumgeister des Altertums. Nach 1187, dem Fall von Jerusalem, ließen sich Einsiedler in den Karmelhöhlen nieder. Zu Beginn des 13. Jahrhunderts kam der Dominikaner Brochard, versammelte die Europäer unter ihnen um sich und konstituierte sie als Karmeliter, deren Heiliger Elia war. Der christliche Karmeliterorden unterhält heute noch zwei Klöster. Von den Drusendörfern des 17. Jahrhunderts blieben zwei übrig. Allen drei monotheistischen Religionen ist der Karmel heilig. Ihn mutwillig in Brand zu stecken, ist gerade auch deshalb schlimmster Frevel.

Tiere der Bibel

Im warmen Schatten der dichten Eichen- und Kiefernwälder des Karmel fühlt sich auch der Europäer daheim. Die anheimelnd stille Kleingebirgslandschaft, voller Abwechslungen, überraschend anders als der trockene Süden, wohltuend nach der lauten Geschäftigkeit der nahen Hafenstadt Haifa. Hier also jagten die Vorfahren über 200 000 Jahre lang. Unmengen jagdbaren Wildes muß unter Bäumen und Klüften gelebt haben, wenn so viele Menschengenerationen das Leben fristen konnten. Über solche Zusammenhänge haben Israels Naturfreunde früh nachgedacht. Da gab es doch das graziöse Karmel-Reh *(Capreolus capreolus coxi),* von dem schon im Alten Testament die Rede ist unter dem Namen *Ayalah shelukhah.* Reisende berichten, sie hätten Rehe noch erblickt, als hier die Türken regierten im 19. Jahrhundert. Dann ist das Reh verschwunden, und damit haben die Deutschen etwas zu tun. 1868 wurde in Haifa die »Deutsche Kolonie« als landwirtschaftliche Siedlung der Templer-Gesellschaft gegründet auf einem Sumpfgelände einen Kilometer nördlich der Stadt. Diese weiträumig in Schachbrettform geplante Siedlung gab den wichtigsten Impuls zur Modernisierung Haifas.

Mit der Tätigkeit der Templer vertieften sich die Beziehungen zwischen dem Deutschen Reich und der Türkei. 1899 machte Kaiser Wilhelm II. Besuch in Jerusalem, und Deutschland baute die Bahnlinie von Haifa nach Dera'a, mit Anschluß an die Hedschasbahn und Damaskus. Beim Bau der Bahn verbrauchten die Türken sehr viel Hartholz für die Gleisschwellen – damit verschwanden die Eichenwälder, die es in der Küstenebene noch gegeben hatte. Die Templer jedenfalls erinnerten sich an den Wohlgeschmack heimischen Rehfleisches und mieteten drusische Jäger für die regelmäßige Versorgung der Fleischerläden mit Karmel-Rehfleisch. Diese Überjagung hielten die Bestände nicht aus. Das letzte Reh wurde 1917 geschossen. Ähnlich war es dem Mesopotamischen Damhirsch *(Dama dama mesopotamica)* zu Beginn dieses Jahrhunderts ergangen und vielen anderen einst heimischen Arten.

Am 15. Mai 1948 wurde der Staat Israel gegründet, ein Krieg geführt. Die Menschen hatten also andere Sorgen. So bleibt es erstaunlich, daß sich trotzdem genügend Stimmen fanden, die für den Erhalt der Natur und ihrer Tierwelt eintraten. Vorhandene Natur schützen, das ist nun eine Sache, mit der viele Menschen klaglos übereinstimmen. Einige Israelis aber wollten das unmöglich Erscheinende: Laßt uns die Tiere der Bibel zurückbringen!

Es war, durchaus normal für das krisengeschüttelte Israel, ein kriegsgewohnter General, der solche Ideen aufgriff, der sich vom Führer gepanzerter Einheiten in den Streiter für den Tierschutz wandelte: Abraham Joffe (1913–1983). Schon während seiner aktiven Dienstzeit organisierte er Chai-Bar – »Wild-Tier-Leben«. Sein strategisches Ziel: Strengster Schutz noch vorhandener, Wiedereinführung verschwundener Tierarten, die ehemals in Israel heimisch waren. Dazu gehört der Schutz der Landschaften, der endemischen Pflanzenarten, dazu gehören Zäune und Aufseher. Und rege Öffentlichkeitsarbeit, die versucht, Einheimischen und Gästen beizubringen, wie man sich der Natur gegenüber verhält.

An der Straße nach Eilat, beim Kibbuz Yotvata, entstand 1977 die erste »Arche Noah« für Wüstentiere, zwölf eingezäunte Quadratkilometer Akaziensavanne. Heute grasen dort wieder die Herden der Weißen Oryx-Antilopen *(Oryx leucoryx)*, der Onager *(Equus hemionus onager)*, der Negev-

Gazellen *(Gazella dorcas),* der Straußen *(Struthio camelus)* und viele andere mehr.

Einige Jahre zuvor hatte man auch in den Karmelbergen damit begonnen, »Ehemalige« wieder einzubürgern. An der Nordwestflanke des Gebirges, nicht weit von der Haifa-Universität, entstanden eingezäunte Gehege, ein Futter- und Forschungszentrum: das »Chai-Bar Carmel Nature Reserve«. Es wurden Tiere beschafft, oft von weither, die sich hier in Ruhe akklimatisieren, bevor man sie in die Landschaft entläßt, wo sie ihrer ökologischen Rolle als »Herbivoren« (Pflanzenfresser) gerecht werden sollen: Gras und Buschwerk abweiden und so die Landschaft offenhalten.

1987 konnte die »Nature Reserves Authority« Erfolg präsentieren. Es waren gezählt worden: 35 Cypriotische Wildschafe *(Ovis ammon ophion),* 34 Persische Wildschafe *(Ovis ammon orientalis),* 41 Kretische Wildziegen *(Capra aegagrus),* 27 Mesopotamische Damhirsche *(Dama dama mesopotamica)* und auch elf Karmel-Rehe *(Capreolus capreolus).* Der Forschungszoo der Universität von Tel Aviv schenkte dem Karmel Exemplare der heimischen Vogelwelt: den Uhu *(Bubo bubo interpositus),* den Lanner oder Feldeggsfalken *(Falco biarmicus),* den Gänsegeier *(Gyps fulvus).*

Tiere aus biblischen Tagen, heimisch wieder im angestammten Land der Väter – zu romantisch fast, um wahr zu sein. Und es erhob sich fachlich-herbe Kritik am ehrgeizigen Vorhaben. So etwa rechnete Professor Heinrich Mendelssohn, Initiator und Leiter des Forschungszoos von Tel Aviv, den Chai-Bar-Leuten vor: »Eingezäunte Gebiete sind in Gefahr, zu Zoos, zu Safari-Parks, zu entarten. Sie verstoßen gegen internationale Regeln. Vor allem aber, der Schutz vorhandener Arten muß immer wichtiger sein als eine Einführung von außen. Das Karmel-Reh zum Beispiel: Zur Wiederansiedlung brachte man nicht, was biologisch vernünftig gewesen wäre, Tiere aus der nächstgelegenen Population in der Türkei, sondern aus Holland. Diese Tiere sind aber dem Mittelmeerklima nicht gewachsen, sie fühlen sich unwohl bei uns. Auch von der Kretischen Wildziege gibt es noch natürliche Populationen in der Süd-Türkei, die für eine Wiederansiedlung geeignet wären. Das Persische Wildschaf hat es in Israel nie gegeben. Und der Damhirsch? Sagt ihm der Karmel zu? Die letzten Populationen im Nord-Irak und im Iran lebten in Galeriewäldern entlang der Flüsse, nicht aber im Gebirge.«

Brandstifter

Die Idee vom Chai-Bar ist faszinierend. Vielleicht deshalb entfachte sie immer neue, heftige Auseinandersetzungen, ein leidenschaftliches Für und Wider bei Fachleuten und Laien. Dann kam eine Katastrophe, die allen Gesprächen vorläufig ein Ende setzte. Das Ereignis bewegte die Herzen im September 1989: Der Karmelberg stand im Flammen. Leute der PLO hatten nachts an fünf Stellen zugleich einen Feuersturm entfacht. Da gab es nichts zu löschen. Die trokkenen Kiefern brannten wie Zunder. Und mit ihnen die Rehe aus Holland, die letzten fünf.

Für ganz Israel war dieser Brand ein Schock. Ein herrliches Naturschutzgebiet, ein Waldheiligtum, wird als Waffe mißbraucht, mit der man den politischen Feind an seiner empfindlichsten, an seiner emotionalen Stelle trifft. Heinrich Mendelssohn erinnert sich: »Die Reaktion des Publikums war phantastisch. An einem Abend kamen bis zwei Uhr nachts sieben Millionen Shekel an Spendengeldern zusammen. So schrecklich war der Brand aber gar nicht. Brandstiftung hat es sicher schon seit dem Neolithikum gegeben. Ein Botaniker sagte mir, die ältesten Kiefern auf dem Karmel seien nicht älter als 40 Jahre. Da die Bäume ungefähr hundert Jahre alt werden, müssen sie immer wieder abgebrannt worden sein.«

● Reise-Tagebuch, 6. März 1990. Das mag so richtig sein, doch der Augenschein zeigt, wie uns sinnlose Zerstörung bewegt. Monate nach dem Brand. Vom Hochplateau des Chai-Bar-Zentrums schaut der Besucher weit über das Trümmerfeld schwarzverkohlter Baumstümpfe. Die bunten Tupfen ungezählter Blumen zwischen kohligen Ästen wirken, als wollten sie das Häßliche vergessen machen. Avivas wettergebräuntes Gesicht blickt düster und traurig. Dr. Aviva Rabinovitz ist verantwortlich für das Karmel-Reservat, und so fühlt sie sich: verantwortlich für alles, vor allem für die Zukunft. Was bedeuten Feuer für solche Waldökosysteme, fragen wir die Forscherin.

»Feuer ist das Hauptproblem des ganzen Mittelmeerraums. Jedes Feuer ist von Menschen gelegt, sehen Sie nach Frankreich, nach Spanien, nach Portugal und Griechenland. Hier bei uns hat die El Fatah 1974 mit dem Feuerlegen begonnen. Koniferen brennen an heißen Tagen sehr gut. Aber das alles ist ja nicht nur das Problem der Bäume, von denen jeder redet. Das gesamte Ökosystem wird in Mitleidenschaft gezogen. Fünf Zentimeter tief dringt die verzehrende Hitze des Brandes in den Boden ein und vernichtet Samen und Mikroorganismen, den Gen-Pool für neue Generationen. Von den Felsen schält das Feuer die lebende Schicht aus Mosen und Flechten, von der Holzläuse und Schnecken leben, die wiederum Vögeln und Nagern zur Nahrung dienen. Die Nahrungskette ist unterbrochen. Der Verlust der Vegetationsdecke fördert die Erosion, so daß die fruchtbare Bodenschicht ins Tal, später ins Meer geschwemmt wird. Wenn das organische Material der oberen Bodenschicht verbrennt, werden Natrium, Magnesium und Kalzium frei, die den pH-Wert des Bodens erhöhen und weitere Erosion fördern. Verheerende Folgen hat der Brand auf die Fortpflanzung der Bäume. Vernichtet wurden die Samen der Querkus-Arten: die der Steineiche *(Quercus ilex)* und der Korkeiche *(Quercus suber)*. Die Samen der Aleppo-Kiefer *(Pinus halepensis)* ertragen Feuer, aber keine zu hohen Temperaturen. An vielen Stellen des Karmel sieht man keine Kiefernpflänzchen mehr. Anderen Arten bereitet das Feuer den Weg zur Dominanz: den Zistrosen etwa *(Cistus)*. Ohne Feuer keimen nur zwei Prozent der Samen, nach dem Feuer aber 99 Prozent. Wo einst die Aleppo-Kiefer herrschte, wachsen nach dem Brand die Dickichte der Zistrosen. Viele Blattpflanzen kommen ihretwegen nicht zurück.«

»Wollen Sie den Karmel wieder aufforsten?«

»Nein, ich will jetzt im Chai-Bar auf einer Fläche von einigen hundert Dunam (10 Dunam = 1 Hektar) mit *Cistus* experimentieren.«

»Wie wird es weitergehen auf dem Karmel?«

»Wir brauchen dringend mehr Herbivoren (Pflanzenfresser), wie Reh und Damhirsch. Sie bevorzugen Zweige und Äste und fressen nicht alles kahl wie die Ziegen. So machen sie den Wald sauber, sie dünnen ihn aus, und das Feuer kann dann nicht mehr soviel zerstören. Es wird aber 50 bis 60 Jahre dauern, bis hier alles wieder natürlich aussieht. Wir müssen auch mehr gegen das Feuer tun. Wenn wir den Arabern und Drusen erklären, daß sie mit den Feuern nur sich selbst bekämpfen, werden sie das verstehen. Und unsere Armee muß lernen, wie man Feuer bekämpft. Touristen müssen lernen, sich um ihre eigenen Feuer zu kümmern. Bisher aber hinterlassen sie immer Berge von Müll, die wir (zehn Menschen) wegräumen müssen. Weil die Kalkhöhlen so attraktiv sind, kommen 250 000 Besucher im Jahr hierher. Wir haben Zäune ziehen müssen, damit die Leute die Wege nicht verlassen. Der Karmel ist ja ein Ort für den Unterricht in Sachen Natur.«

»Was wird aus den Tieren dort hinter dem Zaun?«

»Ich hoffe, daß wir die Tiere, die den Brand überlebt haben, in einigen Jahren freilassen können über den ganzen Karmel, dann ist es endlich wieder ein richtiger Wald!«

Am Tag des Baumes

»Ein richtiger Wald«, dieser Traum geistert durch die jüngere Geschichte Palästinas. Schon die Britische Mandatsregierung (1920–1948) förderte eine Wiederbewaldung und pflanzte, zusammen mit dem Jüdischen Nationalfonds, 8000 Quadratkilometer Wald. Der Jüdische Nationalfonds belebte den alten religiösen Brauch, der das Baumpflanzen zur Pflicht und zum Anlaß eines Feiertags macht: Tag des

Baumes – Jom Ha'Ilanoth. Das Holz ist nicht so wichtig wie die Schönheit der Landschaft.

● Reise-Tagebuch, 20. Februar 1968. Einen Ausschnitt davon erlebten wir bei den Vorarbeiten zu dem Dokumentarfilm »Die Suche nach dem grünen Planeten«: das kleine Büro in der Vorstadtstraße von Tel Aviv mit dem Schild »Keren Kayemet«. Joseph Glücklich leitete die Wiederaufforstung Israels und erzählte: »Wenn wir als Kinder mit dem Bus nach Jerusalem fuhren, dann zählten wir die Bäume an der Landstraße einzeln. Jeder Baum war eine Überraschung, so wenige gab es. Heute ist Israel Heimat; wir müssen an Landschaft retten, was noch zu retten ist. Wir haben Eucalyptusbäume in Australien gekauft und Kiefern, Zypressen. Seit 1948 pflanzten wir schon hundert Millionen Bäume, und jetzt haben wir unsere Probleme mit den Waldbränden.« (1875 pflanzte man in Israel den ersten Eucalyptus, er wurde zum charakteristischen Merkmal der Landschaft.)

In der Forstbaumschule Esthahol zeigt uns Chaim Blass stolz die vielen Setzlinge seiner Kiefern, bereit zum Auspflanzen. Am Tag des Baumes pflanzen die Kinder »ihren« Baum in den kargen Sand. Die Berglandschaft Palästinas mit ihren kahlen Felsen und dem dornigen Gestrüpp (Maquis) sollte sich mit dem Grün der Wälder bedecken. Der Farbunterschied zwischen den grauen Steinhügeln jenseits der Grenze in Jordanien und den bunten Mischwäldern diesseits überzeugt nicht nur Naturfreunde. Baumwurzeln boten erstmals der Erosion Einhalt, zwischen nacktem Gestein bildete sich eine dünne Humusschicht.

Ein neues Gleichgewicht, so schien es damals, war dabei, sich einzupendeln. Wer heute, 1991, auf der alten, enggewundenen Landstraße neben der Autobahn hinauffährt Richtung Jerusalem, glaubt sich irgendwo in Europa. Weithin dichter Wald und dicke Kiefernzapfen. Familien mit ihren Körben beim Pilzesammeln. So sollte es sein, das war das Ziel des Wortes vom feierlichen Tag des Baumes. »Es sieht alles so viel schöner aus, wenn es grün ist«, meinte seinerzeit der Botanikprofessor Zohary. Ein schärferer Kontrast im Bewußtsein verschiedener Menschen ist nicht vorstellbar: Hier der Beduine, dem Bäume bestenfalls Tierfutter und Brennmaterial sind, Gebrauchsmittel also, Ressource, nichts zum Hegen und Pflegen – dort der Jude, der seine Liebe zu Bäumen nicht zuletzt aus der europäischen Naturmystik des 19. Jahrhunderts mitbrachte ins Gelobte Land. Es ist schwer, eine Brücke der Verständigung über tiefe Gräben zu bauen.

Auch der vehemente Verfechter biologisch sinnvollen Naturschutzes, der Zoologe Mendelssohn, stammt aus Europa. Doch er scheut sich nicht, im langen Gespräch die Fehler zu markieren, die damals gemacht wurden:

»Man wußte es nicht besser. Der Jüdische Nationalfonds beschäftigt Leute, die nur Kiefern säen in Baumschulen und sie dann auspflanzen. Da wird gerodet und mit einem Gift gespritzt, das in Deutschland verboten ist, weil es lange wirkt und ins Grundwasser sickert. Auf die gespritzten Flächen pflanzen sie Bäume, die, ohne Konkurrenz, wunderbar wachsen. So entstehen aber künstliche, sterile Biotope, dicht gepflanzte Kiefernwälder, tot. Da gibt es nur noch ein Reptil, die Johannesechse, die von Insekten lebt, und ein Säugetier, die Hausratte, die frißt die Samen aus den Kiefernzapfen. Gegen solche Methoden kämpft auch Aviva Rabinovitz, bisher aber ohne Erfolg. In den sechziger Jahren glaubte man noch, daß die Aufforstung sinnvoll sei auch für die Holzproduktion. Das Holz der Aleppo-Kiefer wächst aber krumm und schief, ist wertlos. Der Fonds mußte zugeben: Es kostet mehr, einen Baum zu pflanzen, als das Holz einbringt.« Die großen Hoffnungen der Sechziger...?

»Ökonomisch wertlos, ökologisch sinnlos, Beschäftigung und Propaganda.«

Eine harsche Kritik, die von vielen nicht geteilt wird. Wir fragen den alten Herrn nach seinem Urteil in Sachen Tierwelt:

»Die Tierwelt dieses Landes ist eine Tierwelt der offenen Landschaft. Offene Landschaften sind artenreicher, aber dank der Siedlungen, der Landwirtschaft, der Industrie und der Aufforstungen bleibt von ihr nichts übrig. Uns fehlt das Grasland! Und die Dünen! Für sie hat die Naturschutzbehörde nichts getan, und nun sind keine mehr da. Das gilt auch für die Winter-Regentümpel, das sind hochinteressante Biotope. In den Ebenen gab es vielleicht tausend solcher Tümpel, ein paar hundert kannte ich persönlich. Nichts mehr da. Die Syrische Knoblauchkröte braucht große Tümpel, die lange das Wasser halten, weil ihre Kaulquappen drei bis vier Monate zur Entwicklung brauchen. Sie ist fast ausgestorben. Ebenso der Bandmolch, der früher weitverbreitet war – fast nichts mehr da!«

Resignation eines altgewordenen, zutiefst engagierten Zoologen, der das Geschehen in Israel und seine Tierwelt über Jahrzehnte hinweg aus nächster Nähe beobachtete und kommentierte. Die Frage, was aus dem Karmel wird, läßt er offen. Zu unberechenbar sind die einander feindlichen Kräfte, die sich dort gegenüberstehen.

Ein Papyrusmeer

● Reise-Tagebuch, 8. März 1990. »Diese verdammten Abwässer!« Es ist Wut in ihrer Stimme, und auch Resignation.

»Was ist damit?«

»Sie machen alles kaputt.«

»Man kann nichts tun?«

»Nichts, wir müssen damit leben, irgendwie.«

»Sie haben Angst um Ihren kostbaren Papyrus?«

»Um alles, ich weiß nicht, wie es weitergehen soll, der Boden senkt sich schon, der Wasserspiegel ... aber vielleicht geschieht ja noch ein Wunder.«

Das hat sie ein bißchen amüsiert: Ein Wunder. Tami, die junge Frau in der grünen Uniform des Rangers. Wächterin des Reservats. Aber sie leidet daran, man sieht es. Wieder stockt das Gespräch. Tami spricht sonst hebräisch, das Englische fällt ihr nicht leicht, zumal dann nicht, wenn die Rede von emotionalen Dingen ist, von Tieren und Pflanzen, die verschwinden könnten, vielleicht für immer, und sie kann nichts dagegen tun.

Die Schritte auf dem schmalen Pfad federn ganz leicht, als schwanke der Grund um Millimeter auf und ab. Ein Moor, kein Kalkfelsen. Hier quatscht es und quietscht und saugt, wenn der Fuß abseits ins Schilf tritt. Zeternd erhebt die Bachstelze sich vom Zweig, protestiert gegen die Störenfriede. Nebenan die fette Biberratte, mümmelt etwas Grünes und läßt sich nicht aus der Ruhe bringen.

Ein kühler, leicht verhangener Frühlingstag in Huleh. Das ist Israel dort, wo sein äußerster Nordzipfel eingekeilt liegt zwischen dem Libanon und Syrien, an der alten Landstraße von Rosh-Pinnah nach Qiryat Shemona, dem Regionalzentrum des Huleh-Tals.

Biblisches Land. An der Grenze zum Libanon, an der größten Jordanquelle, liegt Dan, das kanaaitische Laish, später umbenannt in Dan, nach dem Stamm der Israeliten, der im Buch der Richter erwähnt wird. Im Süden liegt Hazor, die Metropole für den Zinnhandel, gegründet im 18. vorchristlichen Jahrhundert über einer Siedlung aus dem 3. Jahrtausend. Hazor bewachte einen Abschnitt der *Via Maris*, der Meerstraße, damals die größte Handels- und Militärstraße, die von Ägypten nach Mesopotamien, Syrien und Anatolien führte. Seine Blüte als größte kanaanitische Stadt mit 40 000 Einwohnern erlebte Hazor zwischen 1500 und 1200 vor Christus. Dann erschien Josua. An den Wassern von Merom (Huleh) traten ihm kanaanitische Könige unter Jabin von Hazor entgegen zur großen Schlacht. Aber Josua ... *gewann Hazor und schlug seinen König mit dem Schwert* ... Josua zerstörte Hazor, König Salomon baute es später wieder auf, Tiglatpileser von Assyrien machte die Stadt 732 vor Christus dem Erdboden gleich.

Den flachen Huleh-See hielt man noch im Mittelalter für das »Wasser von Merom«. Der Geschichtsschreiber Flavius Josephus nannte den See »Semachonitis«. In biblischen Zeiten wurde hier, wie am Jordan, aus dem Schilf das meiste Papyrus (als damals allgemein übliches Schreibmaterial) gewonnen. In der Neuzeit wurde der Huleh-See zur versumpften Malariahölle und unter den Ottomanen zum Verbannungsort für Tscherkessen, deren Nachkommen noch heute in Israel leben. 1883 kamen die ersten jüdischen Siedler aus Polen und gründeten nordöstlich von Hazor ihre Pioniersiedlung Yesud HaMa'ala. Sie begannen mit der Kultivierung des Huleh-Tals.

Huleh heute, das Uralte, der Rest, das Übriggebliebene, angstvoll Beobachtete, gepflegt von der Handvoll Idealisten, die sich Ranger nennen. Tami ist eine von ihnen.

Ich sage: »Ich war schon einmal hier, 1968, da war auch Frühling, aber es sah anders aus – irgendwie.«

»Mit dem Abraham Joffe?«

»Ja, mit dem General. Er und ein Ranger fuhren mich im überdachten Boot lange durch das Reservat, ich war beeindruckt von dem Papyrusmeer, das hatte ich bis dahin nur in Afrika gesehen.«

»Der Papyrus ist schön, aber das Schilf ist stärker, es drängt ihn immer weiter zurück. Was war mit den Büffeln, gab es die hier damals schon?«

»Sie hatten sich wohl gerade eingewöhnt, urtümlich standen sie im Schilf und schienen hier nicht herzupassen.«

»Es gab sie früher schon in Huleh, dann verschwanden sie und wurden 1967 wieder eingeführt, weil sie große Schilffresser sind und das Zeug kurzhalten.«

»Tami bitte zum Haupteingang!« Ein Gruppe arabischer Lehrer mit ihren Schülern hatte sich angemeldet für eine Führung durchs Reservat. Mit ihrem freundlichen »Shalom« überläßt sie mich meinen Gedanken. Hier im Meer von Schilf und Papyrus und beim Geschrei der Vögel kommen Gedanken wie von selbst.

Israel – und Natur. Eigentlich ein Widerspruch. Naturreservat sagt man heute: Natur reservieren, bewahren, hüten, schützen vor willkürlicher Veränderung. Natur lassen, wie sie ist... Im Gelobten Land vor nicht langer Zeit noch eine verrückte, ja gefährliche Idee, richtete sie sich doch gegen den gültigen Herrschaftsanspruch des Menschen über alle Pflanzen und Tiere, den das Alte Testament in seiner Anthropozentrik immer betont. Von einer »Naturethik« ist da nicht die Rede. Ein Affront aber auch gegen die neuankommenden jüdischen Siedler, die ins Land strömten, um seine Erde zu beackern, auf daß sie reiche Frucht trage. Wie Frevel mußte es ihnen sein, wie unerlaubter Luxus, daß man künftiges Ackerland aufbewahren sollte in Gestalt nutzloser Sümpfe mit nutzlosen Tieren. Daß Huleh trotz allem heute existiert, grenzt an ein Wunder. Daß aber der Sumpf überhaupt entstehen konnte, verdankt er, wenn man es so ausdrücken mag, einer unberechenbaren Laune der unruhigen Erde in sehr ferner Vergangenheit.

Auf Superbreitwand

Was sich bei der Entwicklung unseres Planeten zu seiner heutigen Gestalt abspielte, könnte das Drehbuch abgeben zu einem Hollywood-Monumentalfilm. Mit dem Raffinement heutiger Computeranimation könnte ein begabter Regisseur das auf die Leinwand bringen. Als Musikspektakel vielleicht? So etwa:

1. Sequenz: Früheste Frühzeit. Die Erde bebt, reißt auf, der breite Spalt reicht tief ins Innere. Tausende Kilometer lang. Die Ursache: Gondwana bricht auseinander, der Urkontinent. Indien trennt sich von Afrika, driftet davon, drückt den Himalaya in die Höhe.

2. Sequenz: Heute. Die wilden Erschütterungen in den Krusten der Erde hinterließen Narben. Der 7000-Kilometer-Spalt von der Türkei bis nach Mosambique heißt »Syrisch-Afrikanischer Graben«. Israel trennt er der Länge nach, formt seine Landschaften wie im Sandkastenmodell. Auch Huleh, nur etwas später. Das israelische Teilstück im großen Spalt heißt »Jordangraben« und zieht sich, mit der Arawa-Senke, nach Süden hin bis zum Golf von Eilat. In der Mitte, wo sie am tiefsten ist, das Tote Meer.

3. Sequenz: Frühzeit. Der Graben füllt sich mit Wasser zum Binnenmeer. Ein riesiges »Lissan«-Meer dehnt sich von dort, wo heute der See Genezareth liegt, bis weit über das Südende des Toten Meeres. Es kann nicht bleiben. Die

Zuflüsse aus dem Ozean fehlen. Heiße Sonne läßt Wasser schnell verdampfen. Der Lissan-Spiegel, einst 200 Meter über dem heutigen Toten Meer, sinkt. In der letzten Zwischeneiszeit, vor 12000 bis 20000 Jahren, trocknet Lissan ein. Zwei »Pfützen« bleiben: die abflußlose gesättigte Salzlösung, Totes Meer genannt, und der See Genezareth, heute Israels Hauptwasserspeicher. Von den letzten Stadien erzählt noch die Bibel im Kapitel über Abraham und das Erscheinen des Berges Sodom. Zeit: 18 Jahrhundert vor Christus. Der Berg Sodom ist ein Salzdom, der sich 160 Meter über dem Spiegel des Toten Meers erhebt.

4. Sequenz: Immer noch Frühzeit, etwas später. Die Erde ist nicht zur Ruhe gekommen. An den Bruchstellen der Erdkruste tritt – nicht nur hier – glühende Magma aus. Da war ein Fluß, der heute Jordan heißt. Vom Berg Hermon kommend, strömte er nach Süden in den Genezarethsee. Dann: Ausbruch der Vulkane dort, wo man heute die Golanhöhen erkennt. Lava fließt zu Tal in immer neuen Strömen. Schicht legt sich auf Schicht. Ein Stauwehr aus Basalt baut sich auf. Der Fluß findet keinen Durchgang mehr, schwillt an, staut sich zum See. (Spätestens jetzt ahnt der Kinogänger, wie es weitergehen muß.)

5. Sequenz: Sprichwort »Steter Tropfen höhlt den Stein«. Allmählich spült das Seewasser sich eine Lücke in den Basalt der Barriere, sickert hindurch, fließt ab, der Seespiegel sinkt Meter um Meter. Der Canyon ist noch heute zu sehen. Aber die Lage ist nicht wie zuvor. Andere Bäche strömen hinzu, Quellen. Die Basaltbresche ist zu eng, der See bleibt, eingerahmt von Sümpfen und Morasten. Fanfare: Huleh ist da! Jedenfalls das, was man später so nennen wird. Zu Beginn der geschichtlichen Periode ist noch ein kleiner Flachsee vorhanden, den freigelegten Boden des Ursprungssees bedeckt ein Papyrussumpf – bis zur Trockenlegung 1959.

Ende des Monumentalfilms? Nicht ganz. Die Dramen der Erdspalten und Lavabäche sind vergangen. Das Schauspiel »Mensch gegen Natur« setzt ein.

Im Spiel gigantischer Erdkräfte war eine neue Landschaft geboren worden mit anderen Pflanzen und Tieren als zuvor. Um hier zu überleben, mußten sich die Kreaturen den eigenartigen Bedingungen anpassen, die ihre neue »Umwelt« ihnen bot: eine stete warme Feuchte im Wechsel der Jahreszeiten. Zwei Lebewesen dominierten zunächst: Die Papyrusstaude, die hier den nördlichsten Punkt ihrer geographischen Verbreitung fand, und Anopheles, die Malariamücke, die dafür sorgte, daß die Menschen solche Moore fürchteten. In der Antike wurde das Tal der Sümpfe gemieden, aber es war ein wichtiges Durchzugsgebiet.

Überfüllte Raststätten

»Es ist einfach viel zu klein, überall stößt man an Grenzen!« Tami hat ihrer arabischen Gruppe gezeigt, was jetzt, im Frühjahr, zu bestaunen ist. Die gefräßigen Raubwelse, die nicht aus Huleh stammen, sondern aus Afrika importiert wurden, haben es den Leuten angetan. Begeistert schauen sie zu, wenn die großen, grauen Leiber das Wasser auf der Jagd nach etwas Eßbarem aufwühlen. Und die stumpfbraunen Kaspischen Sumpfschildkröten scheint nichts aus der besinnlichen Ruhe aufscheuchen zu können, wenn sie bewegungslos auf dem Baumstrunk hocken und Sonne tanken. Wir wandern zum großen See, wo der Steg den Blendschutz aus Schilf trägt, damit die Wasservögel nicht flüchten vor dem Anblick der Menschen. Tami ist wieder lebendig geworden. Vögel liebt sie sehr.

»Sie müssen im Oktober wiederkommen! Sie glauben es nicht. In der zweiten Oktoberwoche kommen die Pelikane. Erst ein paar Dutzend als Vorhut, dann tausend, dreitausend. Jeden Tag zwischen zwei und drei Uhr mittags. Sie landen auf dem See wie müde Fregatten. Über Nacht ruhen sie aus, fressen sich voll mit Fischen, und um neun Uhr morgens sind sie schon wieder unterwegs, Richtung Süden zu den ostafrikanischen Seen. Und die Winterabende! Möwen zu Abertausenden in Richtung Yam Kinneret, Wolken von Stockenten, Löffelenten, Reiherenten, ja sogar Marmelenten. In den hohen Eucalyptusbäumen am Eingang des Reservats können Sie unsere Nachtgäste bewundern, die Waldtauben und Nebelkrähen. Von den Feldern kommen Kornweihen und Merline. An den Sumpfrändern stehen Fisch- und Silberreiher.« Tami hat sich warmgeredet.

»Also nicht nur so ein kleines Naturmuseum?«

»O nein, hier ist alles in ständiger Bewegung, jeden Tag was anderes, jeder Tag ist neu.«

»Aber Sie hatten ernste Probleme mit Pestiziden?«

»Die Fischreiher haben früher sehr gelitten unter den Giften, mit denen man auf den Feldern die Nager bekämpfte. Damals sind sie fast verschwunden, wie die Purpurreiher. Nach 1978 haben sich die Bestände dann wieder erholt.«

Ich kann den Seidenreiher im Gebüsch nicht ausmachen, aber sein Ruf, wie ein Vibrato, dringt weit übers Land. Tami ist ins Infocenter gegangen, der Papierkrieg wartet.

Die Konvention von Ramsar

Im Oktober kommen die Pelikane, hatte Tami gesagt und mir damit den Schlüssel zum Verständnis dieses besonderen Lebensraums in die Hand gegeben. Eigentlich ist es klar: Pelikane wandern über sehr weite Strecken. Sie müssen unterwegs ausruhen, Nahrung »tanken« – rasten eben. Feuchtgebiete wie Huleh sind wohlversorgte Raststätten. Was sollten beispielsweise die Pelikane auch tun auf dem endlosen Flug nach Afrika, hätten sie hier nicht den Lagerplatz für den Zwischenstop? Ökologen nennen solche Flächen flacher Seen und ausgedehnter Moore »Feuchtgebiete« (englisch »Wetlands«) und schätzen sie in allen Teilen der Welt als wichtige Stätten zum Studium besonderer Ökosysteme mit ihren vielen ineinander verwobenen Kreisläufen der Nährstoffe und Energien zwischen dem Boden, dem Wasser, der Pflanzen- und der Tierwelt. Feuchtgebiete, diese Laboratorien und Rastplätze, sind demnach etwas Wertvolles, unbedingt Erhaltenswertes.

● Reise-Tagebuch, 6. März 1977. Wie ähnlich weit auseinander liegende Feuchtgebiete sich sind, erlebte ich bei den

Dreharbeiten im Feuchtgebiet »Mordab« in der iranischen Provinz Gilan. Dieses 140 Quadratkilometer große flache Schilfmeer ist durch einen Kanal mit dem Kaspischen Meer verbunden und teilt dessen Schicksal. Noch 1915 war Mordab doppelt so groß, mit dem Absinken des Wasserspiegels im Meer schrumpft es jedes Jahr und könnte in einigen Jahren verschwunden sein. Riesigen, dunklen Wolken gleich bewegten Vogelschwärme sich vor unserer Kamera, Kraniche, Enten aller Art, Bläßhühner. Unser Boot trieb durch das drei Meter hohe Schilfrohr *(Phragmites communis),* über die Matten der schwimmenden Wassernuß *(Trapa natans).* Das Wasser war grün von Laichkraut *(Potamogeton pectinatus).* Wir beobachteten Reiher und Kormorane beim Fischfang.

Dies war kurz vor der Revolution des Ayatolla Khomeini. Leider war es bisher nicht möglich, gesicherte Informationen über das weitere Schicksal des Mordab zu erlangen.

Nicht weit vom Feuchtgebiet, an der Küste des Kaspischen Meeres, liegt das alte Städtchen Ramsar. Hier kam 1971 die »Internationale Konvention zum Schutz von Feuchtgebieten und Wasservögeln« zustande, von der Bundesrepublik Deutschland 1976 ratifiziert. Die »Ramsar-Konvention« wollte weltweit ein Netz von gesicherten Lebensräumen schaffen für ziehende Wasservögel während des ganzen Jahres. Den Begriff »Wetland« definiert die Konvention so: »Feuchtgebiete sind Moore, Sumpfwiesen, Marschen, Wattflächen, Bäche, Flüsse, Teiche, Seen und Küstengewässer bis zu einer Tiefe von sechs Metern.« Hier wurde auch das Wort von den »Trittsteinen« geprägt – Feuchtgebiete als Trittsteine auf dem Weg der Zugvögel.

Vor wenigen Jahrzehnten noch sahen Ingenieure und Planer in jedem nassen Brachland einen nutzlosen, malariabrütenden Sumpf und setzten ihre Technik ins Werk, den Sumpf ein für allemal trockenzulegen. Immer haben Techniker große Flächen der feuchten Natur abgerungen – in Israel wie bei uns in Deutschland. Sie bereiteten damit den Boden für eine blühende Landschaft. Es spielte kaum eine Rolle, daß mit der Feuchte immer auch die angepaßten

Pflanzen- und Tiergesellschaften verschwanden. Ackerland, das hieß Brot für Siedler, hieß Grundlage vieler Existenzen, und das wog allemal schwerer als Schildkröten und Kormorane. Wäre alles seinen »normalen« Weg gegangen, wir müßten uns heute um die Weiterexistenz des Huleh-Reservats keine Sorgen machen, weil es Huleh so eben nicht gäbe. Denn auch dies Tal war einmal dick eingekreist auf den Sanierungsplänen der Wasseringenieure.

Reservat auf hebräisch

Um 1900: See und Sümpfe gehören dem türkischen Sultan. Nichts wird unternommen.

1908: Sturz des Sultans. Das Gebiet wechselt mehrmals den Besitzer.

1933/34: Die »Palestine Land Development Company«, eine Tochtergesellschaft des Jüdischen Nationalfonds, erwirbt für 192 000 Pfund Sterling die Konzession zur Trokkenlegung der Sümpfe.

Der Jüdische Nationalfonds entwickelt Pläne zur Urbarmachung. Ihre Verwirklichung scheitert zunächst am Ausbruch des Zweiten Weltkriegs, am Kampf gegen die britische Mandatsverwaltung und am Unabhängigkeitskrieg

März 1951: Die Drainagearbeiten beginnen. Für den jungen Staat ein Prestigeobjekt, an das sich große Hoffnungen knüpfen: Ausrottung der Malaria, Gewinnung neuen Ackerlandes, Verbesserung der Wasserversorgung durch Verhinderung weiterer Wasserverdunstung, Bodenverbesserung durch den Torf aus den Sümpfen.

Man mußte später lernen, daß die Hoffnungen zu hoch gesteckt waren. Das Land taugte nicht viel, die Wassersituation besserte sich nicht. Doch die Saugbagger gruben zwei Kanäle durch den Sumpf in Richtung Jordan. Am Südende entstand ein Damm, um den Wasserspiegel zu halten. Das alles erregte Naturfreunde und Wissenschaftler im Land. Man redete, diskutierte, reichte Petitionen ein. Die Naturschutzidee war so revolutionär, daß man für den Kampf extra ein hebräisches Wort für »Naturreservat« einführen mußte.

1953: Gründung der »Society for the Protection of Nature in Israel« (SPNI). Slogan: »Rettet Israels Naturerbe!«

In jenen Jahren lebte und arbeitete in Tel Aviv der junge Zoologe Heinrich Mendelssohn. 1933 war er aus Deutschland eingewandert und hatte das Land bereist und genau studiert. Mendelssohn glaubte fest daran, daß der neue Staat nicht nur Ackerland brauchte, sondern auch Flächen unverbrauchter Natur: Naturreservate, Schutzzonen mit allen natürlich vorkommenden Pflanzen und Tieren. »Ich muß Huleh retten!« sagte sich der Mann. Aber wie? Im November 1989 erzählte mir der alte Herr, wie es ihm damals doch gelang, die Mächtigen von seiner verrückten Idee zu überzeugen. Leicht war es nicht. Ich zitiere aus dem Tonbandprotokoll:

»Wie kann ich es verhindern? Schließlich wandte ich mich an Josef Weitz, den Direktor des Jüdischen Nationalfonds. Das war ein Mann, der wollte Entwicklung, Aufforstungen, neue Siedlungen. Wir trafen uns in Jerusalem. Ich erzählte ihm also etwas über Naturschutz. Er hörte zu, fragte auch mal was, aber auf einmal bekam er einen roten Kopf, haute auf den Tisch: ›Du bist verrückt! Du willst die Juden ins Meer werfen und das Land nur für deine verdammten Tiere und Pflanzen haben – raus!‹

Ein paar Wochen weiter. Die Zeitungen: Jetzt fängt der Nationalfonds an. Sofort rufe ich Josef Weitz an, ja, er will mich noch mal sehen.

Er empfängt mich. Böses Gesicht. ›Was du da geredet hast, ist alles Quatsch, aber ich hab mir was überlegt, also erzähl mir noch mal.‹ Also gut, ich erzähl ihm wieder. Wage nicht zu sagen, daß man den Sumpf überhaupt nicht trokkenlegen sollte. Er: ›Ich werd's mir überlegen, ruf mich in ein paar Wochen wieder an.‹ Ich ruf also an. Er: ›Ja, ich hab's überlegt, man muß der Nachwelt zeigen, wie furchtbar dieser Sumpf war. Weißt du was – wir geben dir Geld, und du machst dann einen Zoo draus für die Tiere, die da leben, einen Botanischen Garten. Bring die Pläne, wir werden das dann schon machen.‹ Ich, ganz vorsichtig, erkläre ihm, daß ein Reservat original sein muß, ursprünglich. Sagt er: ›Wieviel willst du denn von dem verdammten Sumpf?‹ Ich hab geschwindelt, hab gesagt, in zivilisierten Ländern sei es üblich, wenn eine Gegend entwickelt wird, daß man zehn Prozent beiseite läßt für den Naturschutz. Er darauf: ›Was, du willst vier Quadratkilometer haben, bist du verrückt, weißt du, wie viele jüdische Familien auf vier Quadratkilometern leben können bei diesem wunderbaren Boden, kommt nicht in Frage!‹ Damals glaubte man noch, der Boden in Huleh wäre wunderbar. Na ja, wir treffen uns noch ein paarmal. Schließlich gibt er nach: ›Also gut, ich geb dir die vier Quadratkilometer.‹ Es war beschlossene Sache und Josef Weitz ein Mann der Tatkraft: ›Jetzt wollen wir es aber richtig machen. Ich gebe dir einen Wasseringenieur, der wird die Pläne machen, sag nur, was du haben willst.‹ Sag ich: Guck mal, ich glaub, das ist doch schwierig, wie soll man den Wasserspiegel halten, wenn ringsum Wasser abgeleitet wird, das sind drei Meter Höhenunterschied. Vielleicht fragt ihr die Holländer, wie die das machen. Er: ›Wir haben unsere eigenen Leute, das machen wir schon.‹ Na ja, die haben dann viel Geld ausgegeben, denn aus dem Torf kann man keine Dämme bauen, das Wasser läuft raus. Inzwischen wurde die Naturschutzbehörde gegründet, und Huleh wurde das erste Naturreservat im Staat. Sie haben uns dann noch einen Kilometer abgenommen, von denen bekamen wir nur ein paar Acres wieder zurück.

Abraham Joffe, der erste Direktor der ›Nature Reserves Authority‹, das war seine große Tat, der Joffe also hat eine reiche jüdische Familie in England dazu überreden können, viel Geld zu spenden. Eineinhalb Millionen Pfund Sterling, damals eine gewaltige Summe, hat es dann gekostet. Von dem Geld haben sie Bodenmaterial von auswärts herangeschleppt, keinen Torf, und haben die Dämme aus richtiger Erde gemacht. Jetzt halten sie – mehr oder weniger.«

Dies allererste kleine Refugium ist dem Staat regelrecht abgerungen worden. Auch dies ein Grund, es in Ehren zu halten, zu schonen, wo es nur geht. Deshalb hat man nicht die ganzen 770 Acres freigegeben für den Besichtigungsverkehr. Man befürchtete zu Recht, die scheue Tierwelt könne vergrämt werden vom nicht immer ganz lautlosen Gewusel jugendlicher Schulklassen. Am Ostrand des begehbaren Ausschnitts hat man eine Aussichtsplattform errichtet. Viel zu wuchtig steht der Holzturm, verglichen mit den grazilen Halmen unter ihm, als wolle er eine strategische Stellung schützen. Vielleicht hatte da einer die damals feindlichen Golanhöhen im Kopf?

Habitate

Von oben geht der Blick weit ins herrliche Land bis hinüber zum schneebedeckten Hermon. Aus der Luft sehen »Wetlands«, dank des gleichförmigen Gewoges des Röhrichts, recht uniform aus. Das täuscht. Ökologen und Botaniker könnten in Huleh verschiedene »Habitate«, sozusagen Wohnräume, definieren:

1. Am auffälligsten sind die offenen Wasserflächen. Dort gedeiht die gelbe Teichlilie. Dort landen Enten und Pelikane, und an den Ufern sieht man den Fischreiher bewegungslos auf Beute warten. Der 55 Acres große Absetzteich klärt das aus den angrenzenden Fischteichen hereinströmende verunreinigte Wasser und ist bei Enten und Reihern wegen seines Reichtums an Algen und Fischen beliebt.

2. Das Papyrusdickicht ist Lebensraum für Schnecken und Krebse. Im Papyrus des Flachwassers haust die Biberratte, nisten Reiher, Teichhühner und manche Grasmückenart.

3. Auf den Moorwiesen blühen verschiedene Papyrusarten, Binsen, Kolbenbinsen. Ein idealer Raum für Bodenbrüter. Die gelbe Bachstelze sitzt auf dem Gelege. Im Winter sind die Moorwiesen überflutet, im Sommer trocknen sie aus. An den Rändern und in den Flachteichen der Umgebung finden Stelzvögel, Ibis, Regenpfeifer und Watvögel reichlich Nahrung.

4. Im Gebiet des Schilfrohrs grasen die »Stars« des Reservats, die behäbigen Wasserbüffel mit ihrer empfindlichen

Haut, die sie zwingt, häufig den Schlamm aufzusuchen. Die großen Säuger stammen aus Südostasien und waren schon im 8. Jahrhundert hier zu Hause. Während der britischen Mandatszeit zählte man rund 6000 am See. Sie alle fielen Israels Unabhängigkeitskampf zum Opfer. 1967, nach dem Sechs-Tage-Krieg, holte man 80 Tiere aus dem B'teiha-Tal nordöstlich des Sees Genezareth und siedelte sie hier an. Seitdem spielen die dunklen Herden ihre Rolle als Touristenmagnete und halten, ökologisch sinnvoll, das Schilfgebiet offen.

Vier Habitate fügen sich zum Gesamtbild eines Lebensraums, der beherrscht und definiert wird von einem ökologischen Faktor, dem Wasser.

Im modern gestalteten Infocenter tun die Frauen und Männer der »Nature Reserves Authority« das Mögliche, dem Besucher ihr Reservat plastisch vor Augen zu führen – mit großformatigen Luft- und Bodenbildern, mit Diasammlungen, mit Schriften, Büchern, Modellen und Devotionalien. Die fünf Ranger, unter ihnen Tami, die Biologin, fühlen sich als Sachwalter eines Erbes aus frühester Vergangenheit, als Hüter des Mini-Feuchtgebiets, in dem klug angelegte gewundene hölzerne Wandelpfade die Blicke öffnen in eine faszinierende Welt, die fast ein wenig fremd wirkt inmitten der landwirtschaftlichen Kulturen und Fischteiche. Die Malaria ist längst überwunden. Doch die Ranger sehen die Zukunft mit Sorge. Wird Huleh wirklich bleiben, was es jetzt ist, mühsam aufrechterhalten durch verletzbare Dämme? Schon hat ja das robustere Schilf begonnen, den zarteren Papyrus, Hulehs Charakterpflanze, zu verdrängen. Niemand weiß ganz genau, warum.

Soviel scheint sicher: Huleh, das erste unter Israels 120 Naturreservaten, wird verletzbar und gefährdet bleiben. Seine Lebensfähigkeit hängt unter anderem am höchst labilen Gleichgewicht zwischen den (legitimen) Bedürfnissen der umliegenden Landwirtschaft und den naturgegebenen Bedingungen, unter denen ein fragiles Ökosystem wie ein »Wetland« nun einmal aufrechterhalten wird.

Ob man diese Balance auf die Dauer halten kann, hängt nicht zuletzt davon ab, ob es den Naturschützern gelingt, Landsleuten und Touristen die Dringlichkeit zu erklären, mit der, fast im letzten Augenblick, gerade in Israel einige Stücke intakter Natur bewahrt werden müssen.

Über manche tiefe Sorge spricht man nicht, schon gar nicht vor dem Journalisten. Im Torf schwelen unterirdische Feuer, die man nicht löschen kann. Und dann noch: Trockener Torf, vom Wasser nicht mehr gehalten, senkt sich. In den kommenden beiden Jahrzehnten, so schätzt man, werden fünf bis zehn Quadratkilometer heutigen Ackerlandes wieder unter Wasser stehen. Niemand kann sie dann drainieren. Es gibt jedoch vage Pläne, die neu überschwemmten Torfflächen zum Reservat zu erklären. Teilweise wenigstens. Es kommt mit darauf an, wie tief der Reservatsgedanke im allgemeinen Bewußtsein verankert ist.

Mit Vespasian am Gennesar

● Reise-Tagebuch, 7. März 1990. Wir folgen der Flußrichtung des Jordan auf der Straße, passieren zur Rechten das alte Hazor und kommen nach Kefer Nahum am See Genezareth, der dritten Station auf unserer Reise zu den ökologischen Problempunkten des Landes. Das antike Kefer Nahum ist besser bekannt unter dem Namen Kapernaum, einem wichtigen Schauplatz des Wirkens Jesu und heute ein beliebter Touristensammelpunkt. Von hier, wo gerade emsig gebaut wird, sind es nur wenige Minuten zur einstigen Kaisermetropole Tiberias: Eine bedrückende Mischung aus alten Ruinen, die irgendwie fehl am Platze erscheinen, einer bedrängten Altstadt und der Phalanx von Hotelklötzen – Hotels für Touristenscharen aus aller Welt, die jedoch ausbleiben, weil mancher Angst hat vor möglichen Anschlägen der PLO und den Streiks der Intifada. Im fast leeren Strandrestaurant serviert man den köstlichen St.-Peters-Fisch und läßt den Gast in Ruhe. Die Kaffeetasse hält die Blätter fest, damit nicht alle Notizen und einschlägigen Literaturzitate (die man hier tatsächlich braucht) im Wasser verschwinden. Die glitzernde Oberfläche des Sees bringt den Geist ins Trudeln und Träumen. Ich habe sehr wenige Landschaften erlebt, die so intensiv, so dominierend Vergangenes in die Gegenwart holen und den Besucher zwingen, hinter dem Bild des Heute immer auch das Gestern und Vorgestern zu erblicken. Wer sich dem freiwillig überläßt, ist in der Vergangenheit, und jeder Bach, jeder Stein möchte seine eigene unverwechselbare Geschichte erzählen.

Zunächst einmal: Diese See-Landschaft ist rundum schön. Der Philosoph Immanuel Kant ist zwar nie aus seinem Königsberg herausgekommen; aber ein Bild wie dies könnte ihm vorgeschwebt haben, als er schrieb, daß schön sei, was ohne Begriff allgemein gefällt. Vielleicht deshalb ranken sich Legenden um den Namen des Gewässers. »Kinneret« heißt es in der Bibel, und eine Stadt dieses Namens blühte einst am Westufer. In den fünfziger Jahren unseres Jahrhunderts wurden ihre Ruinen entdeckt und ausgegraben. Eine Legende geht so: »Gott wählte sich von allen Seen, die er geschaffen, den Kinneret für sich selber. Und er gab ihm den Namen, weil das Schlagen seiner Wellen für ihn wie der Klang der Harfe war, die auf Hebräisch Kinnor heißt.« Wirklich erinnert die Landschaftsform des Sees lebhaft an die antike Harfe, wie man sie manchmal in Museen sieht.

Ein anderer Autor grub diese Herkunftsgeschichte aus: »So deuteten die frühen Talmud-Gelehrten auf die Übereinstimmung mit dem hebräischen Namen ›Kinar‹ für die (süße) Frucht des Lotusbusches *Ziziphus lotus*, der in der Umgebung des Sees häufig ist, hin, aber auch mit ›Kinor‹, der hebräischen Bezeichnung für die Violine, und kamen zu der phantasievollen Interpretation: ›Die Frucht der Stadt Kinneret war so süß wie der Klang der Violine.‹«

Die Bedingungen der Umwelt leiten von jeher die Siedlungsgewohnheiten des Menschen. Diese »Umwelt«, so sehr sie sich auch im Lauf der Jahrzehntausende gewandelt hat, hat offenbar immer drei überlebenswichtige Elemente geboten: Sonnenwärme, Frischwasser und reiche Vegetation, Wild also. Ideal für die jagenden Vorfahren, vergleichbar mit der Landschaft um den ostafrikanischen Turkana-See, der dem *Homo erectus* Heimat bot. Ihn finden wir auch in Ubeidiya (»Ort der Diener«). Aus den gekippten Schichten schlossen die Ausgräber, daß er vor der Bildung des Grabens lebte, daß er noch die glühenden Lavaströme sah, die vom Golan herunterflossen und den Jordan zur Huleh-Ebene aufstauten (siehe S. 219). Eine Million Jahre später, während der letzten Warmzeit (zwischen 90 000 und 160 000 Jahren), wohnt in der Zigeunerhöhle bei Tabgha der Präsapiens, der Vorläufer des Jetztmenschen. Der Damhirsche jagende Neandertaler (um 45 000) findet sich in der Säulenhöhle im Nahal Amud. 15 000 Jahre alt sind die großen Getreidemörser aus Basalt, die man bei En Gev am Ostufer des Sees fand. Es waren Erntevölker, die ihr Mehl aus den eingesammelten Körnern der wilden Gerste bereiteten. Aus dem Ende des vierten vorchristlichen Jahrtausends stammen die Kornspeicher in der kanaanitischen Stadt Beth-Yerah. Hier und in Hagolan am Yarmuk-Fluß lebten die frühen Züchter der Kulturpflanzen – im Zentrum der landwirtschaftlichen Revolution des »Fruchtbaren Halbmonds«. Ungelöste Rätsel verbinden sich mit den imposanten Steinkreisen und Dolmen auf dem Golan. Die Megalithkultur der Bronzezeit hier erinnert lebhaft an Stonehenge in England. Nach den Funden zu urteilen, müssen der Golan und seine Abhänge damals locker bewaldet und recht dicht besiedelt gewesen sein.

Kurz nach der Zeitenwende tritt ein Zeitzeuge in Erscheinung, der seine Beobachtungen niederschrieb und uns hinterließ. Josephus mit dem Ehrennamen Flavius war ein vielseitiger Mann: jüdischer Priester, General im Widerstandskampf gegen die Römer, Historiker und ein scharfer Beobachter seiner aufregenden Zeit. Im neunten Kapitel des dritten Buches seines Opus »Der jüdische Krieg«, entstanden in den Jahren 75 bis 79 nach Christus, schildert er unseren See: »Der See Gennesar ist benannt nach dem Gebiet, das an ihn grenzt ... man kann das Wasser gut trinken, da es klarer ist als das schlammige Sumpfwasser und völlig rein. Schöpft man daraus, so hat das Wasser stets den rechten Gehalt, denn es ist weicher als Fluß- oder Quellwasser, aber stets kühler, als man es bei der großen Fläche des Sees erwarten möchte ...«

Das Bild der damaligen Landschaft muß selbst den kühlen Beobachter begeistert haben: »Am See Gennesar entlang erstreckt sich das Land gleichen Namens, wunderbar in seiner Naturschönheit. Die Üppigkeit des Bodens erlaubt jede Art von Bepflanzung, und die Einwohner bauen tatsächlich auch alles an, zumal das wohltemperierte Klima den verschiedenen Gewächssorten entgegenkommt ... Man möchte fast glauben, die Natur trage dort einen Wettstreit aus, um mit aller Mühe sämtliche denkbaren Gegensätze an einem einzigen Platz zu konzentrieren; oder man könnte von einem edlen Wettstreit der Jahreszeiten sprechen, von denen jede es dieser Gegend in besonderem Maße recht machen will ...«

Leider wurde diese Traumlandschaft dann zur Bühne einer schauerlichen Schlachterei. Nach einem Blutbad in Tiberias waren die flüchtenden Juden mit Booten auf den See gerudert. Vespasian folgte ihnen mit Flößen, die er mit Soldaten bemannte. Es kam zur Seeschlacht auf dem »Gennesar«, 6700 Juden starben. Josephus: »Der ganze See schien gerötet von Blut und übersät von Leichen, keiner konnte entrinnen ... und in der Sommerglut wurde die ganze Luft vom Gestank der Verwesung erfüllt ...«

Wo der Moabsperling schimpft

»Ich weiß, wer es war, ich weiß es genau!«

»Wen meinen Sie?«

»Den mit dem giftigen Zeugs, aber ich kann nichts machen, nichts, es ist zum Verzweifeln.«

Da ist Wut und auch Resignation. Ich hatte Motti so böse noch nicht erlebt. Er ist sonst ein umgänglicher Mann, fröhlich zuweilen, und er kann erzählen! Von den Römern und von Kriegen, von den Höhlen des Golan und vom Jordan.

Motti wirkt wie ein Lehrer am College. Das tiefbraun gebrannte Gesicht verrät Klugheit und Lebenserfahrung. Und so etwas wie ein Lehrer muß Motti manchmal sein, wenn der fremde Besucher nicht begreifen will, daß und warum er nicht auf der bunten Wiese am malerischen Ufersaum parken darf. Geduldig erklärt Motti dem Mann, was es auf sich habe mit diesem Reservat namens B'teha und warum es wichtig ist und unersetzbar für das Land und die Leute. Dann guckt der Sünder ein bißchen schräg auf die grüne Uniform mit dem Abzeichen des Ibex - und schickt sich.

Motti ist Ranger, eine Art grüner Polizist. Im Auftrag der Naturschutzbehörde beaufsichtigt er das Reservat und die Landschaft rund um den Yam Kinnereth, den See Genezareth. Motti kann eingreifen, notfalls mit Polizeigewalt, wenn jemand gegen die Gesetze dieser Natur verstößt. Der See Genezareth ist sein Kind. Motti liebt den glitzernden Spiegel, der viele Gesichter zeigt und schon so unendlich alt ist. Jemand hat gestern dieses, sein »Kind« vergiftet, absichtlich, aus purer Gewinnsucht. Das brachte den Ranger in Rage. Er kennt den Namen des Vergifters und kann den Mann doch nicht verhaften. Er muß ihn auf frischer Tat ertappen, beim Giftstreuen, nachts. So will es das Gesetz.

»Nicht jetzt, den Tatort sehen Sie später, ich will Ihnen meinen Lieblingsplatz zeigen.«

Dröhnend keucht der Jeep den steilen, rutschigen Pfad hinauf, hält vor dem Zaun. Ein Mann sitzt da ruhig auf dem Pferd, wie festgewurzelt, wohl versunken in die schöne Aussicht. »Shalom!« Wir klettern über Zäune, stolpern auf sperrigen Erdschollen und Steinbrocken des wilden Geländes umher und, endlich, das Plateau. Wie eine Loge. Unten das Bühnenbild, hingetuscht im blaugrauen Aquarell mit gelben Tupfern. Das Bild ist leicht verhangen vom dünnen Nieselregen des Dezembers. Grell schimpft vom Zweig herab der Moabsperling *(Passer moabiticus),* und Motti doziert.

»Das, was da nicht kultiviert ist - bis zum weißen Haus, sehen Sie, das heißt B'teha und ist unser Naturreservat.«

»Und das Plateau, auf dem wir stehen?«

»Dieser Punkt heißt ›Almagor‹, das bedeutet: ›Hab keine Angst!‹«

Ein Omen?

»Die Möwen lieben die Müllplätze, da finden sie immer was«, lächelt der Mann, »aber die Kormorane wissen besser, was gut ist. Von Huleh kommen sie extra hierher und schlagen sich den Bauch voll mit den Sardinen aus dem Kinneret.«

Da sind sie wieder, die Fische. Ständig gehen sie dem Motti im Kopf herum.

»Das dort unten ist so etwas wie ein Delta. Drei Flüsse haben es geschaffen mit dem Sand und dem Geröll, das sie im Laufe der Zeit abgeladen haben auf ihrem Weg in den See. Da der Jordan – in der Mitte der Nahal Taliot und weiter unten Nahal Meshoshim. Früher, da konnten Sie sehen, wie das herunterrauschte, so viel Wasser. Heute sammeln sie oben auf den Golanhöhen das Flußwasser in Reservoirs und hier ist bloß ein Rinnsal. Die Meinungen sind geteilt. Die einen sagen, was wollt ihr denn, ihr holt euer Trinkwasser ohnehin aus dem See, die anderen sagen, Quatsch, wenn du weniger Wasser im See hast, dann muß sich die Güte des Kinneret-Wassers zum Schlechten verändern. Der See braucht den Zufluß, rechnen Sie mal die Verdunstungsrate im Sommer. Aber auf den Golanhöhen haben sie so viel Wasser, daß sie es verplempern, ohne nachzudenken.«

Der Ranger redet weiter, wir stolpern den Weg zurück zum Zaun. Der Mann auf dem Pferd steht noch da. »Shalom!« Der Sprechfunk im Jeep quäkt irgendeine Nachricht von weither. Die Teerstraße am See ist naß und glitschig. Der ausgefahrene Lehmpfad führt direkt an den See. Motti turnt an den dicken Steinen der Uferböschung hinauf und zeigt: So viele Meter ist der Spiegel des Sees schon gesunken. Man braucht keinen künstlichen Pegel, sieht es an der hellen Verfärbung der dunklen Steine. »Es ist schlimm, so tief lag er noch nie, seit wir vor 50 Jahren mit den regelmäßigen Messungen angefangen haben, wir sind jetzt bei 212,50 Meter unter Meereshöhe. Bis zum Beginn der Regensaison kann er die rote Marke erreicht haben: 213 Meter, dann müssen die Pumpen abgestellt werden.«

Der Geograph Yehuda Kermon: »Der See liegt 210 Meter unter dem Meeresspiegel, und diese Lage übt vor allem Einfluß auf das Klima aus. Der Sommer ist bedeutend heißer als in den übrigen Landesteilen, vor allem, da der kühlende Einfluß der Seebrise fehlt ... in den Sommermonaten steigt das tägliche Temperaturmaximum im Durchschnitt auf 37 bis 38 Grad Celsius, aber absolute Maxima können auch manchmal 45 Grad erreichen ... Die Niederschlagsmengen ... erreichen im Norden des Sees einen Jahresdurchschnitt von 475 Millimetern und im Süden von 375 Millimetern, die unterste Grenze für den Trockenfeldbau ... Die Verdunstung ist außerordentlich hoch ... ihre Rate wird auf 162 Zentimeter pro Jahr geschätzt.«

Das Wasser ist an einigen Stellen fast süß, an anderen stark salzig. Süßwasser bringen die Flüsse, der Jordan vor allem, Salz kommt aus warmen Quellen, die zum Teil unterhalb des Wasserspiegels austreten und »gefangenes« Meerwasser enthalten, übriggeblieben aus der Zeit, als das Mittelmeer bis in den Graben hinübergriff. In regenarmen Jahren kann der Salzgehalt bis zu 300 Millimeter Chlorid pro Liter erreichen.

Ein ständig verdunstendes, versalzenes Wasserbecken mußte zur Versorgung eines ganzen Staates dienstbar gemacht werden, eine gewiß nicht leichte Aufgabe. Man mußte salzhaltiges Grundwasser abpumpen und die salzhaltigen Quellen abdämmen, bevor man daran gehen konnte, das Kinneret-Wasser mittels starker Pumpen bis auf 147 Meter über dem Meeresspiegel zu heben und in die Landeswasserleitung zu speisen, die vom Kinneret bis weit nach Süden in den Negev reicht. Um die Kontrolle über seine Wasserreserven zu behalten, hat das Land 1959 sämtliche Wasservorräte des Landes zum Staatseigentum erklärt. »Stadtverwaltungen, Siedlungen, landwirtschaftliche und Industriebetriebe, selbst wenn sie eigene Wasserwerke unterhalten, benötigen die Bewilligung einer Wassernutzungsquote. Überschreitung der Quote wird mit hohen

Geldstrafen belegt.« In Dürrejahren können die Quoten herabgesetzt werden.

Wenn das Jahr also nicht genügend Regen bringt, steigt der Salzgehalt. Deshalb ist die Marke minus 213 Meter der rote Gefahrenpunkt, an dem die Pumpen abgestellt werden. Israels Wasserversorgung steht also im großen Zyklus zwischen Atmosphäre, Klima und Boden – hier wie an unendlich vielen Stellen auf unserem Planeten. Diese besondere ökologische Situation macht Süßwasserseen als Trinkwasserspeicher so überaus empfindlich gegen jeden Eingriff von außen. Hier beginnt die Leidensgeschichte des Harfen-Sees Kinneret.

»Laßt uns Fische vergiften im See«

»... und Simon antwortete und sprach zu ihm: Meister, wir haben die ganze Nacht gearbeitet und nichts gefangen; aber auf dein Wort will ich das Netz auswerfen. Und da sie das taten, fingen sie eine große Menge Fische, und ihre Netze begannen zu reißen.«

Der Evangelist Lukas hat sicher gewußt, was den Kinneret noch heute berühmt macht, seine Fruchtbarkeit, sein Fischreichtum. Jeder Tourist in Tiberias findet die Köstlichkeiten auf der Speisekarte. Das aber hatte ein plötzliches Ende.

Sonntag, 4. März 1990. Schauplatz: Amnun-Bucht. Tausend tote Fischleiber treiben auf den stillen Wassern. Der größte Giftskandal seit Menschengedenken. Die Nation geschockt, tief getroffen von diesem Verbrechen gegen den kostbaren See und seine Lebenswelt. Schockiert, wütend wie Motti.

Montag, 5. März. Amnun-Bucht. Eine Handvoll Fischer, gestikulierend, aufgeregt reden alle durcheinander. Motti hört zu, fragt kritisch, unwillig. Er kennt jeden Mann. Es ist nicht sein Job als Naturschützer, sich um kommerzielle Fischerei zu kümmern, aber die beiden Inspektoren des Landwirtschaftsministeriums, das die Fischerei überwacht, können nicht überall sein. Also hat der Ranger den Montagvormittag damit verbracht, vergiftete Fischleiber in Plastiksäcke zu füllen. Er brachte sie zu Dr. Yawetz, dem Toxikologen des Instituts für Naturschutzforschung an der Universität von Tel Aviv. Mit neuesten Methoden lassen sich dort mikroskopisch winzige Giftmengen in lebenden und gut präparierten Fischen nachweisen. Das Gift: ein Pestizid, das das Atemsystem der Fische blockiert. Sie ersticken langsam und qualvoll.

»Als ich die Wolke von Möwen über der Amnun-Bucht sah, wußte ich, da läuft etwas schief, die Möwen verhalten sich sonst nicht so. Dann sah ich die toten Fische. Die Möwen sterben nicht am Gift, aber ihre Eier werden unfruchtbar sein, und die Küken werden sich kaum normal entwickeln.«

Die Episode wird nachwirken. Die Amnun-Bucht ist eines jener Gebiete, wo der St.-Peters-Fisch im frühen Frühjahr seine Eier ablegt. Weibchen und Männchen schwimmen dann um die Gehege und wühlen das Wasser auf, um es mit Sauerstoff anzureichern. Was da angerichtet wurde, bemerkt keiner, denn niemand kann die Abertausende von toten Eiern auf dem Wasser sehen. Dr. Yawetz weist nach, daß sich das aufgenommene Gift im Hirn und in der Leber der Fische konzentriert, selten in den Muskeln, die gegessen werden. Doch das verabreichte Herbizid gehört zu den »kumulativen« Giften, winzige Mengen sammeln sich im Körper des Menschen an und können Schaden stiften.

Am Montag verhaftet die Polizei fünf Subjekte, die im Verdacht stehen. Drei wurden nach Insider-Informationen aufgegriffen, der vierte war gerade dabei, tote Fische am Ufer zu verbergen: sechs Tage Haft. »Das nützt alles nichts«, sagt Motti resigniert, »so lange man den Mann nicht dabei erwischt, wie er nachts das Pulver oder die Soße ins Wasser schüttet, kann er nicht wirklich bestraft werden. Beweise brauchen wir, Beweise!«

Der oder die Täter werden immer raffinierter. Sie wissen heute genau, welche Dosis sie geben müssen, damit die Fische zum Luftschnappen an die Oberfläche kommen. Sie bleiben am Leben, wenn sie gefangen und auf den Markt gebracht werden. Kein Käufer sieht, daß er vergifteten Fisch mit nach Hause nimmt.

»Gift also wegen der schnellen Mark?«

»Die 50 lizensierten Fischer am See sind ganz in Ordnung, sie versuchen zu überleben. Ein paar sind drogenabhängig, und die brauchen eben das schnelle Geld für den nächsten Schuß.«

Die Fischpopulationen gehen ohnehin zurück. Seit Jahren werden Jungfische im Kibbuz gezüchtet und ausgesetzt. Die meisten Restaurants und Geschäfte in Tiberias verkaufen den Teich-St.-Peters-Fisch; er ist billiger als die einheimische Wildform.

Avigdor Meir, der grauhaarige Kinneret-Mann, fischt hier seit 1949. »Auch wenn ich saubere Fische im Netz habe, wer würde die heute kaufen? Die Leute sind verängstigt.« Ein Kollege: »Die Fische sind wohl längst in die Dörfer von Galiläa gefahren worden, wo noch keiner was weiß.«

Ich lernte in den aufregenden Stunden den Ranger besser kennen, seine trostlose Hilflosigkeit angesichts eines Verbrechens, für das niemand Verständnis aufbringt: die sinnlose Zerstörung eines Lebensgefüges bis weit in die Zukunft, um des raschen Verdienstes willen. »Einkünfte, die jetzt erzielt werden können, sind mehr wert als zukünftige, die man lediglich erwarten kann. Dabei spielt es im Prinzip keine Rolle, ob dieser Satz von einem kleinen Fischer oder von einem großen Fischfang-Konzern beherzigt wird«, schreibt der Verhaltensforscher Jeremy Cherfas 1988.

Die Amnun-Bucht ist ein, wenn auch krasser, Fall mit bestimmten Tätern und einem bestimmten Pestizid. Das viel größere und eher ungelöste Problem besteht aber darin, daß überall in der Welt, besonders natürlich in den Industrienationen, Pestizide ins Grund- und Trinkwasser gelangen.

»Die Pestizid-Palette, die der moderne Chemo-Landwirt zur Auswahl vorfindet, ist bedrückend. Derzeit werden 1512 Mittel mit rund 280 verschiedenen Wirkstoffen angeboten. Fungizide gegen Pilze, Herbizide gegen unerwünschte

Kräuter, Rodentizide gegen Nager, Molluskizide gegen Schnecken, Akarizide gegen Spinnen und Milben, Nematizide gegen Gewürm, Insektizide gegen alles, was in der Kulturlandschaft des chemischen Ackerbaus sonst noch kreucht und fleucht«, berichtet ein Dossier der »Zeit« vom 15. September 1989. Die Gifte sind da, werden verkauft, bringen hohe Gewinne, werden – oft gedankenlos – in zu hohen Dosen angewendet. Was wir anrichten mit den chemischen »Geistern, die wir riefen«, wir sind nahezu ahnungslos.

In Deutschland sind bislang (1989) mehr als 40 verschiedene Pestizide ins Grund- beziehungsweise Trinkwasser gelangt. Es gibt noch zu wenige wissenschaftliche Untersuchungen, die präzise nachweisen, wie und wie schnell welche Stoffe ins Grundwasser gelangen. Noch gibt es keine gesicherten Analyseverfahren im Mikrogrammbereich für viele Pflanzenschutzmittel, ihre Wirkstoffe und ihre Abbauprodukte, die giftiger sein können als der Wirkstoff selbst. Immer noch ist kaum etwas bekannt über die Wirkung der Summe aller vom Menschen aufgenommenen Schadstoffe oder gar über deren gegenseitige Verstärkung.

Die Chemisierung der Landwirtschaft brachte mit sich eine Verteilung immer größerer Mengen von immer unterschiedlicheren Wirkstoffen in natürliche Kreisläufe. Ein drogenabhängiger Fischer tat, was am nächsten lag. Den Stoff, mit dem er tötete, erfanden andere, und sie preisen die Segnung der Chemie für die Ernährung einer wachsenden Menschheit. Noch einmal Jeremy Cherfas: »Einzelnen Menschen, ebenso wie großen Unternehmen, fällt es schwer, über die Zukunft auch nur nachzudenken, ganz zu schweigen davon, etwas für diese Zukunft zu tun. Das gilt besonders dann, wenn diese Vorsorge die gegenwärtigen Verdienstmöglichkeiten einschränkt.«

Schwarze Körner

● Reise-Tagebuch, 27. Februar 1990. Auf den Straßen nach Süden. Israel ist ein Freilichtmuseum. Ungezählte Stadien menschlicher Entwicklung, menschlicher Sozialisation und Kultur, Merkpunkte vermeintlichen oder wirklichen Fortschritts stellen sich neugieriger Besichtigung. Aha, kommt es dann, so also sind wir geworden, was wir heute sind! Dies und dies und dies hätten wir aber doch anders machen sollen, dann ginge es uns heute nicht so schlecht. Aber Geschichte hält eben kein »Hätten-wir-doch« bereit. Über simple Erkenntnisse stolpert der Beobachter in diesem Land von Mal zu Mal. Und zögert bald nicht mehr, in allem eine Deterministik zu erblicken; Vorbestimmtheit in der unaufhaltsamen Übervölkerung von heute zum Beispiel, in der Verelendung urbaner Zentren, im steilen Nord-Süd-Gefälle, in der leichtfertigen Freisetzung gentechnisch erzeugter Mikroorganismen und Kulturpflanzen etc. etc. Das Register bedrohlicher Schlagworte – jedes Gegenstand heftigster Kontroversen und politischer Frontwechsel –, ist es festgelegt, determiniert worden in einer Vorzeit, die sich uns nur noch in Schichten und Steinen verdeutlicht? In unseren Tagen ringen die Völker um Konzepte, wie dem Schwinden der Ressourcen zu begegnen sei. Wie lange gibt es noch unvergiftetes Süßwasser, unvergifteten fruchttragenden Boden, unvergiftete Nahrungsmittel, aber bitte für eine überbordende Menschheit, deren Völker sich hinter die Grenzen ihrer Territorien zurückziehen, anstatt gemeinsam zu handeln? Stattdessen werden Ressourcen, die Überlebensmittel des Menschen als Individuum wie als Art, vernichtet, wie die Regenwälder. Und es wird – wie stets in der Geschichte – um sie erbittert gekämpft, wie um das Öl am Persischen Golf.

Wie es einmal angefangen hat mit Ressourcen, ihrer Verfügbarkeit, ihrer Nutzung für wachsende Bevölkerungen – unser Freilichtmuseum hält für Neugierige einige sehenswerte Vitrinen bereit.

Eigentlich waren wir in En Gedi angemeldet. Von Jerusalem führt eine Teerstraße ans Tote Meer (ein Geschenk der

Amerikaner). Doch wer kann die gewundene Straße, auf der es immer abwärts geht, fahren, ohne Rast zu halten in Jericho? Und dort den freundlichen Alten begrüßen, der das Gatter zu den Ruinen des Tell es-Sultan bewacht und auf gut berlinerisch Auskunft gibt über den imposanten Steinhaufen.

Alle Ruinen sehen alt aus. Aber Jericho! Es hatte schon einige tausend Jahre gelebt, als des biblischen Josuas Kundschafter sich hier im Haus des Fräulein Rahab dicht an der Stadtmauer versteckten und diese das rote Seil ins Fenster knüpfte zum Zeichen, die Luft sei rein. So war eigentlich die Rahab schuld daran, daß Posaunen und Feldgeschrei die Mauern stürzen ließen.

Jericho gebietet Ehrfurcht. Mit minus 210 Metern ist es die tiefstgelegene Stadt der Welt und ihre älteste: 8000 vor Christus, das ist die früheste Jungsteinzeit. Hinter Jerichos Mauern wohnten Städter, als die urindische Kultur nicht einmal begonnen hatte. Und sie portraitierten ihre Verstorbenen bestürzend lebensecht in Form von gipsmodellierten Gesichtern mit Muschelaugen auf Totenschädeln. Daß die Stadt über die rätselhafte Zeitspanne von 10 000 Jahren ununterbrochen bewohnt war, verdankt sie – in unwirtlich trockenheißer Landschaft gelegen – dem sprudelnden Frischwasser der Elisabeth-Quelle, die noch immer eine blühende Oase aus Palmen und Orangen hervorbringt. Wasser also. Aber es war mehr, Entscheidendes. Die frühen Städter kannten die wilden Gräser mit den dicken Samenkörnern, die man sammeln und zu Mehl zerreiben konnte. Sie fingen und zähmten die wilden Schafe und Ziegen, und das nahe Tote Meer lieferte ihnen Rohstoffe für den Handel mit Naturalien: Salz, Asphalt, Schwefel.

Die späten Ausgräber fanden in Jerichos Ruinen nicht nur Werkzeuge, Portraits und Steine – auch die Zeugnisse frühester Bauernkultur: verkohlte, nahezu unkenntliche Körner des wilden Getreides, Ur-Gerste, Ur-Weizen, Emmer, Einkorn. Maria Hopf hat diese Zeugnisse gesammelt und in ihrem Mainzer Labor mit allen Mitteln der Technik geordnet und bestimmt.

● Reise-Tagebuch, 29. Juni 1978. Im Römischen Zentralmuseum sprechen wir über das Wie und Warum der »Domestikation«, dem Beginn der Landwirtschaft.

»Man kann endgültig noch nicht sagen, wie es dazu gekommen ist. Der Mensch war wohl soweit fortgeschritten, daß die Domestikation irgendwie ›in der Luft‹ lag. Außerdem: Eine Höherentwicklung mit Arbeitsteilung ist nicht zu denken ohne die sichere Ernährungsbasis mit Vorratshaltung. Mit der Jagd geht das nicht. Wie es ablief? In einem langen Prozeß vermutlich. Man hat ja die Pflanzen nicht gezüchtet, wie man das heute tut, man hat bewußt oder unbewußt die günstigsten Pflanzen ausgewählt. Es war Selektion. In allen Wildbeständen (es gibt sie ja heute noch, zum Beispiel im Wadi Mashash) finden sich Mutanten, die schon gewisse günstige Eigenschaften für die Domestikation mitbringen. Nach unseren Datierungen aus Jericho und Jarmo muß die Domestikation zwischen 8200 und 7900 vor Christus eingesetzt haben. Ziemlich einfach: Herausfallende Samen aus gesammelten Wildpflanzen keimen in der Umgebung der Wohn- und Dreschplätze. Da setzt die geistige Leistung ein, der Entschluß: Dann baue ich das eben an. Aber wo? Die Wohngebiete waren zertrampelt von Menschen und Vieh – also mußte ich Gärten anlegen, Felder mit einem Zaun drumherum, damit das Vieh nicht eindringt. – Na, und später mußten die Leute das Vermessen der Felder lernen, die Zeiten für Saat und Ernte. Es zwang zu einem geregelten Leben, zum Rechnen, zu Aufzeichnungen, aus denen viel später die Schrift wird.«

Der Molekularbiologe Hans Joachim Bogen schildert die Folgen dieses unglaublichen geistigen Schrittes:

»Der mit dem Anbau erzielte Fortschritt war ungeheuerlich. Brauchte ein Stamm von 25 Wildbeutern im Durchschnitt 650 Quadratkilometer bewachsenen Landes für seine Ernährung, so konnten Weizensammler schon mit 16 Quadratkilometern auskommen: Weizenbauern ernteten auf einem Hektar, gleich einem Hundertstel Quadratkilometer, genug Weizen, eine Familie damit zu ernähren. Umgekehrt gerechnet: Auf 650 Quadratkilometern Fläche wäre Nahrung genug für 65 000 Familien anstatt für einen einzigen Stamm - wenn es soviel bebaubare Fläche gegeben hätte. Auf jeden Fall nahm die Bevölkerung jetzt sehr schnell zu. Die Landnahme fand sehr schnell ihre natürliche Grenze, nicht aber die Bevölkerungszunahme.«

● Reise-Tagebuch, Köln, 25. Juni 1978. Im 7. Jahrtausend vor Christus ist die jungsteinzeitliche Revolution des Ackerbaus vollendet und verbreitet sich, als neuer Kulturkomplex, über die Alte Welt aus. Der Kölner Frühgeschichtler J. Lüning: »Der Weg verlief durch die Türkei in die Ägäis, von dort in den inneren Balkan, vom nördlichen Karpathenbecken über die Karpathen und Alpen nach Mitteleuropa, nach Mitteldeutschland, in das Rheingebiet und bis ins Pariser Becken. Großflächige Ausgrabungen auf der Aldenhovener Platte nicht weit von Köln belegten schon in den siebziger Jahren, daß sich dort um zirka 4800 vor Christus die ersten Bauern in Siedlungen niederließen: die Bandkeramiker. Die Landwirtschaft hatte die Welt erobert und begann, sie und den Menschen vom Grund her zu verändern.«

»Sie graben uns das Wasser ab!«

Überall da, wo Wasser selten und kostbar ist, wo es zum »limitierenden Faktor des Wachstums« wird, wie Ökologen das ausdrücken, besteht die akute Gefahr, daß diese Ressource harte Auseinandersetzungen initiiert zwischen Parteien, die unterschiedliche, einander widersprechende Interessen vertreten. Von einem Fall soll berichtet werden. Sein Schauplatz heißt En Gedi (»Quelle des Böckchens«).

Von Jericho führt nur eine Straße dorthin, und bald breitet sich linker Hand der grau-blaue Spiegel des »Asphaltmeers«, wie Josephus schrieb. Das Tote Meer, der eingedampfte Rest des alten Lissan-Meeres (s. Seite 218) ist heute 15 Kilometer breit (wie der geologische Graben) und zirka 80 Kilometer lang. Steilufer an beiden Seiten. Sein Wasserspiegel von 396 Metern unter NN fällt, und das macht den Wissenschaftlern Sorge. Grund: Bewässerung – wie könnte es anders sein? – durch den Jordan und seine Nebenflüsse, vor allem dem Yarmuk. Ihr Wasser erreicht das Tote Meer nicht wie früher. Man erwog schon, das Salzmeer über Tunnelleitungen aus dem Mittelmeer aufzufüllen, doch scheiterte das am Geld.

Zwischen Bergwänden und Küste ist es trocken und heiß – bis 40 Grad. Geringe Niederschläge (zirka 70 Millimeter im Jahr) über dem Judäischen Bergland fließen unterirdisch ab und treten an wenigen Stellen zutage, schufen grüne Oasen. Die größte ist En Gedi, die ihr Dasein der Davidsquelle mit Wasserfall und dem ganzjährig fließenden Nahal Arugot verdankt.

En Gedi zeigt auf kleinstem Raum die schicksalhafte Verknüpfung zwischen einem Rohstoff – Wasser – und den geistig-kulturellen Vorstellungen und Handlungen der Menschen im Laufe der Zeit. Hier haben unbekannte Priester vor 6000 Jahren einem rätselhaften Quellkult gedient in einer Tempelanlage, die noch gut erhalten ist.

Die Abhängigkeit der Hochkulturen vom Wasser beschäftigte schon 1959 den amerikanischen Historiker Rushton Coulborn: »Glücklicherweise kann man bei den meisten Kulturen eindeutig und schlüssig zeigen, daß zur Zeit ihrer Entstehung die Sorge um das Wasser ein grundsätzliches Anliegen der Religion war. Wasser war die wesentliche Voraussetzung für den Fortbestand des Volkes, und wir werden finden, daß es das Hauptziel der Religion in der ägyptischen, mesopotamischen, mittelamerikanischen und der Andenkultur, vermutlich in der indischen und chinesischen und möglicherweise auch der kretischen Kultur war, die Wasserversorgung sicherzustellen und im Denken der Menschen die angemessene und notwendige Verehrung für das Wasser zu wecken ... besonders auffallend ist die in jeder Religion sich spiegelnde Sorge über den Wassermangel.« Im Alten Testament tritt die Sorge um das Wasser an vielen Stellen auf.

Spätere Siedler in En Gedi ließen sich etwas einfallen, um mit Hilfe des Wassers Reichtümer zu ernten. Der

Schweizer Zoologe Andreas Suchantke 1988: »Die Quelle diente der Bewässerung der steil abfallenden Hänge, die kunstvoll terrassiert waren und dem Anbau von Balsam dienten - hochgeschätztem und hochbezahltem Gut des Altertums, bei allen Einbalsamierungen und Totenkulturen gebraucht; En Gedi war berühmt für diese Spezereien, aber von den Pflanzen, die sie lieferte, ist heute kein Spur mehr zu finden. Es sind auch, und das wirft ein Licht auf die tropische Natur dieser Oase, Gewächse des äußersten Südens Arabiens, des Jemen, des Reiches der Königin von Saba. Die königlichen Balsamgärten wurden vermutlich 640 vor Christus zur Zeit Josijas angelegt und bestanden bis in die Ära Roms.«

Die Oase als Inbegriff der Üppigkeit, das klingt aus den schönen Versen des Hohelieds Salomos 1,14: *»Mein Freund ist mir eine Traube von Zyperblumen in den Weingärten zu Engedi.«*

Zur Namensherkunft sei erwähnt der Anfang des 24. Kapitels vom Ersten Buch Samuel: *»Und David zog hinauf von dannen und barg sich auf den Berghöhen zu Engedi. Da nun Saul wiederkam von den Philistern, ward ihm gesagt: Siehe, David ist in der Wüste Engedi. Und Saul nahm dreitausend junge Mannschaft aus ganz Israel und zog hin, David samt seinen Männern zu suchen auf den Felsen der Gemsen.«* Das spielte sich um 1000 vor Christus ab, und die »Gemsen« waren Nubische Steinböcke, die noch heute den Touristen begeistern.

● Reise-Tagebuch, 27. Februar 1990. Auf halber Strecke das bescheidene Schild: »En Gedi«. Abfahrt, Auffahrt, Parkplatz, Busse, Restaurant, Andenken, bunte T-Shirts mit sinnreichen Sprüchen. Die Gruppe jugendlicher Wanderer beim Cola-Gespräch. Verschwitzte Europäer, baumelnde Kameras. Halt vor der Weiterreise, schnelles Sight-seeing, abhaken, ein paar Dias zum späteren Sich-Erinnern.

Der Ort hat, dank seiner strategischen Lage, eine lange militärische Geschichte. Die Helden Bar-Kochbars, im verzweifelten Endkampf gegen die überlegenen Römer, kamen aus En Gedi. In der »Briefhöhle« fand man die letzten Korrespondenzen. Und es war die Oase, die im Unabhängigkeitskrieg Israels als letzte Bastion des Feindes befreit wurde.

Das schmale Kernstück mit Quelle und Wasserfall wurde eingezäunt zum Naturreservat. Die Eintrittsgelder dienen unter anderem der Reinigung der Wege nach dem Abzug der Touristen, die recht viel Müll hinterlassen. Die kleine Ranger-Truppe ist ständig im Einsatz, um die Kostbarkeiten der Fauna und Flora vor dem Ansturm der Legionen zu bewahren. Zögernd erst, lebhafter dann, erzählt Yael Dolev von den Sorgen des Alltags und der Zukunft. Resigniert weist die Biologin auf die Schlucht, die das Wasser zum Meer gegraben hat. »Wir hatten eine schreckliche Sturzflut vor nicht langer Zeit. Alles hat sie hier zerstört, viele Bäume entwurzelt. Wir mußten die meisten Bergpfade neu in den Stein schlagen, Geländer bauen. Wenn hier mal starker Regen fällt, ist es schlimm. Aber irgendwie wird es weitergehen.«

Wir wandern bergauf durch den schmal gewordenen Dschungel der hohen Binsen, ein grüner Tunnel. Mystisch, an griechische Quellnymphen erinnernd, der runde See unter tiefhängenden Zweigen. Weiter oben an lichtbraunen Steilhängen, balancierend auf zierlichen Hufen, die Wappentiere der Naturschutzbehörde: Ibexe – die rundgehörnten Steinböcke *(Capra ibex nubica)*. Obwohl in der Wüste heimisch, brauchen die Nubischen Steinböcke eine sichere Wasserquelle. Und ausreichend Gras. Früher erstreckte sich der Lebensraum der graziösen Kletterer von den syrischen und arabischen Bergen bis in den Sudan und nach Eritrea. Heute ist Israel einer der wenigen Orte, wo der Ibex eine Überlebenschance hat. Neuerdings wird das Tier auch von Jordanien, Oman und Saudi-Arabien in Reservaten geschützt.

Ibex steht an oberster Stelle auf der Speisekarte des Leoparden *(Panthera pardus)*, um dessen Bestand Yael und ihre Kollegen in ernster Sorge sind. Mit viel Glück erspäht der Beobachter vielleicht den Felsenfuchs *(Vulpes cana), während die Kolonien der braunbepelzten Klippschliefer (Oreotra-*

gus capensis syriaca) sich längst an die ewigen Störungen durch den Menschen gewöhnt haben. In den Felsen brüten Tristram-Stare und Felsentauben. Botaniker und Pflanzenliebhaber finden ein reiches Feld für das Studium einer angepaßten Wüstenvegetation in dieser »ökologischen Nische«. En Gedi 1990, ein winziges behütetes Stück Natur zum Vorzeigen.

Eine Idee, die ihre Wurzeln in Europa hat – nicht im Nahen Osten. Die lebhaften Erinnerungen eines Zeitzeugen belegen das. Der Zoologe Professor Heinrich Mendelssohn war 1938 zum erstenmal nach En Gedi gekommen, zu Fuß, von Hebron. Vor ihm hatten nur alle zehn, zwanzig Jahre Forscher die Stelle besucht. »Das alles gehörte damals einem Beduinenstamm als Weideland. In En Gedi lebte ein einziger Araber, der wegen irgendwelcher Delikte aus dem Jemen hatte fliehen müssen. Der Mann hatte sich eine zweistöckige Bretterbude zusammengebaut und Wasserrinnen gelegt. Damit zog er Tomaten und Gurken. Zweimal die Woche wanderte er mit seinen beladenen Eseln hinauf nach Hebron und verkaufte die Ernte. Das war der Robinson von En Gedi.«

1953 siedelte sich im Tal des Arugot ein Kibbuz an. (Kibbuz, Mehrzahl Kibbuzim, eine nur in Israel praktizierte Art der Kollektivsiedlung auf freiwilliger Basis. Der erste wurde 1909 in Deganya am Kinneret-See errichtet. Heute liefern die 250 Kibbuzim 40 Prozent der gesamten landwirtschaftlichen Produktion. Zusammen mit Industriegütern liefern sie acht Prozent des Bruttonationalprodukts.) Ich erwähne das, weil ein landwirtschaftlicher Kibbuz sehr viel Wasser benötigt und deshalb in Konfrontation mit denen geraten kann, die auf dieselbe Quelle angewiesen sind. Dann gibt es Krach.

● Reise-Tagebuch, 13. März 1968. Dahin haben sich die Dinge entwickelt. Wir konnten das dokumentieren und drehten einen Film über Davidsquelle und Kibbuz. Wir trafen dort junge Leute aus europäischen Ländern, die fleißig und fachkundig mit den wassersparenden Techniken umgingen: »Kunststoffolien über Metallrahmen bedecken die Paprikakulturen. Das verdunstende Wasser läuft an der Innenseite der Folien wieder in den Boden zurück. Auch die großen Gewächshäuser bestehen aus diesem Material, es wird von innen mit Wasser besprüht.« Das ganze Jahr über blühten darin En Gedis berühmte langstielige Rosen für den Export nach Europa.

Zwei Jahrzehnte weiter, im Frühjahr 1990: Die wassersparenden Gewächshäuser können wir sehen – auf dem Schrotthaufen. Die israelische Landwirtschaft produziert zu teuer, ist auf dem europäischen Markt nicht konkurrenzfähig. Was lag näher als das Umschalten auf die blühende Tourismusindustrie? Inmitten luxuriöser Grünanlagen (mit *offener* Bewässerung!) errichtete der Kibbuz 18 einstöckige »rustikale« Appartementhäuser. Dazu gehören Krankenstation, Andenkenladen, Schwimmbad und andere wasserverzehrende Annehmlichkeiten – für gut zahlende Gäste, viele aus Deutschland, die von hier aus am gepflegten Badestrand des Toten Meeres heilkräftige Schwefelbäder gegen Rheumatismus und Hautleiden nehmen. Manche Krankenkassen übernehmen die Kosten.

Und die Folgen? Tourismus oder Natur? Oder beides, aber wie? Ohne Rücksicht, ohne Gespräche entnimmt der Kibbuz über Sonderleitungen einen hohen (allzu hohen?) Anteil der Quelle für seine Zwecke. Das Reservat hat mit dem zu leben, was übrigbleibt. So schrumpfte der Wasserfall zum besseren Rinnsal, die Vegetation zog sich auf einen schmalen Streifen zurück, die Ibexe suchen oft vergebens nach Gras. Yael Dolev: »Man müßte Grasflächen künstlich bewässern, sonst verschwindet der Ibex und mit ihm die letzten Leoparden. Bewässerung ist teuer, woher das Geld nehmen? Mit den Kibbuzleuten ist nicht zu reden.« Yael ist täglich konfrontiert mit diesem unüberbrückbar erscheinenden Widerspruch der Kräfte. Im Augenblick ist wirtschaftliches Kalkül stärker als der Schutz von Restnatur – obwohl auch sie Valuta bringt.

Vom bewegenden Schicksal der letzten freijagenden Leoparden erzählt Zeitzeuge Mendelssohn: »Nach dem Sechs-Tage-Krieg wurde das Gebiet israelisch. Die Leoparden stellte man sofort unter Schutz. Sie vermehrten sich, zusammen mit den Ibexen und Klippschliefern. Wenn die Leoparden-Weibchen ihre Jungen aufziehen, haben sie ihre Mühe mit der Jagd auf Klippschliefer und Steinböcke. Dann schleichen sie in den Kibbuz und fangen die dicken, fetten, herrenlosen Katzen. Gibt es massenhaft. Da geht eine Frau in ihren Garten, steht da eine Leopardin mit ihrer Katze im Fang. Ist mit einem Sprung draußen. Ein Riesenkrach im Kibbuz. Zwei Weibchen hatte man deshalb schon gefangen, nun fand man das dritte in der Falle. Vergiftet durch Strychnin, das man im Körper fand, oder gestorben in der Hitze der Falle? Nun fehlten der kleinen Population schon drei Weibchen. Das vierte riß voriges Jahr einen Steinbock an steiler Stelle, Räuber und Beute stürzten dabei ab, tot. Jetzt gibt es in der Population nur noch ein recht altes Weibchen, das hat zwei Junge aufgezogen, Männchen und Weibchen. Aber da ist noch ein Problem. Alte Männchen töten die Jungtiere. Da die Population sehr dicht ist, in En Gedi sind immer drei, vier Leoparden, weil die Jungen selbständig werden, weiter weggehen von der Mutter – werden sie von den Männern umgebracht. So geht es eben mit einer kleinen Population.«

In En Gedi begegnet uns wieder mal ein, wenn auch im höchsten Grade gefährdetes Ökosystem, das noch dazu am Rande einer Kulturlandschaft existieren muß. Was sich hier abspielt, hat der Nestor der deutschen Ökosystem-Forschung, Heinz Ellenberg, einmal auf diese Formel gebracht: »Zum Verständnis von Ökosystemen ist es wesentlich, Art und Ausmaß der Beziehungen zwischen den einzelnen Komponenten zu erkennen. Individuen benötigen Nahrung, Deckung und Geschlechtspartner. Sie ›müssen‹ sich fortpflanzen und ›dürfen‹ selbst nicht anderen zur Beute fallen. Konkurrenz um dieselben Ressourcen, Dominanz und Territorialität oder Nahrungserwerb und Beutemachen sind aber eigentlich keine Alternativen, sondern Ausdruck der wesentlichen Eigenschaft des Lebens: die eigenen Gene durch erfolgreiche Fortpflanzung in die nächste Generation einzubringen und sich dazu die nötigen

Hilfsquellen zu sichern. Das geschieht in jedem Fall auf Kosten anderer, nicht verwandter Individuen. Evolution in diesem Sinne kann aber erst wirksam werden, wenn Klima, Geologie, Relief und Boden, Arealgeschichte und menschliches Handeln es zulassen.« (1981)

Naturschutz »funktioniert« immer nur dann, wenn er in den Kriterien des Ökosystems denkt und handelt. Damit sind Diskrepanzen zwischen »Natur« und »Kultur« vorprogrammiert. In einem kleinen Land wie Israel ganz besonders.

Angst ums Gleichgewicht

● Reise-Tagebuch, 15. Dezember 1989. Der Lärm im Theatercafé zu Tel Aviv ist beachtlich. Man kann einander gerade noch verstehen. Doch mein Gesprächspartner hat es eilig. Uri Baidatz kämpft an vielen Ecken und Enden zugleich, seit er zum Chef der 1964 gegründeten »Nature Reserves Authority« ernannt wurde. Der Herr über alle Reservate trägt lindgrün, wie seine Ranger draußen. Einst diente Uri seinem Land als Soldat – selbstverständlich hier, wo das Gespenst der Kriege allgegenwärtig. Der Mann kann das Soldatische nicht leugnen, will es wohl nicht. Braucht Disziplin im Alltag der Dispute unter Vertretern von Interessen, die einander ausschließen. Lobbyisten aller Farben – Industrie und Siedlung, Touristen, Armee und Natur – alle brauchen und wollen ein Stück vom allzu kleinen Kuchen. Hier eine grüne Lobby durchzusetzen, die ihre Stimme erhebt für das Überleben wilder Blumen und Tiere, verlangt die Fähigkeiten eines Diplomaten und Strategen. Bisher hat Uri sein schwankendes Schiff noch einigermaßen durch die Klippen der Ansprüche hindurchsteuern können. Ein ermüdender Job, man sieht es ihm an. Ihn drückt der Alptraum, eines Tages kapitulieren zu müssen, weil andere die besseren Karten haben. Lebhaft wird der listige Pfeifenraucher, wenn er berichtet, was man schon erreichte, aus dem Nichts heraus. Es kann sich ja sehen lassen, sogar im Vergleich zu

Europa und Amerika: Sechs Millionen Dunam = 530 000 Hektar geschützter Flächen, über das Land verstreut. Ein paar große, wie Hermon und Karmel, und viele kleine und kleinste. Sie alle besetzt und bewacht von ausgebildeten Rangern, wie Tami, Motti und Yael.

»Aber auch da, wo wir keine Reservate eingerichtet haben, stehen Pflanzen und Tiere, die nach unserem Gesetz von 1964 streng geschützt sind und werden. Wir mischen uns überall ein, legal, wenn sie neue Industriekomplexe planen, neue Siedlungen.«

»Mit Gewalt?«

»Aber ja, wenn es nicht anders geht, stoppen wir auch die Bulldozer, das gibt den Regierenden doch zu denken. Wir sind dabei, ob sie Überlandleitungen verlegen oder Straßen bauen.«

»1964 – der Beginn einer ökologischen Ära?«

»Wir sind eben noch jung. Die langen Traditionen im Naturschutz, die gibt's doch in Europa, in den USA.«

»Sie haben manches erreicht!«

»Gut, schauen Sie auf die Luftaufnahmen, 1950 und heute. Auf den alten Bildern ist die Westbank noch kahl, da hatte man auch die Wälder abgeholzt und das Vieh reingejagt. Und heute, da sind die meisten Pflanzenarten wieder da. Wir mußten eben unser Gesetz in die Hand nehmen und retten, was zu retten war. In Mount Gilboa zum Beispiel gab es früher eine Blume, die nur in Israel existiert: Die Violette Schwertlilie *(Iris heynei)* – sie war verschwunden. Aus wenigen Überresten hat sie sich wieder erholt.«

Es ist einfach, denke ich, eine Tier- oder Pflanzenart verschwinden zu lassen, und so sehr schwer, sie zu bewahren. Niemand weiß, wie viele Arten von der Erde verschwunden sind: ausgelöscht, unwiederbringlich verloren.

»Ihr Vorgänger, der Abraham Joffe, hat doch schon mit dem Zurückholen einiger Tierarten, die die Bibel erwähnt, begonnen?«

»Ja, aber wir mußten sehr vorsichtig sein. Gewiß, man findet Namen in der Bibel, aber das reichte uns nicht. Wir haben die Arten identifiziert nach den Funden der Archäologen, nach Höhlenzeichnungen, nach den Berichten der Pilger aus den letzten 400 Jahren. Sie erzählen ja, was sie gesehen haben, die Juden, Christen, Moslems. Aus diesen Informationen bastelten wir uns ein Bild zurecht. Wir haben Angst, etwas falsch zu machen.«

»Und das noch im ständigen Kampf mit anderen Interessengruppen.«

»Das ist unser Alltag. Schutz der Natur, aber *auch* Entwicklung des Landes, der Landwirtschaft, der Industrie mit ihren riesigen Abwasserproblemen, mit Schmutz und Gift. Dann die große Armee, die wir halten müssen, bis endlich Friede wird, auch sie stellt ja Ansprüche, zum Beispiel im Negev. Ein ewiger Kampf, aber wir müssen ihn kämpfen; das Gesetz will es so. Irgendwie müssen wir versuchen, ein Gleichgewicht zu halten, so schwer das auch ist. Ich mache mir große Sorgen!«

Ich will ihm das gern glauben.

Vom Homo hesitatus

● Reise-Tagebuch, 12. Dezember 1989. Schärfer, vielleicht auch deutlicher sieht ein führender Wissenschaftler die Probleme seines Landes: Professor Lev Fishelson. Wir treffen uns in seinem Zoologischen Institut an der Universität von Tel Aviv. Auf meine Frage, was sich hier in den Jahren seit 1968 geändert habe, erhalte ich ein lebhaftes, fast zorniges Privatissimum zur Ökologie im allgemeinen und besonderen. Fishelsons Deutsch ist angelsächsisch eingefärbt und nicht immer zu verstehen. Doch was er sagt, ist bemerkenswert.

»Das ist die Naturphilosophie aus Deutschland. Man suchte in Israel den Zugang zur Umwelt des 19. Jahrhunderts in Deutschland, in Zentraleuropa. Das nenne ich Salon-Umweltschutz, so wie man Bier trinkt und über die Umwelt redet. Mein Zugang zu diesen Problemen hat sich schon in den sechziger Jahren geändert, meine Devise lautet: Man kann insulare kleine Gebiete nicht schützen. Kleine Flächen haben akute Probleme, Israel ist ein kleines Land. Einen großen tropischen Regenwald kann man schützen, so lange der saure Regen nicht kommt. Hier geht das nicht, da streite ich mit Mendelssohn. Er glaubt, wenn er ein Loch geschützt hat, schützt er eine Art. Wenn aber drekkiges Wasser hineinkommt, ist alles weg. Dann macht man besser ein Aquarium. Mendelssohn ist der klassische Vertreter des Berlinerischen, ein Beispiel für das, was heute viele Leute hier über Naturschutz denken. Aber: Naturschutz ist Menschenschutz, der Mensch ist ein Teil des Biosystems! Ich bin jetzt vier Jahre Direktor des Instituts für Naturschutz an der Universität. Als Forschungsproblem habe ich die Umgebung von Haifa und Akka gewählt, das am stärksten verschmutzte Gebiet überhaupt. Wir haben das als einen Gully bekommen aus den türkischen und englischen Zeiten – primitive Industrie vom Beginn des 20. Jahrhunderts. Durch den Druck der Einwanderung wurden da die Menschen hineingeworfen, aus den Zelten raus und hinein in die Siedlungen. Wir machen da Pestizide, Polymere, Organochloride, Stahl, Petrochemie, und dazwischen stekken die Leute. Das ist der Ort für eine neue Ökologie!

Vor zweieinhalb Jahren begannen wir da ein interdisziplinäres Programm, um ein Bild vom Zustand zu gewinnen. Damit füttern wir die Computer. Nach zehn Jahren kehren wir zurück, wenden dieselben Methoden an und können sagen: Das und das ist der Trend.

Ich habe dazu meine ›Environmental Health Programms‹ entwickelt. Wir wollen im ganzen Land so vorgehen, um Trends zu berechnen im Jahre 2000. Wir haben Tiere und Pflanzen auf Schwermetalle und Luftverschmutzung untersucht. Wir haben das Blut der Kibbuzleute untersucht, weil sie ihre Baumwollfelder mit Insektiziden besprühen. Mein Bericht an die Regierung schlug wie eine Bombe ein. Wir zeigten zum Beispiel die Ökologie der Braun-Ibisse. Wir entdeckten, daß der Ibis, ein Insektenfresser, Insekten aus verschmutztem Wasser frißt. In der Trockenzeit frißt er aber Pflanzen – eine schöne Anpassung an die

Urbanisation. Wenn der Ibis Junge bekommt, frißt er wieder Insekten. Das zeigt: Wenn man hier etwas schützen will, muß man erst die Umwelt freimachen.«

Ich hatte von einer dunklen Aktion gelesen, die den archäologischen Park von Timna betraf, und fragte Fishelson danach:

»Ein israelisches Unternehmen war schon bereit, mit einer deutschen Firma einen Vertrag zu machen. Aluminiumabfall aus Deutschland sollte in den Negev transportiert werden, 100 000 Tonnen im Jahr. Nicht weit von Eilat wollten sie eine Fabrik bauen für das Recycling des Aluminiums. Die Deutschen wollten 30 000 Tonnen Abfall wieder zurücknehmen, 70 000 sollten pro Jahr in Israel bleiben! Und das ausgerechnet in einer der wichtigsten, einmaligen archäologischen Stätten dieses Landes. Dann fand der Deutsche Botschafter Zeitungsausschnitte, las sie und rief sofort den deutschen Umweltminister an. Daraufhin wurde das Vorhaben dann gestoppt. Ein echtes Kriminalstück! Stellen Sie sich vor, wieviel Wasser man für den Prozeß gebraucht hätte, ausgerechnet im trockenen Negev.«

»Wie sehen Sie die Zukunft?«

»Die nächste Generation wird uns fragen, was habt ihr da getan? Es gibt junge Leute in den Kibbuzim, die sagen, ihr habt schon alles gemacht, was sollen wir denn tun? Es gibt eine Wolke, die man Kapital nennt, sie umkreist den Globus, und jeder sucht etwas, wo er Kapital hineinstecken kann. Es gibt einen Überschuß an Geld, auch für irgendwelche Institute zur Erforschung des sauren Regens, des zukünftigen Klimas. Aber alle Vorhersagen sind gefährlich. Die Modelle aus den sechziger Jahren waren alle falsch.

Wir werden jetzt unsere Forschungen in Ashdod aufnehmen. Das stammt nicht aus ottomanischen und englischen Zeiten – den Dreck haben wir gemacht. Wir wollen dort zeigen, was mit der Vegetation geschah. Und wie man den Menschen ins Ökosystem bringt. Wir haben da zum Beispiel viele kleine Parks. Seit Jahren predige ich, man muß große Parks machen und einzäunen und ihre Umgebung unter Schutz stellen.

Wissen Sie, wir leben leider in einer politischen Situation, die dem Menschen nicht traut. Aber ich bin Optimist, ich glaube an den Menschen. Der Mensch lernt. *Homo hesitatus,* der zögernde Mensch – das ist genau der Unterschied zwischen homo und Nicht-homo, dieses Zögern. Die Fähigkeit nämlich, nicht gleich Action zu machen, sondern zu sagen: Wart mal, ich brauche Zeit. Viele Politiker können nicht zögern, machen schlechte Politik. Politiker denken immer in sofortigen Ergebnissen. Man fragte mich vor zwei Jahren, ob ich hier eine Grüne Partei aufbauen wolle. Ich sagte: Nein, Sir, eine Grüne Partei wäre nicht gut für Isreals Umwelt, weil sie alles sofort mit den Augen der Parteipolitik sieht. Statt dessen sollten wir den Städter aktivieren. Ein Städter lebt nicht nur in einem demokratischen System, er selbst muß Demokrat sein, muß Anteil nehmen an seinem Leben. Es ist eine Pflicht, Städter zu sein!«

Fishelson kennzeichnet Barrieren, aber auch Brücken zwischen den verschiedenen Generationen dieses jungen Landes; er nimmt vehement Abschied von einer romantisierenden Naturidee, welche die Alten aus dem Europa des 19. Jahrhunderts hinüberretten wollten in das Verheißene Land. Sie konnte hier nicht gedeihen.

Die immer weiter sich verbreiternde Kluft zwischen den Ansprüchen des Kapitals, der Industrie und den Resten einer bewahrten Natur konnte auch Fishelson nicht schließen. Niemand scheint das heute zu können.

Doch es gibt Ansätze zu einer Versöhnung von Mensch und Umwelt, und ihre Wurzeln reichen weiter zurück als das 19. Jahrhundert. Davon will ich im Folgenden berichten.

»... und ging in der Wüste irre bei Beer-Seba«

● Reise-Tagebuch, 15. Februar 1968. Der Große Junikrieg ist noch in aller Munde. Taxifahrer berichten stolz, wie sie immer wieder Soldaten an die Fronten gefahren hatten, kostenlos natürlich. Verkohlte Lkw-Skelette und andere nun nutzlose Kriegsklamotten rosten am Wegrand still vor sich hin. Vergeblich drohend reckt das Flakgeschütz sein Rohr gen Himmel. Straßensperren mit hinterlistigen Eisenzacken auf dem Teer und nächtlich flackernden Ölfunzeln stoppen den Verkehr alle paar hundert Meter. Die wachhabenden Soldaten sehen aus, als schössen sie eher, denn nach dem Begehr zu fragen. Trügerischer Friede entlang der Landstraße, die, von En Gedi kommend, dem Toten Meer folgt, um dann abzubiegen in die Welt der kluftig-roten, pflanzenlosen Felsen des Midbar Jehud, der Judäischen Berge. Später, in die flache Steinebene gelagert, die imposante Festung Arad, wo Ruth Amiran aus Jerusalem frühe Kulturen ausgräbt und wiedererstehen läßt. Beduinenfrauen, scheu versteckt hinter dem Schleier und den weißen Leibern ihrer Ziegen. Hingekauert unter dem wehenden Sand die Gruppen faltiger Nomadenzelte mit ihren Hunden und Kindern. Wandernde Hirten ziehen dem Gras nach wie eh und je, von Zisterne zu Zisterne. Ihre Traditionen sind älter, vielleicht weiser als die aller Bauernkulturen.

Die schwarzen Plastikpolster im Wagen deckt man besser mit Handtüchern ab, so heiß sind sie. Gelbbraun-feiner Staub des fliegenden Löß überpudert alle Geräte. Wenn solcher Staub sich draußen setzt, macht er guten Boden. Dann auf die ehrwürdige Straße. Sie führt von Jerusalem über das alte Hebron in den Süden. Gegen Mittag die moderne, etwas seelenlose Universitäts- und Industriestadt Beer Sheva. Dahinter das Tal der biblischen Stadt gleichen Namens: legendenumwobener Hauptort des Negev, oft zitiert im Alten Testament: *»Abraham aber pflanzte Bäume zu Beer-Seba und predigte daselbst ...«*, notiert das Erste Buch Mose. Bäume sind heute im Negev nur eine Erinnerung.

Weiter Richtung Eilat, durch eine Landschaft, die mich gefangennimmt und auch später nie losgelassen hat. Jede Wüste dieser Erde besitzt ihre unverwechselbare Faszination, und es ist auch nicht verwunderlich, daß im Laufe der Geschichte immer wieder empfindsame Gemüter einsame Wüsten aufsuchten, um dort Erleuchtung zu finden bei ihrer Suche nach ewigen Wahrheiten.

Im Negev aber, der biblischen Wüste Zin, scheint auch unser Begriff von der Zeit keine Gültigkeit zu haben. Ist es nicht, als wanderten die Propheten und Patriarchen mit uns über den Schotter der Wadis? Und sitzt da nicht, trostlos weinend unter dem Busch, eine arme Hagar, die nicht mitansehen kann, wie Söhnchen Ismael verdurstet? Um Isaaks willen hatte Abraham seine Zweitfrau Hagar vertrieben und – *»da zog sie hin und ging in die Wüste irre bei Beer-Seba«*. Bis dann der Engel der Mutter endlich den Brunnen zeigte. Aus Sohn Ismael sollen später die »ismaelitischen Araber« geworden sein, die aramäisch schreibenden Nabatäer, die dem Negev ihren Stempel aufdrückten.

Der Negev, »der aride Süden Israels, umfaßt zwei Drittel der Fläche des Staates, aber nur 6,8 Prozent der Gesamtbevölkerung, und diese ist im wesentlichen im nördlichen Sektor konzentriert, so daß drei Viertel des Negev menschenleer sind. Im nördlichen Sektor erreicht der Durchschnitt der Niederschläge noch immer 150 bis 300 Millimeter, und dies ermöglicht nomadische Viehweide sowie etwas Ackerbau in regenreichen Jahren. Dazu kommt, daß weite Gebiete in diesem Sektor mit Löß bedeckt sind«, schreibt Yehuda Karmon.

Wir durchstreifen das Negev-Hochland, 450 bis 1000 Meter über dem Meeresspiegel, eine Reihe paralleler Höhenzüge und Täler, die von Nordost nach Südwest verlaufen. Die Wadis entwässern in das Mittelmeer oder das Tote Meer. Das Negev-Hochland ist eine warme bis temperierte Wüste mit kühlen Wintern und heißen Sommern. Die Winterregen können von Oktober bis April fallen – falls sie das tun. Sehr hoch ist die Verdunstungsrate. Nachts fällt oft ein wenig Tau.

Der Negev war »Terra incognita«, bis E. H. Palmer als erster Europäer im Auftrag des »Palestine Exploration Fund« den Sinai kartierte und auch den Negev besuchte. Er fand die Ruinenstadt Shivta und beschrieb Reste alter Wüstenlandschaft. Sein Bericht »The Desert of the Exodus« erschien 1871 in Cambridge und 1876 in Gotha. Palmer wurde 1882 von Beduinen im Sinai ermordet, wo die Engländer ihm später ein Denkmal setzten. Trotzdem wäre er wohl der Vergessenheit anheimgefallen, hätte nicht ein neugieriger Botaniker sein Buch zufällig in die Hände bekommen und begriffen, was es bedeuten konnte: Michael Evenari, Professor an der Hebräischen Universität von Jerusalem.

Verschollene Künste

● Reise-Tagebuch, 16. Februar 1968. Gegen Abend taucht rechter Hand die verlassene Bushaltestelle auf. Kein Ortsschild. Hinter flachen Gebäuden ragt der Berg hinauf in den Wüstenhimmel, und jedermann kennt seine Silhouette: Dort thront die uralte Bergfeste Avdat. Gegenüber die Wetterstation und eine Forschungsstelle. Das Geheul der Wachhunde hinter den Gittern hallt weit. Sie beruhigen sich, das Kamerateam plant wohl keinen Überfall, wie Beduinen von jenseits der Grenze. Der Negev ist gefährliches Territorium, denn auch die eigene Armee übt hier gern das Schießen.

Der Hausherr empfängt uns. Michael Evenari, 1904 als Walter Schwarz in Metz geboren, studierte in Frankfurt von 1923 bis 1926 Botanik, war Assistent in Prag und Darmstadt und wanderte 1933 nach Palästina aus, wo er den neuen Namen annahm. Ein analysierender Pflanzenkundler, ein Ökologe, bäuerlicher Organisator und ein witziger, lebhafter Berichterstatter. Schon lange beschäftigen ihn die erstaunlichen Anpassungsformen und -techniken der Wüstenpflanzen in dieser lebensunfreundlichen Umwelt. Die Gespräche drehen sich um evolutionäre Besonderheiten von Wüstensystemen. Evenari zitiert – zur Einstimmung – aus seinen Überlegungen zur Ökologie des Negev:

»Wüstengesellschaften sind ›Kleinunternehmer‹ mit wenig ›Artikeln‹, nach menschlicher Analogie kleine Kaufleute mit geringem Einkommen und bescheidener Lebensführung, im Gegensatz etwa zu den ›Warenhauskonzernen‹ tropischer Regenwälder mit einer Unzahl von ›Artikeln‹. Im ›Kleinunternehmen Wüste‹ ist die Primärproduktion notgedrungen gering; es gibt nur wenige Konstitutionen, das heißt Arten, die unter den harten und kargen Umweltbedingungen auf Dauer lebensfähig sind. Sie können keine Großformen (Bäume) mehr bilden und bleiben beschränkt auf wenige Arten, die wegen mangelnder Bodenfeuchtigkeit weit getrennt stehen.«

Und doch soll dieses »Kleinunternehmen« fähig sein, menschliche Landwirtschaft zu tragen, ohne daß da jemand den Wassersprinkler in Gang setzt? Es grenzt an Mirakel. Evenari aber förderte die verschollene Kunst zutage. Er erzählt, als habe es sich heute zugetragen.

»Eines Tages, im Frühjahr 1954, kam mein Doktorand Doc Koller und sagte, er müsse mit mir in den Negev fahren, um mir dort großartige Reste alter Wüstenlandwirtschaft zu zeigen. Im Jeep fuhren er, seine Frau Dizza, Liesel und ich ins Wadi Ramliyeh, das ist ein Trockental in nächster Nähe der Ruinenstadt Avdat. Ich sah die alten Terrassen, die mächtigen Steinmauern und Felder, die sich über das ganze Wadi erstreckten. Ich war wie verzaubert, wie ›verrückt‹ und beschloß an Ort und Stelle, ich müsse herausfinden, wie diese Landschaft einmal in einem Gebiet funktionieren konnte, das heute Wüste ist. Dann fand ich das Buch von Palmer. Zu uns stießen dann der Landwirtschaftsstudent Naftal Tadmor, genannt Kofisch, der Hydrologe Leslie Shanan und der Archäologe Jochanan Aharoni. Von 1954 bis 1958 verbrachten wir zumindest einige Tage im Monat im Negev zu, wo wir in Jeeps Dutzende landwirtschaftlicher Systeme mit Hilfe von Luftaufnahmen vermaßen und kartierten, bis wir zu verstehen glaubten, wie sie einmal funktionierten.«

Um zu begreifen, welche Revolution der Erkenntnisse sich da anbahnte, denken wir an den See Genezareth und die Landeswasserleitung von dort in den Süden (s. S. 234). Evenari erkannte sofort die Möglichkeit, daß man eine »alte« Landwirtschaft im Negev betreiben könnte, *ohne* die Plantagen künstlich zu bewässern. Ingenieure verfolgten sein Tun mit wenig Sympathie, ja Spott. In jenen Jahren hoffte alle Welt noch auf die »grünen Oasen« in den

Wüsten, gerade auch in der Sahara. Evenari warnte schon früh: »Die großen Bewässerungsprojekte führen oft zur Versalzung der Böden und Desertifikation (Ver-Wüstung) bei Überbewässerung mit brackischem oder gar salzigem Wasser. Dies hat sich schon in der Antike in Süd-Mesopotamien ereignet und passiert heute immer wieder im Irak, Industal und Pakistan.«

In diesen Gedankenkreis gehören auch die versalzten Böden im Delta des Nil, hervorgerufen durch das ehrgeizige und ökologisch zerstörerische Bauwerk des Assuan-Damms.

Die alten Ingenieure

Wer waren nun die geheimnisvollen alten Bauern, die es vermochten, ihre Wüste zum Blühen zu bringen, zum »Land, wo Milch und Honig fließen«, zu formen? Die »Nachkommen« der biblischen Frau Hagar hießen Nabatäer und brachten die Kunst aus ihrer Heimat Süd-Arabien mit.

Um 300 vor Christus (Appius Claudius läßt die erste Wasserleitung mit großem Aquädukt für Rom bauen) erscheinen die Nabatäer im Negev und gründen die Wüstenstädte, unter anderem Avdat, Shivta, Kurnub. Ihr Geld verdienen sie am Handel mit Weihrauch, Myrrhe, Parfümen, Seide und anderen Köstlichkeiten des Ostens. Das zauberhafte Petra war die Hauptstadt ihres Königreiches. In ihrer Blütezeit regierten Nabatäer das heutige Jordanien, den Norden Saudi-Arabiens, den Negev und den Sinai. Unter ihrem letzten König, Rebbel II., ging das Reich verloren: Kaiser Trajan gründete auf ihren Gebieten die römische Provinz »Arabia«. Doch die Römer und die ihnen nachfolgenden Byzantiner pflegten die Wüstenlandwirtschaft und brachten sie zur Perfektion. So blühte das Hochland des Negev fast tausend Jahre. Dann aber brachen die Araber herein, im Schicksalsjahr 638 nach Christus. Den Beduinen fehlte jeder Sinn für aufwendige Bewässerungen, sie wollten nur ihre Herden weiden, sonst nichts. Kampflos verließen die bäuerlichen Bewohner ihre Wüstenstädte. Es blieben Ruinen im Sand und die weitläufigen Systeme der Mauern und Terrassen.

Nach Jahren emsigen Forschens konnte Evenaris Team nachvollziehen, wie eine Nabatäer-Farm gearbeitet hat: ».. überall, doch ganz besonders in der Nähe der antiken Ruinenstadt Avdat, sahen wir Komplexe terrassierter Felder, ein jeder bestand aus fünf bis zwölf Terrassen und war umgeben mit einer Steinmauer. Das jeden Komplex umgebende Gelände war von parallel laufenden Furchen durchzogen, von denen jede in eine der Terrassen mündete. Sie stellten sich als Kanäle heraus. Wir hatten es mit Bewässerungssystemen zu tun, die aus je zwei Funktionseinheiten bestehen: dem von einer Mauer umgebenen Bezirk der terrassierten Felder zum Anbau landwirtschaftlicher Nutzpflanzen und dem viel größeren Wassereinzugsgebiet, dessen Sturzwasser durch die Kanäle auf die Felder geleitet wurde. Wir berechneten, daß jeder Hektar der eigentlichen Farm Sturzwasser von 20 bis 30 Hektar des Wassereinzugsgebiets erhielt.« Das Wasser der gelegentlichen Niederschläge konnte deshalb von den Hängen ab- und in die Felder laufen, weil der Lößboden schon bei den ersten Regentropfen eine zwei bis vier Millimeter dünne, nahezu wasserundurchlässige Kruste bildet.

Die frühen Wüstenbauern arbeiteten so erfolgreich, daß zum Beispiel Avdat den durchziehenden Karawanen frisches Obst teuer verkaufen konnte, wahrlich eine Delikatesse in der Wüste. Konnte und sollte man dergleichen im 20. Jahrhundert nachahmen, oder wäre das nichts als wissenschaftliche Marotte? Ein heißer Augusttag des Jahres 1956 bringt die Entscheidung. Während die Männer theoretisch diskutieren, sagt Lieselotte Evenari unwillig: »Archäologen rekonstruieren alte Städte, laßt uns doch eine alte Farm rekonstruieren!« Die Männer waren begeistert und setzten es ins Werk.

Und die Wüste trage Frucht

● Reise-Tagebuch, 4. September 1978 Zwei Jahrzehnte ist die Versuchsfarm des Evenari in Avdat nun alt. Weidegräser stehen dunkelgrün und hoch. Pistazien gedeihen. Wolfgang führt uns zur Zisterne am Berghang. Uralte Zeichen längst verblichener Herdenführer in weißen Kalk geritzt. Dunkelblau und spiegelstill das Wasser unter den Bögen im Fels. Stumm füllen schwerbewaffnete, finsterblickende Beduinenmänner ihre Schläuche. Wir filmen sie aus dem Schutz des Jeeps. Der Professor meint, auch Kameramänner sollten hier Vorsicht walten lassen, und zeigt die weiten Plantagen vor der hehren Kulisse der Burg. Allem Spott zum Trotz kann Evenari stichhaltige (relevante) Beweise vorlegen, daß das System der Nabatäer auch heute funktioniert, daß es anwendbar ist und rentabel:

»Wir pflanzten auf einigen Terrassen verschiedene Kulturrassen von Obstbäumen: Aprikosen, Äpfel, Mandeln, Kirschen, Pfirsiche, Pistazien, Wein, Noysenbeeren. Auf anderen pflanzten wir Feldfrüchte: Weizen, Gerste, Erbsen, Kichererbsen, Zwiebeln, Sonnenblumen, Färberdisteln, Spargel, Artischocken. Wir testeten viele verschiedene Weidepflanzen. Unter den in Israel gegebenen Bedingungen haben sich Mandeln (Durchschnittsernten 1,3 bis 2,3 Tonnen/Hektar) und Pistazien (1,3 bis 1,4 Tonnen/Hektar) als sowohl physiologisch optimal wie auch ökonomisch konkurrenzfähig erwiesen. Von den geprüften annuellen Weidepflanzen erwiesen sich in der Hauptsache Wilder Hafer *(Avena sterilis)*, Schneckenklee *(Medicago polymorpha)* und einblütige Wicke *(Vicia monantha)* als allen Ansprüchen genügend: Erträge 5 bis 5,5 Tonnen/Hektar.«

Gute, und für Entwicklungsländer interessante, Erfolge erzielte der Botaniker mit dem Anbau von Luzerne *(Medicago sativa)*, Glanzgras *(Phalaris tuberosa)* und Smilogras *(Oryzopsis miliacea)* mit Trockengewichten von 7,8, 5 bzw. 3,5 Tonnen/Hektar. – Die Nabatäer haben gelehrt, und wir haben von ihnen gelernt, »... daß es möglich ist, aride Gebiete mit 60 bis 300 Millimetern Winterregen und Löß-

oder lößähnlichen krustenbildenden Böden landwirtschaftlich produktiv zu machen, ohne Irrigationswasser von außen einzuführen und unter ausschließlicher Benutzung örtlichen Niederschlags. Das ist in zahlreichen ariden und semi-ariden Gebieten, in welchen die genannten Bedingungen gegeben sind, schon in ältesten Zeiten von Menschen praktiziert worden. Daß es auch heute noch möglich ist, haben praktische Versuche unter anderem in Afghanistan, Botswana, Australien, Südafrika bestätigt. Auf diese Weise kann man nicht nur landwirtschaftlich unproduktive Gebiete produktivieren und somit einen kleinen Beitrag zum Kampf gegen den Hunger liefern, man schließt auch eine bisher unbenutzte Wasserquelle auf, was für solche Gebiete von Wichtigkeit ist. Wir haben gelernt, daß die Sturzwasser-Landwirtschaft es ermöglicht, verschiedene Nutzpflanzen, je nach den ökonomisch sozialen Bedingungen des entsprechenden Landes, rentabel zu kultivieren. In Israel waren es Pistazien, Mandeln und Weidepflanzen. In anderen Ländern könnten es dazu Weizen, Gerste, Gemüse, Aprikosen, Oliven, Arzneipflanzen sein.«

Der Botaniker wird jedoch nicht müde, immer und ernst darauf hinzuweisen, daß der »heutige, ahistorisch und technologisch besessene« Mensch sich nicht ungestraft über das eherne Gesetz des Gleichgewichts in der Natur hinwegsetzen kann. Evenari mahnt zur Bescheidenheit, auch in der Entwicklungshilfe: »Wenn heute in semi-ariden Gebieten riesige Staudämme und gigantische Flußverlegungen oft schon nach kurzer Zeit katastrophale Umwelt- und Sozialschäden nach sich ziehen, so ist dieses nur die Wiederholung im Großen des Schicksals antiker Bauten im Kleinen. Demgegenüber haben sich bescheidene Systeme der Sturzwassernutzung überall bewährt – sie funktionieren unter anderem auch stabilisierend als Anti-Erosions-Maßnahmen, und sie sind für Entwicklungsländer verhältnismäßig einfach und billig.«

Wadi Mashash

● Reise-Tagebuch, 2. März 1990. Zum dritten Mal in Avdat und auf der Farm. Der große Botaniker ist tot, seine Ideen leben. Die Ökologen des Wüstenforschungsinstituts der Ben-Gurion-Universität in Sede Boqer, nicht weit von Avdat, arbeiten im Sinne Evenaris und sind ein wenig stolz auf das Vollbrachte. Die Plantagen unter der Burg werden weiter blühen, auch der Park, den man zu Ehren des Botanikers anlegte.

Wir fahren ein Stück weiter, besuchen den alten Weggefährten Aryeh Rogel. Er leitet die zweite große Versuchsfarm für Sturzwasser-Landwirtschaft im Wadi Mashash, das ist ein zwei Kilometer breites, zwischen zwei Hügeln eingebettetes Tal, 20 Kilometer südlich von Beer Sheva. Im September 1978 hatten wir Rogel schon einmal gesehen und im Wadi die schönen Bestände der Getreidevorfahren Emmer und Einkorn gefilmt, für eine Geschichte der landwirtschaftlichen Revolution im »Fruchtbaren Halbmond«. Wieder führt Aryeh uns gern herum, zwischen dickwolligen Schafen hindurch, die im grünen Gras »baden«.

»Was haben die letzten 20 Jahre gebracht?«

»Mit den raffinierten Methoden moderner Landwirtschaft können wir nicht konkurrieren, das ist klar.«

»Da ist viel mühsame Handarbeit, nicht?«

»Unsere Dämme bauen wir selbst, harte Arbeit, die Fluten, wenn sie kommen, aufzuhalten, reißen sonst alles weg.. Etwas können wir mit dem Traktor machen, aber das meiste ist Handarbeit, und man findet nur schwer Leute für den harten Job.«

»Was ist mit dem Boden?«

»Löß, mit Sand gemischt. Mineraldünger geben wir nicht, nur den Dung der Tiere.«

»Wie lange stehen die Bäume?«

»Neun Jahre, wir haben Oliven, Mandeln und eine Reihe Wein. Wir ernten drei bis fünf Kilo pro Mandelbaum, das macht 1,5 Tonnen pro Hektar. Oliven die Hälfte. Die

Früchte konservieren wir, aus den Oliven pressen wir Öl. Manches geht auf den Markt.«

»Anders als in Avdat versuchen Sie es hier auch mit Holz?«

»Da drüben sehen Sie unsere Abteilung ›Agroforestry‹ für die Dritte Welt. Wir testen Baumarten, die Brennholz liefern können. Zwischen ihnen lassen wir Futterpflanzen wachsen wie *Stipa capensis,* für die Schafe, aber die Bäume werfen viel Schatten.«

»Konkurrieren können Sie nicht, was möchten Sie erreichen?«

»Wir versuchen, unsere praktischen Kenntnisse an die Länder weiterzugeben, die ähnliche Niederschläge haben wie wir und ähnliche Böden, damit diese Länder ein bißchen mehr produzieren können als bisher.«

Arye sagt es bescheiden und ohne Aufhebens davon zu machen, daß Jahrzehnte notwendig waren, die uralten und doch so sinnreichen Wüstenmethoden wiederzubeleben. Aber man braucht eben Idealisten wie diesen Mann für eine solche Wirtschaft. Maschinen können ihn nicht ersetzen.

Anhang

Siedlungsgeschichte des Negev-Hochlands
(nach M.Evenari)

60 000–30 000 v. Chr./Mittleres Paläolithikum
besiedelt; Jäger, Pflanzensammler.
30 000–15 000 v. Chr./Oberes Paläolithikum
besiedelt; Jäger, Pflanzensammler.
15 000–8 000 v. Chr./Epipaläolithikum
besiedelt; Jäger, Pflanzensammler.
8 000–4 000 v. Chr./Neolithikum
besiedelt; Jäger, Pflanzensammler.
4 000–2 100 v. Chr.
nicht besiedelt.

2100–1900 v. Chr.
besiedelt, landwirtschaftliche Werkzeuge, aber keine Spuren von Farmen.
1900–1000 v. Chr.
nicht besiedelt.
1000–600 v. Chr.
dicht besiedelt; Zeit König Salomons und seiner Nachfolger, terrassierte Wadis.
600–300 v. Chr.
nicht besiedelt.
300 v. Chr.
Ankunft der Nabatäer, Hauptstadt Petra; befestigte Karawanenstützpunkte: Avdat, Shivta, Kurnub, Nitzana, Khalutza, Rukheibeh. Das Nabatäer-Reich umfaßt in seiner Blütezeit das heutige Jordanien, den Nordteil von Saudi-Arabien, den ganzen Negev und den Sinai. Sturzwasser-Landwirtschaft.
106 n. Chr.
Unter dem letzten Nabatäer-König Rebbel II. wird das Nabatäer-Reich römische Provinz (Ostrom, Byzanz); Hochblüte der Sturzwasser-Landwirtschaft.
637–641 n. Chr.
Die Araber erobern den Negev. Die Städte werden verlassen, die landwirtschaftliche Kultur zerfällt. Der Negev wird zum Weideplatz der Beduinen.

Lebensformen im trockenen Negev-Hochland

Die rotblühende Negev-Tulpe	*Tulipa polychroma*
Der Wüsten-Blaustern	*Ixiolirion tataricum*
Der Wüsten-Milchstern	*Ornithogalum trichophyllum*
Die Wüsten-Segge	*Carex pachystilis*
Der Salzbusch	*Atriplex halimus*
Der Wüsten-Ginster	*Retama raetam*
Die »Rose von Jericho«	*Anastatica hierochuntica*
Der Wüsten-Hammada	*Hammada scoparia*
Der Wüsten-Wermut	*Artemisia monosperma*
Das Jochblatt	*Zygophyllum dumosum*
Ein Nelkengewächs	*Pteranthus dichotomus*

Ein Korbblütler	*Gymnarrhena micrantha*
Eine Leguminose: Der Sizilische Hauhechel	*Ononis sicula*
Die Wüsten-Assel	*Hemilepistus reaumuri*
Die Wüsten-Schnecke	*Sphincterochila zonata*
Ameisen, samenfressende	*Messer arenarius, M. semirulus abenicus*
Ameisen, von Pflanzensäften lebend	*Tapinoma simrothi phoenicium*
Ameisen, von Tieren lebend	*Cataglypha albicans, C. bicolor nigra*
Ameisen, omnovore	*Monorium venestum*
Eidechsen	*Eremias guttulata, Agama stellio*
Riesen-Wüsten-Echse	*Uromastix aegyptias*
Wüsten-Sandratte	*Psammomys obesus*
Fetter Meriones	*Meriones crassus*
Gewöhnliche Springmaus	*Acomys cahirinus*
Felsen-Gerbil	*Gerbillus dasyurus*
Wüsten-Flughühner	*Pterocles alchata, P. coronata, P. senegallus*
Wüsten-Lerche	*Ammomanes deserti deserti*
Wüsten-Bürzelsteinschmätzer	*Oenanthe leucopyga*
Wüsten-Rebhuhn	*Alectoris chukar*
Wüsten-Rabe	*Corvus corvus ruficolis*
Raubwürger	*Lanius excubitor*
Rennvogel	*Cursorius cursor*
Triele	*Burhinus oedicnemus*

Größere Säuger

Nubischer Steinbock	*Capra ibex nubiana*
Gazelle	*Gazella dorcas*
Hyäne	*Hyaena striata*
Wüsten-Fuchs	*Vulpes rupeli*
Wildkatze	*Felis ocreata*
Karakal-Luchs	*Felis caracal*
Stachelschwein	*Hystrix indica*
Wüsten-Hase	*Lepus capensis, L. sinaica*

Lebensraum Salzwüste

Das Beispiel Iran

Mohite Zisst

Die Nabatäer hatten im alten Israel gezeigt, wie man Trokkengebiete sinnvoll, ganz im Einklang mit den empfindlichen Gegebenheiten der Umwelt, »handhaben« sollte. Es hat andere Völker im Nahen und Mittleren Osten gegeben, die zu ähnlichen Schlußfolgerungen schon in der frühen Geschichte gelangten. Es bieten sich reizvolle Vergleiche an, die uns Heutigen zu denken geben sollten, die wir uns vergeblich mit einem der Weltprobleme herumschlagen, der »Desertifikation«. Wenden wir uns also dem Iran zu, dem späten Nachfahren des einstigen Großreichs der Perser unter Xerxes.

● Reise-Tagebuch, 8. März 1977. Es ist unruhig auf den Straßen Teherans. Der höflich behandelte Ausländer versteht weder Sprache noch Schrift, aber er vermag Bilder zu lesen auf den Plakaten und manche Gesichter. Noch regiert hier, zur Freude der bunten Presse, der prunkende Schah im Märchenpalast, läßt sich und die kaiserliche Familie in der Morgenandacht anbeten jeden Tag, verteilt Todesstrafen an kleine Drogendealer. Und die schöne Farah läßt sich gern ablichten in der Wüste beim Streicheln des eben geborenen Kamels. Die persische Welt, westlich ausgerichtet, scheint in Ordnung zu sein, doch unter der Oberfläche aggressiver Hektik steckt schon der Wurm. Der Mann aus Paris ist im Anmarsch, und sehr bald wird der blutige Fundamentalismus des Khomenei eine Welt im Blut ertrinken lassen.

Im pompösen Hochhaus des Staatssenders NIRT läuft die charmante Redaktionsassistentin Shahin Rahimi mit ihren Freundinnen noch modisch-europäisch gekleidet umher, doch beim Besuch des bunten Bazars muß sie den Shador umlegen, sonst wird gepöbelt. Auf Knopfdruck bringt servil der Wärter das Tablett mit süßem Tchai, und der Wissenschaftsredakteur Hossein Seradj verbreitet sich über die Dringlichkeit, den Landsleuten einige Grundlagen des Ökosystems – persisch »Mohite Zisst« – via Fernsehen beizubringen. In jeder Dorfschulklasse steht ein Grundig-Apparat, und der Schah bedient sich des Fernsehens mit der

Lust aller Herrscher an der medialen Steuerung der Massen. Auf seinen Befehl ist die Umweltforschung im Lande erblüht. Dr. Harrington aus England zählt die Zugvögel über dem riesigen Salzsee Rezaiyeh, Frau Dr. Fatemeh Moghadam mikroskopiert die Algenpopulationen in Süßgewässern.

Der Zoologieprofessor Mohammad Balocch führt uns vor, wie der riesige Wüsten-Waran eine Wüsten-Springmaus verzehrt. Dr. Hossein Emadi weiß alles Wissenswerte über die Lebenszyklen der kaviarspendenden Störe im Kaspischen Meer. Wir schließen rasch Freundschaft mit dem sympathischen Wüstenökologen und Geographen Professor Parez Kardavani, der in Deutschland studiert hat und mit der Wüste »verheiratet« ist. Es ist ein Vergnügen, mit ihm im Jeep elegant durch die rutschigen Dünen zu kurven. Keine Ahnung, wie er es schafft, niemals steckenzubleiben im mahlenden Sand.

Die Kawir im Becken vom Qumm, im Süden Teherans, 2700 Quadratkilometer groß, ist eine trostlose, von Hügeln unterbrochene Fläche aus Sand und Ton. Ob Kawire (in Tunesien »Schotts«) die Reste ehemaliger Seen aus der Frühzeit sind, konnte bisher nicht geklärt werden. Auf Satellitenfotos erkennt man in der Mitte das strahlend weiße Rund des Daryatsche-ye-Namak, des großen Salzsees. Eine absolut lebensfeindliche, ja abiotische Salztonfläche, die sich in der feuchten Jahreszeit in einen lebensgefährlichen Salzsumpf verwandelt. Wer weiß, wie viele Tiere und Menschen in diesem Salzbrei für immer verschwanden? (Manche haben es vielleicht bei Karl May gelesen.)

Selten begegnet man einer stolzen, farbenfrohen, bimmelnden Karawane, die von der Teppichstadt Kashan kommt und unterwegs ist nach Seyahkuh oder Varamin. Alte persische Landkarten zeigen, daß in grauer Vorzeit Karawanenpfade am Großen Salzsee entlang durch die Kawir führten: Immer haben Menschen sich in dieser feindlichen Umwelt behaupten können.

Selbstbewußt führt Kardavani die Deutschen zur Karawanserei Maranjob, erbaut zur Zeit Schah Abbas vor 300

Jahren. Kardavani will die wuchtigen Bauten originalgetreu wieder erstehen lassen und eine Wüstenstation daraus machen, ein internationales Zentrum für Wüstenökologie. Was aus diesen kühnen Plänen wurde unter den Fundamentalisten, habe ich nicht erfahren können.

Nach mühseligen Gängen durch die Amtsstuben erlaubte man uns endlich, die aufregende Szenerie aus dem Flugzeug zu beobachten.

Qanats

Irans Bewässerungssystem der Wüste ist vielleicht das älteste der Welt. Während die Nabatäer das Sturzwasser von den Berghängen auffingen, gruben persische Arbeiter in Abertausenden von Jahren unterirdische Kanäle – die Qanats. Das System: Durch einen Schacht wurde der Grundwasserspiegel am Rand der Gebirge angebohrt und durch eine Kette von weiteren Schächten im Abstand von etwa 50 Metern weitergeführt, die unterirdisch in 100 Metern Tiefe durch Kanäle verbunden sind. Qanate können eine Länge von bis zu 60 Kilometern erreichen. Aus der Luft wirken die schnurgeraden Reihen der Schachtöffnungen wie eine Nähmaschinennaht. Weit vom Gebirge entfernt, erscheint das Wasser dann an der Oberfläche und wird durch schmale Kanäle zu den Feldern geleitet.

Man schätzt, daß noch heute 30 000 Qanate im Iran funktionieren. Sie müssen in regelmäßigen Abständen vom Schlamm befreit werden, der die Kanäle verstopfen würde. Wir beobachteten die schwere Arbeit an der urtümlichen Holzwinde. Am Seil läßt man einen Arbeiter durch das enge Schachtloch 60 bis 100 Meter hinunter in die schwarze Tiefe. Unten füllt er den Ledereimer, der dann hochgeholt und geleert wird. Der Mann ist immer in Gefahr, abzustürzen oder eingeschlossen zu werden. Niemand weiß, wieviel Tote die Qanats – die »Mörder«, wie man sie auch nennt, schon gekostet haben.

Es werden zwar heute auch neue Qanats gebaut, meist aber bohrt man Tiefbrunnen zur Wasserversorgung, die allerdings das Grundwasser an manchen Stellen absinken lassen und damit zum Austrocknen der Qanats geführt haben. Deshalb sieht man heute viele verlassene Dörfer in der Kawir, manche vergraben unter den wandernden Sanddünen. Auch an der Karawanserei Maranjob tritt ein Qanat zutage. Sein Wasser ist salzig. Wir sehen Massen kleiner, unbekannter Fische darin schwimmen. Die Süßwasserquelle liegt sechs Kilometer entfernt.

Nicht mit Gewalt!

Ohne Tchai kann Kardavani nicht existieren. Mitten im Sandtal packt er die Thermosflasche mit heißem Wasser aus und »brüht« sich eine Tasse auf. Und doziert: »Wüsten hat es immer gegeben und wird es immer geben. Wir können uns nur bemühen, den Prozeß zunehmender Verwüstung von Kulturland ein wenig aufzuhalten. Wüstengebiete sind überaus empfindliche Systeme. Man darf sie nicht zu stark bewässern, weil der Boden dann schnell versalzt. Man muß sehr vorsichtig sein mit einer Aufforstung, denn große Waldflächen verbrauchen viel Grundwasser. Besser ist es, die einheimischen Pflanzen zu schützen, daß sie wieder hochkommen – also die Beweidung zu kontrollieren. In Wüsten, in Trockengebieten überhaupt, gilt: Nie mit Gewalt die Situation ganz zu verändern suchen – nur vorsichtig die gegebenen Bedingungen verbessern!«

Kardavani hält viel vom Unterricht »on location« und nimmt seine Studenten mit auf die Exkursionen in die Wüste: Wüstenökologie an handfesten, anschaulichen Beispielen. Lebhaft erläutert der Mann (er wurde selbst in der Wüste geboren), wie die vorherrschenden Winde in der Trockenzeit die Sanddünen formen – immer wieder eine Gefahr für die Ortschaften. Eine scharfe Grenze zwischen Wüste und Nicht-Wüste sei schwer zu ziehen, denn wenn etwas Regen fällt (zirka 100 Millimeter Jahresmittel), dann wird der Sand fest und die Wüstenpflanzen blühen. Anfang Mai, im Frühling, wird das Gelb des Sandes zum herrlich bunten Flickenteppich.

Kardavani zeigt den Studenten (er gräbt mit den Händen, weil er die Schaufel vergaß), daß schon in 20 bis 30 Zentimetern Tiefe etwas Feuchtigkeit im Boden auftritt. Das reicht aus, um zum Beispiel das hochwüchsige Wüstengras *Stipagrostis pennata* am Leben zu erhalten. Dieses Gras, das nur widerwillig von Kamelen im Winter gefressen wird, weil es nichts anderes gibt, bildet ein sehr dichtes Wurzelsystem, mit dem es sich fest im Sand verankert, den Sand festhält und ein wenig organischen Humus produziert. Deshalb benutzt man das Gras gern zur Befestigung von Sanddünen rund um die Ortschaften.

Wüstenbotanik

Auf manche Besonderheiten des Ökosystems machte uns unser Berater in Deutschland aufmerksam, der Kasseler Pflanzenmorphologe Professor H. Freitag: »Diese iranischen Sandstandorte sind in der Regel wesentlich produktiver als normale ebene Standorte mit Ton- oder Lehmböden oder kiesigen Böden, weil im sandigen Substrat der geringe Niederschlag eindringt. Fast nichts fließt oberflächig ab, der Niederschlag wird im Boden gespeichert. Die erstaunlich günstigen Voraussetzungen erlauben, daß in den einigermaßen intakten Gegenden 30 bis 40 Prozent des Bodens mit Pflanzen bedeckt sind. Unsere Vorstellung, es handele sich hier um nackte Flächen, wurde geprägt durch die Bilder der Überweidung und extremer Nutzung.«

Die Gruppe wandert durch den Sand. Kardavani hält an, versammelt seine Hörer um ein botanisches Exemplar, das für dieses Ökosystem typisch ist oder besondere Formen der Anpassung zeigt. Die Studenten können im wahrsten Sinne begreifen, was sie vor sich haben.

Da steht der Hochstrauch Saxaul aus der Gattung *Haloxylon,* beinahe ein Baum. Mit seinen schuppenförmigen winzigen Blättern bildet er ein Zentrum des Kleintierlebens. Im schattigen Fallaub wohnen Insekten, bauen Nager sich ihre Nester. Für Aufforstungen geeignet ist der ringförmige Kameldorn *Artiplex*. Auf gestörten Standorten wie Straßenrändern gedeiht ein Dornstrauch, der Korbblütler *Launaea acanthodes* – nichts zum Abweiden, die abgestorbenen Pflanzenteile fallen ab und wehen fort. Mit extrem wenig Wasser und hohen Salzkonzentrationen im Boden können die vielseitigen Meldengewächse leben, die sogar zum Höhepunkt der Trockenzeit noch gedeihen. Nur am Vormittag blüht hübsch weiß *Convolvulus eremophilus*, eine Winde. Hervorragend angepaßt an diese Lebensbedingungen, schon dadurch, daß die kleinen, hinfälligen Blätter leicht abgeworfen werden. Die dicht graubehaarten und so vor Verdunstung geschützten reichverzweigten Astsysteme übernehmen die Funktion der Fotosynthese. Eines der überaus wichtigen Futtergräser für Schafe ebenso wie für Gazellen und Wildesel ist das kleinwüchsige Wüstengras *Stipagrostis plumosa*. Wie eine Pusteblume schickt es seine gefiederten Samen fort mit dem Wind.

Der buschige Meerträubel *Ephedra strobilacea*, ein Strauch mit rutenförmigen Ästen und kleinen Blättern, ist mit den Nadelbäumen verwandt und in fast allen Wüstengebieten der Erde mit Arten von ähnlichem Aussehen verbreitet. Viele Arten enthalten größere Mengen von Alkaloiden, die auf Mensch und Tier als Gifte wirken, in geringen Konzentrationen aber Heilzwecken dienen und rauschhafte Zustände verursachen können. Zu den wichtigsten Bestandsbildern der iranischen Wüstenvegetation gehört *Zygophyllum*. Der Strauch hat keinen brauchbaren deutschen Namen. Leider ist er durch eine jahrtausendealte Nutzung als Brennholz und als Rohstoff für die Gewinnung von Holzkohle sehr selten geworden. Kardavani führt die Art *Zygophyllum eurypterum* vor und geht dann mit seinem Studentenpulk so nah an den Rand des Großen Salzsees, wie es der gefährliche Boden noch zuläßt. Kardavani gräbt ein Loch – unten ist die Erde feucht. Zwischen dem Sand und dem darunter liegenden Ton sehen wir die grauweiße

Schicht der Gipsablagerungen. Diese Gegend wirkt womöglich noch toter als die Dünenlandschaft. Aber auch hier halten Pflanzen aus, wie der Busch mit dem Namen *Seidlitzia rosmarinus*. Um ihn her eine kleine Sandanhäufung, so daß der Busch auf einer Miniaturdüne zu sitzen scheint. Er hat sich seine Düne selbst geschaffen im Wind. *Seidlitzia* ist ein Phänomen in der Anpassung an höchste Salzkonzentrationen.

Auf Anordnung des Schahs bemühte Iran sich damals um ein Verständnis der Wüstenökologie und um Maßnahmen zur »Entwüstung« weiter Bereiche. So wurde ein Gebiet von 600 000 Hektar inmitten der Kawir zum Nationalpark erklärt als Beispiel eines »A-1-Habitats von Wüsten und Gebirgen« und eines »B-1-Habitats von Ebenen mit Halbwüstencharakter«. Das Kawir-Schutzgebiet ist das größte von zehn Wüstenreservaten in Iran. Teile der Wanderdünen wurden befestigt. Acht Jahre Weideverbot genügten, um Arten wie *Haloxylon ammodendron* und *Stipagrostis plumosa* wieder erscheinen zu lassen. Es entstanden Landschaften von Trockensavannen. Wir konnten vom Jeep aus die beiden einheimischen Gazellenarten beobachten: *Gazelle dorcas* und *Gazelle subgutterosa*. Sie werden von Geparden gejagt. Hier gab es fünf Arten des Igels sowie Schlangen, Käfer und den Wüsten-Waran *Varanus griseus caspius*, der die zahlreichen Wüsten-Mäuse dezimierte (u. a. *Jaculus jaculus, Meriones persicus, Allactaga elater*).

Im dichtbevölkerten Iran wurden und werden alle Landschaften, die dies irgendwie zulassen, vom Menschen genutzt. Neben dem weißen Kashan-Esel, einer besonders schönen Züchtung aus dem hier noch heimischen Wildesel, begegneten wir großen Herden weißer Schafe und schwarzer Ziegen, die unter Aufsicht junger Hirten die spärlichen Halme rupften. Die anspruchslosen Ziegen werden zwar in den »Man-made-deserts« der Welt als Landschaftszerstörer verflucht, hier aber sind sie die einzige Quelle für Milch und Fleisch für eine weitverstreute Landbevölkerung.

Zum Schluß seiner Lehrveranstaltung führt Kardavani die Gruppe zu einer Form des Ackerbaus, die ohne zusätzliche Bewässerung funktioniert (damit also an unsere alten Nabatäer erinnert), sich hier jedoch des relativ hochstehenden Grundwassers bedient – für den Anbau von Melonen mitten in der Wüste! Männer graben tiefe Löcher in den Sand, legen Melonensamen hinein und decken sie zu, aber nicht ganz. Nun läßt man die junge Pflanze wachsen. Je höher sie kommt, desto mehr Sand wird nachgefüllt. So zwingt man die Pflanze, etwa 50 Zentimeter hoch zu wachsen, bevor sie an der Oberfläche erscheint. Ihre Wurzeln reichen dann aber bis ins Grundwasser hinab. Eine genial einfache Idee. Sie funktioniert, wir haben es gesehen.

Es scheint, als ob der Mangel an einem »limitierenden Faktor«, nämlich der Ressource »Wasser«, die Menschen dazu zwingt, ihre Köpfe anzustrengen, sich etwas einfallen zu lassen, was nicht nur ihnen, sondern auch den Enkeln dient. So betrachtet, scheint mir, könnten, sollten wir von den alten Völkern lernen, »alternativ« zu denken. Unsere Böden zum Beispiel bekommen zwar viel mehr Wasser als die in der Wüste, aber sie sind hochgradig vergiftet und drohen zu veröden. Doch wir brauchen fruchttragende Böden so dringend wie die Bauern im Nahen und Mittleren Osten.

»Nie mit Gewalt die Situation ganz zu verändern suchen – nur vorsichtig die gegebenen Bedingungen verbessern«, hatte Kardavani gepredigt. Ein paar Leute in Westafrika hätten den Satz beherzigen sollen, dann wären ihnen manche schwerwiegenden und teuren Fehler nicht unterlaufen. Was sich dort abspielte, haben wir gesehen.

Wie aber, wenn andere, höhere Mächte Veränderungen erzwingen?

Alle Ökosysteme unserer Erde sind den Kräften des Weltklimas unterworfen. Ihnen müssen wir deshalb zum Schluß noch einige Überlegungen widmen.

Weltklima

»Die moderne Naturwissenschaft weiß unglaublich viel, aber über viele wichtige Dinge wissen wir unglaublich wenig... Ich meine, man muß sich damit abfinden, daß es Dinge gibt, Kräfte, Mächte, die wenigstens innerhalb unseres Daseins weit über unser Wissen hinausgehen. Der Weltuntergang kann in der nächsten Sekunde kommen oder in tausend Jahren. Niemand weiß es.«

Karl Popper, Philosoph

Neo-Atlantis

»Hast du es verfolgt, gestern?«

»Wieso, es ist soviel los überall...«

»Das mit den Malediven.«

»Die auch?«

»Großer Festakt. Ein Haufen trauriger Reden, von wegen Schicksal...«

»Ganz weg?«

»Fast, ein paar Dünenkuppen noch.«

»Gestern hat die UNO die Malediven endgültig aus der Liste ihrer Mitglieder gestrichen.«

»Komisch, mein Opa, weiß ich noch, der ist da so gern hingeflogen, zum Tauchen...

»Jetzt kann er zur alten Bar runtertauchen und da sein Bier trinken.«

»Furchtbar witzig. Die armen Leute. Den Staat verlassen, weil es ihn nicht mehr gibt. Futsch.«

Bemerkungen beim Morgenkaffee. Irgendwann im Jahre 2050. Die Malediven und weite flache Küstenebenen, Marschen, Mündungen, Inseln, die man in den Neunzigern kannte, sind unter dem steigenden Meeresspiegel verschwunden. Die Menschheit rückt zusammen. Es wird eng auf der Erde. Ein Szenario. Eine vorstellbare Möglichkeit. Eine von vielen Hochrechnungen nach den Daten und Modellen, die heute zur Verfügung stehen. Das Weiterdenken eines Prozesses, der sich dem Beobachter heute ankündigt, denn daß der Meeresspiegel ansteigt, ist meßbar. Um wieviel und wann, ist – noch – eine Sache der Interpretation.

Ursache und Wirkung sind einleuchtend und verständlich: Die Durchschnittstemperaturen auf der Erde steigen. Das steht fest. Jeder Körper dehnt sich beim Erwärmen aus; die Landmassen nur wenig, die Ozeane um so mehr. Also muß sich der Wasserspiegel heben. Der Frankfurter Klimatologe Christian-Dietrich Schönwiese hat die wissenschaftlich fundierten Abschätzungen der letzten Jahre zusammengefaßt und gibt, 1987, diese Prognosen:

- »Bis zum Jahr 2030 wird sich die Temperatur der bodennahen irdischen Lufthülle durch die Zunahme an CO_2 und anderen Spurengasen um einen Betrag zwischen 1,5 und 4,5 Grad Celsius erhöhen.
- Demgemäß wird weltweit der Meeresspiegel durchschnittlich um vermutlich 0,2 bis 1,4 Meter ansteigen.
- Für das Jahr 2100 wird die Spanne zwischen dem oberen und dem unteren Schätzwert noch größer: 0,6 bis 3,5 Meter Meeresspiegel-Anstieg.«

Für die kommende Generation bedeutet die Vorhersage also, daß der Meeresspiegel weltweit »nur« 20 Zentimeter bis maximal 1,40 Meter höher liegt als heute. Von einer drohenden Sintflut ist nicht die Rede. Doch das Gespräch über die Malediven ist nicht soweit hergeholt. Professor Schönwiese nennt die ökologischen beziehungsweise sozioökonomischen Folgen eines Anstiegs:

- »Die Küstenbereiche sind in Gefahr, überflutet zu werden – zum einen in Form eines allmählichen Anstiegs, zum anderen durch die eher kurzfristige Gefahr von möglicherweise häufiger auftretenen Sturmfluten.
- Das salzige Meerwasser dringt ein beträchtliches Stück weit landeinwärts vor, insbesondere im Bereich der großen Flußdeltas, und macht dort den Anbau von Nutzpflanzen unmöglich.
- Im Bereich von relativ flachen und sandigen Küsten wird die Erosion, der Abtrag von Festland, deutlich verstärkt.«

Wir Deutschen, sagt Professor Schönwiese, hätten vielleicht den Verlust einiger Urlaubsgebiete auf den Inseln Nord- und Ostfrieslands zu beklagen. In Bangladesh hingegen würde einem Viertel der Bevölkerung durch Überschwemmung und Versalzung die Nahrungsgrundlage entzogen. Die ebenfalls gefährdeten, aber wohlhabenden Niederlande geben schon heute einen bedeutenden Teil ihres Bruttosozialprodukts für Deichbaumaßnahmen aus.

Prognosen wie die von Professor Schönwiese haben heute einen hohen Grad von Wahrscheinlichkeit. Doch es ist noch nicht allzu lange her, da stritten die Wissenschaftler ernsthaft um die Frage: Wird es nun wärmer auf der Erde – oder kälter?

Die nächste Eiszeit kommt bestimmt

So lautete der Titel einer Untersuchung, die wir im Sommer 1967 begannen, weil das Klima ins Gerede gekommen war. Viele Wissenschaftler sahen in der Spanne zwischen 1942 und 1953 eine besonders warme Periode und stellten fest, daß es danach wieder kühler geworden sei. Der Hannoveraner Professor H. J. Martini vertrat 1967 die Ansicht, eine neue Eiszeit könne nach geowissenschaftlichen Prognosen in etwa 5000 Jahren beginnen und werde sich durch Klimaverschlechterungen schon lange vorher ankündigen. Dem widersprach heftig der russische Klimatologe M. I. Budyko und meinte, das Eis werde sich weiter zurückziehen mit all seinen Wirkungen auf das Erdklima; für den Rückgang der Temperatur und der Sonneneinstrahlung sei die zunehmende Luftverschmutzung verantwortlich zu machen – zum anderen aber wandele sich alle vom Menschen benutzte Energie in Wärme um und sei somit eine zusätzliche Wärmequelle.

Die Erwärmungsprognostiker bekamen bald die Überhand, und die Ansicht setzte sich durch, »daß in den kommenden Jahrzehnten der Kohlendioxidgehalt der Luft sich vervielfachen wird, hervorgerufen durch stärkeren Ausstoß von Verbrennungsrückständen. Eine Art Kohlendioxidglocke soll dann um die Erde entstehen. Da dieses Gas Wärmestrahlen absorbiert, entsteht ein Treibhauseffekt. Das Erdklima erwärmt sich. Die Erwärmung würde ausreichen, das Eis der Pole abzutauen. Geschmolzenes Eis würde den Meeresspiegel um 50 bis 100 Meter ansteigen und die meisten Häfen der Welt versinken lassen«.

Bis auf den zu hoch berechneten Anstieg des Meeresspiegels (so schnell tauen die Pole nicht ab) sollten die Erwärmungsleute von 1967 Recht behalten. Wenn heute viele Medienleute von »Klimakollaps« und von »Die Erde schlägt zurück« reden, dann treten sie einen ziemlich alten Hut breit.

Parallel zu solchen Überlegungen setzten damals schon Versuche ein, örtliche Klimata im Sinne des Menschen zu manipulieren. So planten sowjetische Wissenschaftler den Bau eines 80 Kilometer langen Damms, der die Beringstraße zwischen Rußland und Alaska abriegeln sollte. Man wollte kaltes Wasser aus dem Nordpolarmeer abpumpen, so daß warmes Golfstrom-Wasser in den arktischen Ozean nachströmen könnte. So wollten sie das Eis des Nordpolarmeers auftauen. Wärmeres Klima würde den Dauerfrostboden so weit aufheizen, daß in Südkanada subtropische Früchte gedeihen. Dagegen opponierte der kanadische Wissenschaftler Maxwell Dunbar: Die Erwärmung des Nordpolarmeers würde dicke Nebelschwaden hervorrufen und im Winter die Schneeablagerung auf Grönland und im kanadischen Norden noch verstärken. Erst das fertige Projekt könne zeigen, wer Recht hat, aber dann sei es zu spät.

Der Bonner Klimatologe H. Flohn meldete sich zu Wort mit der Mahnung, intensives Studium der unkontrollierten Eingriffe des Menschen seien überaus dringend. Das gelte vor allem im Interesse der nächsten Generationen, die auf dieser Erde, unter diesen klimatischen Umständen, leben müssen, während Mond, Mars und Venus für immer unbewohnbare trostlose Einöden bleiben werden.

Amerikanische Wissenschaftler entwarfen derweil ein düsteres Zukunftsbild einer Erde, die, von Staub- und Rauchschwaden eingehüllt, jede Zivilisation langsam zugrunde gehen läßt, erstickt an ihren eigenen Abfällen.

Recht naiv glaubten wir 1967, so etwas wie Pioniere in Sachen Klima zu sein. In Wahrheit waren wir spät dran. Schon Ende des 19. Jahrhunderts hatte der Schwede Svante Arrhenius (1859–1927) berechnet, wie Änderungen im Kohlendioxidgehalt der Luft die Temperatur an der Erdoberfläche beeinflussen würden. Er schätzte, eine Verdoppelung werde eine globale Erwärmung um etwa vier bis sechs Grad bewirken – und lag damit recht nahe an heutigen Berechnungen. Doch es dauerte bis zum Internationalen Geophysikalischen Jahr von 1957, daß man in einem weltumspannenden Experiment Klima- und Umweltdaten aufzeichnete und so zum erstenmal über exakte Meßwerte verfügte. Sie bestätigten die vermutete Zunahme des Kohlendioxids in der Atmospähre.

Im Auftrag Roger Revelles von der Scripps-Institution für Ozeanographie in La Jolla, Kalifornien, begann Keeling 1958, im Klimaobservatorium auf dem Mauna Loa, Hawaii, systematisch den Kohlendioxidgehalt aufzuzeichnen. Er beobachtete einen systematischen Anstieg seit 1880. (Bis 1989 um mehr als 20 Prozent.)

Man hat damals sogar schon versucht, die Atmosphäre auf Computern zu simulieren. Der Mathematiker John von Neumann (1903–1957) am Institute for Advanced Study in Princeton, New Jersey, ist der Pionier. 1956 unternahm Norman Philipps den ersten Versuch, die gesamte globale Atmosphäre zu modellieren. Doch alle Voraussagen aufgrund von Modellen blieben umstritten. Daß die Konzentration von »Treibhausgasen«, wie Kohlendioxid, zunahm, daran bestand schon damals kaum noch Zweifel. Nur – was würde dies bewirken?

Pendel im Kosmos

Uns wurde allmählich klar, daß man nicht vom Klima reden kann, ohne die Kräfte zu sortieren, die da auf uns einwirken: die kosmischen und die »menschengemachten«. Der sich beschleunigende, meßbare Anstieg »wärmender« Spurengase ist vor allem Menschenwerk und geht einher mit der Industrialisierung. Ein Blick in die Frühgeschichte zeigt aber, daß unsere Erde stets unter einem »Wechselbad« warmer und kalter Epochen zu leiden hatte, obwohl der Mensch seine Hand noch nicht im Spiel hatte. Es waren kosmische Ereignisse, und man weiß heute, daß eine sinnvolle Vorhersage künftiger Entwicklungen immer auch auf dem Studium vergangener Klimate beruhen muß.

● Reise-Tagebuch, Juli 1967. Weiche Mulden, sanfte Dellen, Rinnen und scharfe Riefen, kreuz und quer verschränkt zu abstrakten Mustern, in den Stein poliert wie mit feinstem Schleifpapier – es war ein rätselhaftes Kunstwerk, dem ich meine erste Begegnung mit dem Klima verdanke. Besser: Es waren die Bilder von Wirkungen einer fernen Kaltzeit, mitten in Deutschland. Das lastende Gewicht von Abermillionen Tonnen Eis hatte wandernd unauslöschbare Zeichen in den Stein geprägt und damit meine Phantasie auf Reisen geschickt. Wie anders mochte diese Landschaft einst ausgesehen haben, die Erde begraben unter dem grauen Weiß ewigen Eises? Dicht neben meinem Fundplatz fuhren die Autos, aber die Verknüpfung zwischen Autoabgasen und Klima waren mir noch fremd.

Auf Anraten des Kölner Glaziologen Karl Brunnacker sahen wir in den Gletscherhängen des Hohen Tauern, welche Folgen Klimaschwankungen sogar in neuerer Geschichte gehabt haben. Dort erzählen die Ruinen der Stollen und Knappenhäuser vom Goldfieber des frühen 15. Jahrhunderts. Um 1540 aber waren die durchschnittlichen Sommertemperaturen um drei Grad gefallen: Diese »Kleine Eiszeit« (bis 1700) hatte die Menschenwerke zugedeckt. Mit der nachfolgenden Klimaerwärmung gab der Schnee die Ruinen wieder frei. Was da vor sich ging, läßt sich heute recht gut nachvollziehen.

● Reise-Tagebuch, 29. Juni 1990. Fraunhofer-Institut für atmosphärische Umweltforschung in Garmisch-Partenkirchen. In der eisigen Kälte der Gefrierkammer beobachten wir, wie Diane Zardine, dick vermummt, Bohrkerne aus antarktischem Eis zersägt, um sie zu untersuchen. Das Eis hatte sich vor 160 000 Jahren gebildet. Die Analyse der darin eingeschlossenen Luftbläschen verrät, in welchen Konzentrationen die Spurengase einmal in der Atmosphäre vorgekommen sind: Kohlendioxid, Lachgas und Methan. In einer Zeit also, da menschliche Zivilisation solche Gase noch nicht in die Luft schicken konnte.

Mit dieser Technik wird am Laboratorium für Glaziologie und Geophysik der Umwelt bei Grenoble in Frankreich festgestellt, »daß sich die Kohlendioxid- und Methan-Konzentrationen der damaligen Atmosphäre im Gleichschritt miteinander und mit der lokalen Durchschnittstemperatur verändert haben. Die zum jeweiligen Zeitpunkt herrschende Temperatur läßt sich aus dem Verhältnis der Wasserstoff-Isotope in den Wassermolekülen des Eises bestimmen«. Man weiß jetzt, daß die Gehalte an Kohlendioxid und Methan während der Eiszeiten wesentlich geringer waren als zu den Warmzeiten. Noch nicht klar ist, ob die Schwankungen der Treibhausgas-Konzentrationen die Klimaveränderungen verursachten oder umgekehrt. Viele Wissenschaftler sehen die Ursachen im Verhalten der Erde. Nigel Calder beschreibt 1983: »Die Erdbahn wurde nämlich durch Gravitationseinflüsse der übrigen Planeten so verändert, daß sie in unregelmäßigen Zyklen von etwa 100 000 Jahren abwechselnd eine nahezu kreisförmige und dann wieder mehr elliptische Form annahm. Die Anziehungskraft des Mondes und der Sonne riefen eine gewisse Schlingerbewegung hervor, dergestalt, daß die Neigung der Erdachse in einem Rhythmus von etwa 40 000 Jahren um einige Grad zu- und wieder abnahm. Außerdem führte die Erdachse innerhalb von etwa 20 000 Jahren eine kreisförmige Bewegung aus, so wie ein Kinderkreisel, der langsam zu kippen beginnt. So entstehen Eiszeiten: Gesetzmäßige Änderungen der Erdbahnelemente, wie die Schiefe der Ekliptik (Neigung der Erdbahn gegenüber dem Himmelspol), die Wanderung des Perihels (Sonnennähe) und die Exzentrizität der Erdbahn, bedingen langperiodische Änderungen der Erdbestrahlung. Hierdurch erhalten Nord- und Südhemisphäre abwechselnd unterschiedliche Strahlungsmengen.«

Menschen im Streß des Eises

Die Namen vergangener Eiszeiten sind uns geläufig: Würm, Riß, Mindel, Günz, Biber, Donau. Meeresgeologen haben das Bild inzwischen ergänzt und präzisiert. Sie haben gelernt, den Rhythmus der Eiszeiten an den Gehäusen kalkschaliger Foraminiferen (das sind Meeresprotozoen) abzulesen, die Schicht über Schicht Sedimente am Meeresboden aufbauen. Man mißt das Verhältnis des Isotopengehalts von Sauerstoff 16 und Sauerstoff 18 in den Kalkablagerungen. In Warmzeiten ist das Meerwasser reicher an O_{16}, in Kaltzeiten reicher an O_{18}. Tiefseebohrungen bewiesen nun, daß sich 18 bis 20 Vereisungen mit Zwischeneiszeiten in den letzten zwei Millionen Jahren abgespielt haben müssen.

Diese Erkenntnis ist mehr als das Ergebnis wissenschaftlicher Neugier. Die zwei Millionen Jahre mit den 18 oder 20 Eiszeiten sind die kritische Epoche der Menschwerdung. Mit anderen Worten: Nicht nur Pflanzen und Tiere mußten sich dem Auf und Ab zwischen »kalt« und »warm« immer wieder anpassen (und wenn sie es nicht konnten, aussterben); auch der frühe Mensch war dem Streß klimatischer Extreme ausgesetzt, mußte damit fertigwerden. Mehr noch, der Streß hat die menschliche Evolution entscheidend vorangebracht, das jedenfalls meint der Geologe Hans Georg Wunderlich 1974: »Wer... den Menschen verstehen will, muß die Umstände kennen, unter denen er sich entwickelt hat. Wir müssen uns in die Zeit zurückversetzen, die aus Primatentieren aus der Verwandtschaft der Menschenaffen Menschen entstehen ließ. Dies war nicht ohne starken Entwicklungsdruck durch Umwelteinflüsse, insbesondere durch das Klima möglich. So wurde die Eiszeit zur eigentlichen Geburtsstunde des Menschen.«

Mrs. Ples und der Klimasturz

Gibt es auch einen Geburtsort, fragten wir uns und fuhren nach Südafrika.

● Reise-Tagebuch, 21. November 1978. Das weite Tal von Transvaal. In den Kalksteinbrüchen von Sterkfontein hatten Arbeiter einst die ersten fossilen Knochen frühester Epochen gefunden. Das Sterkfontein von heute ist ein »Mekka« für Paläanthropologen. Allan Hughes führt uns durchs Gewirr der Gänge und Höhlungen:

»Hier erlebten wir 1936 die Knochen des ersten erwachsenen *Australopithecus,* nachdem Raimond Dart 1924 seinen Kinderschädel von Taung gefunden hatte. Und dort gruben wir 1947 den hübschen, vollständigen *Australopithecus* aus, den wir ›Mrs. Ples‹ tauften. Jetzt steht er im Transvaal-Museum. Aber das größte Erlebnis hatten wir 1976 an diesem Loch: Wir bargen den ersten Menschen von Sterkfontein: *Homo habilis*!«

Man kann sich eines starken Gefühls nicht erwehren. Hier also, an diesem düsteren Loch im Kalk, beginnt die lange Reise des Menschen dorthin, wo er sich sorgen muß um die Zukunft nicht nur seiner Art, sondern des ganzen Planeten. Zwei Millionen Jahre der Wanderung. Und 20 Eiszeiten.

Drei Tage später. Vor der Höhle von Kromdraai treffen wir die deutschstämmige Paläontologin Elisabeth Vrba vom Transvaal-Museum in Pretoria. Seit langem beschäftigen sie die Beziehungen zwischen einer sich verändernden Umwelt und der Evolution des Menschen. Das Klima spielt dabei eine entscheidende Rolle.

»Wir haben in den vergangenen Jahren Tausende von Fossilien gesammelt und untersucht. Wir fanden heraus, um welche Tierarten es sich gehandelt hat. Das Aufregende aber ist, daß die Fossilien uns einiges berichten über die Ökologie einer fernen Vergangenheit. Im Tal von Sterkfontein fanden wir den grazilen Affenmenschen ›Mrs. Ples‹. Aus dieser Zeit, vor fast drei Millionen Jahren, fanden wir zugleich die Fossilien von Antilopen. Aus ihrem Körperbau, ihren Zähnen vor allem, schließen wir, daß diese Tiere Laubfresser waren, daß also das Klima jener Zeit feuchter gewesen ist. Ein Buschland mit höheren Niederschlägen. Aus der Zeit *später* als zwei Millionen Jahre finden wir den robusten Affenmenschen *Australopithecus robustus* von Swaartkrans und, zusammen mit ihm, das früheste Mitglied der Menschenfamilie *Homo habilis*.

Wichtig ist nun, daß wir in denselben Fundstätten dieser Menschenarten ebenfalls zahlreiche Antilopen finden mit den Merkmalen moderner Antilopen, die ja an trockene Bedingungen und offenes Grasland angepaßt sind. Ihre hohen Zähne mit hohen Kronen wurden zu Lebzeiten der Tiere abgekaut, typisch für Lebewesen, die hartes Gras und anderes Grünzeug in Trockengebieten fressen.

Es ist aufregend, was dies für die Ökologie bedeutet. Im Tal von Sterkfontein finden sich zwei verschiedene Phasen des Klimas und der Vegetation. Ganz früh war es Buschland mit höheren Niederschlägen. Später, mit der Ankunft des Frühmenschen, öffnet sich die afrikanische Savanne. Für mich bedeutet das: Der Ursprung des Menschen ist eng verbunden mit offenem Grasland und trockenen Umweltbedingungen.«

1985 glaubte Frau Vrba genügend Daten und Bestätigungen gesammelt zu haben, um ihre für die Geschichte so wichtige Aussage so zu formulieren: »Vor etwa 2,5 Millionen Jahren trat in Ost- und Südafrika eine scharfe und weiträumige Veränderung der Umwelt ein. Sie war vermutlich das Ergebnis globaler Abkühlung, verbunden mit Änderungen der Niederschläge. Sie brachte mit sich eine Vergrößerung offener Grasflächen auf Kosten der Wälder. Diese Umweltveränderung bewirkte die evolutionären Wandlungen in den Menschenartigen (Hominiden), die man zur gleichen Zeit in Ost- und Südafrika registriert.«

Ein ganz unwissenschaftliches Gedankenspiel: Was wäre wohl aus den Nachkommen der wärmegewöhnten »Mrs. Ples« geworden – ohne den Einbruch der großen Trockenheit? Man erinnere sich an die Dehumanisierungsthese des Dr. Kortlandt (siehe S. 21).

Das »Zwei-Millionen-Jahre-Ereignis« hatte noch andere schwerwiegende Folgen. Das erklärt uns Philip Tobias, international renommierter Anatom und Frühmenschen-Forscher an der Universität Witwatersrand in Johannesburg. »Vor etwa zwei Millionen Jahren wurde ein großer Schritt getan. Es war wohl eine der kritischsten Etappen in der Entwicklung des Menschen. Plötzlich nämlich finden wir eine Vergrößerung des Hirns *ohne* eine Vergrößerung des Körpers. Dies Lebewesen nannten wir *Homo habilis*, ›geschickter Mensch‹. Zuerst wurde es in Olduwai, Tansania, von der Leakey-Familie gefunden. Hier ist es belegt durch die Fossilie, die wir ›Twiggy‹ nannten, weil sie sehr platt war, als man sie fand. Eine andere Fossilie tauften wir ›Cinderella‹. Diese Fossilien zeigen eine Hirngröße, die etwa eineinhalbmal so groß ist wie beim *Australopithecus*. Vor zwei Millionen Jahren also beginnt sich das Gehirn zu vergrößern. Die nächste Stufe, *Homo erectus,* hat schon mehr als die doppelte Größe eines Affenhirns, also zwei Drittel vom Hirnvolumen des modernen Menschen. Der *Homo* hat sich auf jene Verhaltensmuster spezialisiert, die wir ›Kultur‹ nennen: Dinge außerhalb des Körpers, die das Gehirn, das Auge und die Hand möglich machen, die nun aber den Überlebensmechanismus beherrschen. Wir tragen unsere Kultur wie einen Mantel. Beim Einbruch der Kälte vor einer Million Jahren mußte das Mammut sich ein Haarkleid wachsen lassen. Der Mensch aber muß nicht warten, bis seine Erbmasse sich verändert hat. Seine Kultur gibt ihm die Möglichkeit, ein Feuer anzuzünden.«

Neuesten Funden in Sterkfontein zufolge hat er das bereits vor einer Million Jahren tatsächlich getan.

Zwang uns eine globale Klimaänderung dazu, Menschen zu werden und uns in (evolutionär gesehen) rasender Eile ein großes Gehirn anzuschaffen, weil wir es zum Überleben brauchten? Das sind Fragen, die noch lange unbeantwortet im Raum stehen werden. Sie zeigen aber, daß das Werden und das Schicksal der Menschheit enger mit den Geschehnissen zwischen Erde und Himmel verbunden sind, als mancher vermuten möchte. Das gilt dann auch für die Eiszeiten, mit denen wir besser vertraut sind. Hierzu das Gespräch mit einem engagierten Fachmann.

Die in der Kälte blieben

● Reise-Tagebuch, 3. September 1979. Der Name des Vor- und Frühgeschichtlers Gerhard Bosinski ist unter anderem eng verbunden mit der Ausgrabung und Rekonstruktion der Steinzeitsiedlung von Gönnersdorf aus der Zeit um 10 400 v. Chr. mit ihren lebendigen Bildern von Pferden, Nashörnern, Wisenten, Hirschen und Elchen. Rätselhaft faszinierend die Gravierungen tanzender Frauen und die Statuetten stilisierter weiblicher Figuren aus Elfenbein und

Geweih. Bosinski hat sich stets bemüht, auf die große Bedeutung der Umweltverhältnisse für das Leben der eiszeitlichen Jäger hinzuweisen. Er sieht die »größte Schwierigkeit zum Verständnis des damaligen Lebens nicht in der mangelhaften Überlieferung, sondern darin, daß uns die jägerische Welt des späten Eiszeitalters entrückt ist«.

»Die älteste Besiedlung Europas«, erklärt mir der Wissenschaftler geduldig in einem langen Gespräch, »ist sicher mit einer warmen Zeit verbunden. Wie wir überhaupt die Bedeutung der warmen Klimaphasen des Eiszeitalters (Pleistozän) nicht gering schätzen sollten. Nach dem heutigen Stand der Forschung war es eben solch eine warme Zeit, da der Mensch sich allmählich anschickte, die Welt zu erobern: Der *Homo erectus* besiedelte damals, vor rund 400 000 Jahren, Asien und auch Europa. Mitteleuropa war von dichten, urwaldartigen Laubwäldern bedeckt, eine Umwelt, die *Homo erectus* zu beherrschen vermochte. Er nutzte das Feuer, schuf vielseitig verwendbare, aus Stein geschlagene Faustkeile, bearbeitete Knochen und Elfenbein und jagte Waldelefanten, denen er an Wasserstellen auflauerte. Seine Jagdwaffe war die lange hölzerne Lanze, deren Spitze im Feuer gehärtet wurde.«

In seinem gut bebilderten Büchlein »Jagd im Eiszeitalter« (G. Bosinski und Dietrich Evers, Köln 1979) betont er: »Es gehörte nicht nur erheblicher Mut dazu, solche wehrhaften Tiere mit derart einfachen Waffen anzugehen, sondern auch eine gut durchdachte Kooperation der Jägergruppen.«

Aber die Umwelt *beherrschen,* in der Kaltzeit zu *bleiben,* das, so sagt der Frühgeschichtler, konnte erst der Neandertaler (zirka 200 000–40 000 vor heute). Dieser *Homo sapiens neanderthalensis* folgte dem *Homo erectus.* »Frühe Formen dieser Menschengruppe lebten in der vorletzten Eiszeit (Riß- oder Saale-Eiszeit) und der Warmzeit zwischen den beiden letzten Eiszeiten (Riß/Würm- oder Eem-Warmzeit). Der ausgeprägte ›klassische‹ Neandertaler lebte im ersten Teil der letzten Eiszeit (Würm- oder Weichseleiszeit).«

»Wenn ich Eiszeit höre, denke ich immer an eine eisige, düstere Tundra im Schneesturm, wie bei den Eskimos.«

»Unsinn! Schneegepeitschte Tundra. Die Sonne stand damals genau wie heute. Da gab es keine lange Winternacht mit ihren Folgen für die Vegetation. Die eiszeitliche Gras- oder Lößsteppe war eine überaus artenreiche Landschaft, reich an Wild. Man hat die Mageninhalte der Mammute untersucht, die man in Sibirien und Alaska fand, und man stellte fest, daß der Biotop damals günstiger war als heute, obwohl Eiszeit herrschte.«

Dank seiner Umweltbeherrschung wurde der Neandertaler zum erfolgreichen Großwildjäger, der auch während der Kälteperioden in Europa bleiben konnte. Sein Jagdwild, wir wissen es aus den vielfältigen Funden, waren der Wisent und das Wildpferd. Im Sonderfall der Höhlenbär. Dazu die Saiga-Antilope, das Ren und im Mittelmeerraum der Damhirsch.

Als plump und tumb wurde er lange verschrien, der Neandertaler, und war doch ein großer, mutiger Jäger, der Kälteperioden überstand, deren Dauer wir uns nicht vorstellen können. Heute wissen wir, daß er seine Toten begrub, ihre Gräber mit bunten Blumen schmückte und sich um behinderte Gruppenmitglieder kümmerte. Doch er verschwand von der Bühne der Geschichte, mußte Platz machen, damit ein anderer *Homo* zum Beherrscher der damaligen Welt emporsteigen konnte: *Homo sapiens sapiens*. Vor rund 35 000 Jahren kam der Menschentyp, den man auch *Cro Magnon* nennt, der sich in Körperbau und Aussehen nicht von uns unterschied. *Cro Magnon* erlebte den zweiten Teil der letzten Würm-Eiszeit in offenen, wildreichen Steppen.

Bosinski: »Der Wildbesatz der offenen Landschaft war beträchtlich und auch der Artenreichtum groß und verblüffend vielseitig. Setzt man eine maximale Bevölkerungsdichte von 0,2 Menschen pro Quadratkilometer voraus, so litt der Wildbeuter dieser Zeit trotz seiner noch einfachen Waffen meist keine Not. Ja, wenn man berücksichtigt, daß die Rohmaterialien für seinen Lebensbedarf und seine einfache Technologie reichlich verfügbar waren, dann kann man mit Recht behaupten, daß allein das Nichtverbrauchen des Vorhandenen schon als ›Überfluß‹ bezeichnet werden kann.«

Ab 10 000 vor Chr. geht die Würmeiszeit allmählich zu Ende. Weltweite Erwärmung zwingt die Gletscher zum Rückzug. Man bezeichnet die Klimaperiode zwischen 10 000 und 9000 vor Chr. als Alleröd-Interstadial. »Es ist die Endphase eiszeitlicher Kultur.« Mammut und Nashorn sterben aus, Pferd und Ren verschwinden aus unserem Gebiet. »Nach einer wissenschaftlichen Vereinbarung endet die letzte Eiszeit an einer bestimmten Lage der Gletscherstirn in Skandinavien, ein Stadium, das gegen 8000 vor Chr. erreicht war.«

Nur tausend Jahre später (s. S. 240) wird Jericho gebaut, beginnt der langwierige Prozeß der »landwirtschaftlichen Revolution«. Ohne die bitteren Erfahrungen, die Neandertaler und *Cro Magnon* in den Eiszeiten zu sammeln gezwungen waren, wären wir nach dem Urteil des Geologen Wunderlich nicht die Art von Menschen geworden, die wir wurden.

»Steckt noch ein Rest eiszeitlichen Denkens in uns Heutigen?«

Bosinski 1979: »99 Prozent unserer Geschichte waren wir Jäger und Sammler. Ich bin zutiefst davon durchdrungen, und das ist auch der Grund, weshalb ich mich mit der jägerischen Geschichte beschäftige, daß diese Zeit heute noch in uns gegenwärtig ist. Der Beginn des Neolithikums, diese rasant fortschreitende Kurve hin zum Unbekannten, das ist es, was ich meine mit einer ›Vertreibung aus dem Paradies‹.«

Der moderne Mensch trägt in sich Rudimente steinzeitlichen Verhaltens, und dafür lassen sich im Alltag Beweise finden – und, so argumentieren nicht wenige Wissenschaftler, der Übergang zur seßhaften Landwirtschaft vor 9000 Jahren markiere auch den Beginn jener Probleme, die heute in der Umweltmisere münden. Doch dies sind Überlegungen, die uns an dieser Stelle nicht weiter beschäftigen sollen.

Kaltzeiten, so viel scheint festzustehen, waren geschichtliche Perioden, die eine Herausforderung an die Überlebensfähigkeiten des Menschen darstellten. Und die spielten eine wichtige Rolle für den »internationalen« Verkehr. Der englische Historiker Arnold Toynbee: »... es wurden so große Wassermengen in den Gletschern festgehalten und gestapelt, daß der Meeresspiegel auf der ganzen Erde beträchtlich sank. Flache Seen trockneten aus, und Meerengen wurden durch auftauchende Landmengen überbrückt ... dem Menschen boten sich in beträchtlichem Maße Gelegenheiten zur Ausdehnung seiner Ökumene; und das war wichtig in einer Zeit, in der des Menschen einziges Fortbewegungsmittel seine eigenen Füße waren und Schiffbau und Navigation sich noch in ihren Anfängen befanden ... Alle vorkolumbianischen menschlichen Bewohner Amerikas stammen von Vertretern des *Homo sapiens* ab, die in der letzten Eiszeit auf dem Landwege aus dem alten Kontinent in den neuen gelangten. Die vorkolumbianischen Amerikaner kamen aus der Nordostecke Asiens über eine Landbrücke, die später in der jetzigen Beringstraße versank.«

Während eine Kaltzeit dem wanderlustigen *Homo* mehr Raum verschaffte, trieben die darauf folgenden warmen Perioden Seefahrer und Siedler zu kühnen Expeditionen an. Daran werden sich manche Amerikaner erinnern, wenn sie 1992 die Entdeckung ihres Kontinents durch Columbus festlich begehen. Lange vor Christopher Columbus hatte der Wikinger Leif Ericsson, auf der Fahrt nach Grönland vom Kurs abgekommen, das »Weinland« Amerika bei Maine, Massachusetts, gefunden. Das geschah um das Jahr 1000 n. Chr., und auf der Erde herrschte ein Klimaoptimum. Leifs Vater, Erik der Rote, hatte, wie die »Karlsefni-Saga« erzählt, im fruchtbaren Südteil Grönlands (das nicht umsonst Grünland heißt) die Ost- und die Westsiedlung gegründet. In ganz Europa begannen die Bauern, große Flächen Landes urbar zu machen und zu bebauen – dies wiederum führte zu einem bemerkenswerten Anstieg der Bevölkerung bis etwa 1300.

Im 12. und 13. Jahrhundert setzten in Westeuropa schreckliche Stürme ein. Die Friesen erzählen noch Gruselgeschichten von den verheerenden Sturmfluten, die tief ins

Land schnitten: Zuidersee 1170, Jadebusen 1219, Dollart 1277. Dann erneut 1362 und 1377.

Den Stürmen folgte die »Kleine Eiszeit«, von der ich zu Beginn erzählte. Auf Grönland setzte nach 1400 Permafrost ein, und die Nachfahren Eriks des Roten gingen zugrunde.

Der Mensch als Art ist geprägt von den Erfahrungen, die Abertausende von Generationen mit warmen und kalten Klimabedingungen gemacht haben. Aber es waren Schicksalsmächte, die über die Menschheit hereinbrachen, höhere Kräfte, Götter vielleicht, gegen die nichts auszurichten war. Man hatte sich in das Gegebene zu fügen, und man wußte sich frei von aller Schuld. Gerade dies aber hat sich grundlegend gewandelt. Die Menschen heute sind mit *Reaktionen* der Biosphäre auf menschengemachte Technik konfrontiert. Sie sollten, ja müßten handeln, müßten wiedergutmachen, was andere vor ihnen anrichteten, aber das fällt unendlich schwer, scheint fast unmöglich zu sein. Setzen wir mit unseren Beobachtungen da wieder ein, wo erste exakte Messungen zeigten, daß das Klimasystem aus dem Gleichgewicht gerät.

Erst denken, dann machen!

Gibt es für uns Menschen so etwas wie eine »Qualität des Lebens«, und wenn ja, wie sieht sie aus, und was läßt sich tun, um sie zu erhalten? Im April des Jahres 1974 waren dies bewegende, widersprüchliche, auch irgendwie unbequeme Fragen, über die zu streiten aber lohnte. Ingo Hermann und Karl J. Joeressen vom Zweiten Deutschen Fernsehen gelangten zu der Überzeugung, man solle dem, was damals schlagwortartig »Lebensqualität« genannt wurde, mit Hilfe einer längeren Filmserie gründlich nachgehen. Dabei stellte sich recht bald heraus, daß sich die Probleme auf die Untersuchungen und bisherigen Ergebnisse der Ökologie konzentrieren müßten. Also waren Ökologen verschiedener Interessensbereiche und diverser Länder zu befragen. Zu ihnen gehörte auch der damals wohlbekannte Ökologe

Professor LaMont-Cole an der Cornell-Universität, Ithaca, New York. Mit ihm sprach für uns Lothar Wolff von »Time-Life« im Sommer 1975:

»Dr. Cole, bitten seien Sie so freundlich und erzählen Sie etwas über Ihre Bedenken im Hinblick auf SST!« (Wolff bezog sich auf das Projekt »Super Sonic Transport« eines amerikanischen Überschall-Verkehrsflugzeugs ähnlich der britischen »Concorde«.)

»Vor ein paar Jahren existierte hierzulande der Plan, eine Flotte von 500 dieser SST einzusetzen, die in etwa 20 000 Metern Höhe verkehren sollten. In der Stratosphäre herrscht kein Wetter, nichts kann die Schmutzpartikel wegwaschen, sie bleiben zwei Jahre wirksam. Das könnte ernste Auswirkungen haben; die Partikel würden das Sonnenlicht abschirmen, einige würden mit Ozon reagieren. Der geringe Ozonanteil ist aber sehr wichtig für uns, weil er uns vor den harten, kurzwelligen UV-Strahlen schützt, die für Pflanzen und Tiere tödlich sind und beim Menschen Hautkrebs auslösen. SST in der Stratosphäre wäre für uns eine Katastrophe.« (Das SST-Projekt scheiterte dann an zu hohen Kosten.)

»Dr. Cole, was kann Ökologie dazu beitragen, daß die Menschheit nicht weiter Hals über Kopf in die Selbstzerstörung stürzt?«

»Das ist eine Frage von Erziehung und Kommunikation. Wir müssen eine Verständigung zuwege bringen zwischen den Leuten, die die Dinge einfach deshalb tun, weil sie machbar sind, und jenen, zu denen auch ich gehöre, die zunächst über die Konsequenzen nachdenken wollen. Wenn wir diesen Dialog zustande bringen und wenn die Bürger verstehen, um was es da geht, dann sehe ich eine Chance zur Rettung der Welt.«

»Was, glauben Sie, kann der einzelne tun?«

»Das ist von Land zu Land verschieden. Es ist eine Frage der Verständigung mit den politisch Verantwortlichen. Vielleicht sollte man Druck auf sie ausüben, damit *sie* ihre Schularbeiten machen und hoffentlich zu sinnvollen Entscheidungen in der Gesetzgebung gelangen.«

»Besitzt der Mensch Einsicht genug?«

»Manchmal konnten wir Schaden von der Umwelt abwenden, sehr oft aber nicht. Wenn Ökologe und Ökonom einander gegenüberstehen, haben die Ökonomen in der Vergangenheit den Ausschlag gegeben. Heute scheint sich das zu ändern. Heute zum Beispiel scheinen in den USA mehr Menschen zu verstehen, daß Feuchtgebiete für uns wertvoller sind, als Lebensraum und zur Erhaltung der Atmosphäre – und nicht als Baugelände für Siedlungen und Flugplätze.«

»Welche Antworten haben Ökologen heute auf die Umweltprobleme der Zeit?«

»Wir haben ziemlich viele Antworten auf jene Probleme, deren sich die Öffentlichkeit bewußt ist. Wir können sie geben, wenn man uns zuhört. Aber alle Antworten haben wir natürlich auch nicht!«

»Wo sehen Sie die Grundursachen für die heutigen und künftigen Umweltprobleme?«

»Grundsätzlich haben wir Wachstum, das Wachstum um seiner selbst willen, gleichgesetzt mit etwas Positivem. Nun sehen wir aber, daß die Erde wirklich begrenzt ist, mit einer begrenzten Fähigkeit, Leben zu tragen. Also kann Wachstum gar nicht endlos weitergehen. Wir müssen umdenken und begreifen, daß stetes Wachstum nicht möglich ist, wir müssen lernen, mit dem zu existieren, was wir Wissenschaftler ein ›gleichgewichtiges Wachstum‹ nennen.«

Der Ökologe der Cornell-Universität befand sich auf gleicher Linie mit Barry Commoner, der 1972 sein Buch »Wachstumswahn und Umweltkrise« mit den Worten geschlossen hatte: »... eine durchgreifende gesellschaftliche Veränderung kann nur unter den Bedingungen rationalen, informierten, kollektiven gesellschaftlichen Handelns konzipiert werden. Daß wir handeln müssen, ist nicht mehr zu bezweifeln. Die Frage ist nur, wie.«

Quellen und Senken

● Reise-Tagebuch, 11. Juli 1975. Treffpunkt Mainz, Max-Planck-Institut für Chemie, Abteilung Luftchemie. Wolfgang Seiler, Karl Libl und Helmuth Giehl bemühen sich redlich, zu zeigen, was sie tun, und zu erklären, warum sie es tun. Ich notierte mir: »Neben den Hauptgasen Sauerstoff, Stickstoff, Argon und Kohlendioxid enthält die Luft eine Menge kleiner Gase von großer Bedeutung für Leben und Umwelt. Alle unterliegen Zyklen: Produziert von natürlichen Quellen, zerstört von natürlichen Senken, meist in der Troposphäre. Der Mensch stört die natürlichen Zyklen durch die Verschmutzung von Luft und Wasser und durch Düngung. Seine Störung ändert die Mischungsrate und die Verteilung verschiedener Gase. Die Konsequenz ist eine Änderung in der globalen Umwelt, Änderung der Sonneneinstrahlung, Klimaänderung.

Wir Wissenschaftler müssen die qualitativen und quantitativen Umweltveränderungen kalkulieren. Dazu müssen wir die natürlichen Zyklen und die menschliche Produktion der verschiedenen Spurengase erforschen. Aber: Wegen der Verschiedenartigkeit der natürlichen Quellen und Senken sind solche Zyklen höchst kompliziert. Es gibt zu viele menschliche Aktivitäten und zu wenig hochempfindliche Meßgeräte. Uns interessiert derzeit besonders das Kohlenmonoxid (CO), das man 1949 in der Atmosphäre entdeckte und von dem man glaubte, es würde nur vom Menschen produziert. Heute kennen wir verschiedene Quellen und Senken. So wird CO von Mikrolebewesen in den oberen Schichten der Ozeane und Seen produziert. Auch durch Busch- und Waldfeuer und durch fotochemische Oxidation von höheren Kohlenwasserstoffen in der Troposphäre entsteht CO. Wir nehmen an, der CO-Zyklus wird hauptsächlich kontrolliert durch fotochemische Prozesse. Unsere Untersuchungen zielen dahin.«

Das Wetter ist schön. Karl Libl kann sein Experiment auf dem Rasen vor dem Institut weiterführen. Den Schreiber des Analysegeräts hat er sich nach außen verlegen lassen.

Zwei nach oben offene Glaskästen stehen auf dem grünen Rasen. Sie enthalten normale Außenluft und können mit Hilfe wassergefüllter Ränder, in die Scheiben passen, luftdicht geschlossen werden. Die Luft in den Kästen enthält eine gewisse Menge Kohlenmonoxid. Libl will wissen, ob sich diese Menge im Laufe einer bestimmten Zeit ändert. Mit der gasdichten Spritze zieht er einige Kubikzentimeter Luft aus einem Kasten. Er drückt sie in die Leitung des Analysegeräts. Es mißt den Gehalt an CO in der Luftprobe und zeichnet ihn als Ausschlag auf Papier. Langsam gleitet die schreibende Spitze ganz nach rechts. Umgerechnet heißt das, in der Probe befindet sich ein Teil CO auf eine Million Teile Luft oder 1 ppm. Im Abstand von fünf Minuten holt Libl sich immer wieder neue Spritzen voll Luft aus seinem Kasten und schickt sie zur Analyse. Jedesmal wird weniger CO registriert. Etwas hat da im luftdichten Glaskasten das Kohlenmonoxid vernichtet.

Die Mainzer sind recht stolz, weil sie beweisen konnten, daß dieses Spurengas in der Natur unschädlich gemacht wird, ohne menschliche Hilfe. In Jahren mühsamer Forschung konnten die Forscher hier nachweisen, wer das CO auffrißt: Bodenmikroorganismen, winzige Pilze vor allem, die das Gas zum Leben brauchen. Also gibt es einen natürlichen Kreislauf für das CO.

Helmuth Giehl geht der Frage nach, was mit dem CO in den Weltmeeren geschieht und kann zeigen: Auch die Ozeane gehören in den Kreislauf des CO. Das Komplizierte ist nur: Je nach den Lichtverhältnissen wird das Spurengas dort erzeugt *oder* abgebaut. Verantwortlich müssen grüne Pflanzen sein. Aber genau weiß man es nicht. Und weil man noch so wenig weiß vom atmosphärischen Zyklus dieses Spurengases, hat Wolfgang Seiler mit seinen Kollegen einen Meßflug rund um die Erde gemacht. Dabei zeigte sich unter anderem, daß der Kohlenmonoxid-Gehalt in der Luft über der nördlichen Halbkugel deutlich höher ist als über der südlichen, die ja weithin von Ozeanen bedeckt ist.

Soweit die Erkenntnisse der Mainzer CO-Forscher. Wir zeigten dann die damals in Mode gekommenen Spraydosen und sagten: »Leider wird das ungiftige Treibgas Freon aus den Spraydosen in der Natur nicht abgebaut. Es steigt in die Stratosphäre, geht dort chemische Reaktionen ein und durchlöchert so den Ozonschirm, der das Leben auf der Erde vor der harten UV-Strahlung schützt. Ähnlich wirken auch die Abgase der hochfliegenden Düsenflugzeuge. Sie enthalten große Mengen von Stickstoff- und Schwefeloxiden, die mit den Ozonmolekülen in der Stratosphäre reagieren. Man glaubt, daß die heute produzierten Spraygase und Stickoxide etwa Mitte der achtziger Jahre in der Ozonschicht angekommen sein werden und dann ihr Vernichtungswerk an unserem Schutzschild erst richtig beginnen. Wäre dies nicht Grund genug, zumindest die Freone sofort aus dem Verkehr zu ziehen?«

Radikale Waschmittel

● Reise-Tagebuch, 25. Juni 1990. Fünfzehn Jahre nach unserer leisen Anfrage, ob man die Freone nicht aus dem Verkehr ziehen solle, redet die Welt von den FCKW (Fluorchlorkohlenwasserstoffen) und darüber, wann man ihre Produktion denn nun einstellen solle, könne, dürfe etc. Ein ermüdender Prozeß. Denn daß sie schlimmer auf die Erde wirken als alle Gifte, hat sich weit herumgesprochen. FCKW = Ozonloch.

Dieses scharfriechende Ozon mit der chemischen Formel O_3 schirmt uns, wir wissen es, vor dem gefährlichen UV-Licht ab. Und es heizt mit »der Energie der absorbierten ultravioletten Strahlung die Stratosphäre auf und spielt dadurch eine entscheidende Rolle für das globale Klima – für den stabilen, stockwerkartigen Aufbau der Atmosphäre ebenso wie für die Verteilung von Luftmassen und den Wärmetransport in der Stratosphäre. Mit dem Verlust an Ozon wird diese Heizung der Stratosphäre indes immer schwächer. So sind die winterlichen Durchschnittstemperaturen in der antartiktischen Stratosphäre zwischen 1977 und 1987 um fünf bis acht Grad Celcius gesunken. Parallel dazu hat sich das Ozonloch verstärkt«.

Wir besuchen wieder das Max-Planck-Institut für Chemie in Mainz. Seit 1980 ist sein Direktor ein Mann, dessen Name aufs engste mit dem Begriff »Ozonloch« verknüpft ist, der in Amsterdam geborene Paul Josef Crutzen. Für ihn ist das antarktische Ozonloch ein unglaubliches Beispiel von sich gegenseitig verstärkenden Reaktionen, von positiven Rückkopplungen. Das hatte sich so einfach nicht vorhersagen lassen.

Wir wollen keinen Kursus in Stratosphären-Chemie absolvieren. Über die komplizierte Reaktionskette, die zum Ozonloch führt, gibt es zahlreiche Veröffentlichungen. Uns interessiert, daß die synthetischen FCKW weltweit als Treibgase, Kältemittel, Lösungsmittel und Füllungsgase bei der Schaumstoffproduktion für den industriellen Fortschritt unentbehrlich zu sein scheinen, sonst würde man sich nicht so schwer von ihnen trennen. In der unteren Atmosphäre verhalten sie sich wie Edelgase: ungiftig, unbrennbar.

Unverändert gelangen die FCKW in die Stratosphäre. Dort werden sie von der starken UV-Strahlung gespalten, und die dabei freigesetzten Chloratome können Ozon abbauen, indem sie seine Umwandlung in normalen Luftsauerstoff (O_2) katalysieren. Da Katalysatoren chemische Reaktionen beschleunigen, selbst aber unverändert wieder daraus hervorgehen, kann ein einziges Chloratom schließlich viele tausend Ozonmoleküle zerstören. Eine wichtige Rolle spielen hier, erkannte man später, die sogenannten »Radikale«, das sind chemisch besonders reaktionsfreudige Stoffe, wie das Hydroxyl, das bei der fotochemischen Spaltung von Wasser durch angeregte Sauerstoffatome entsteht.

In seinem inzwischen auf den höchsten Stand der Analysetechnik gebrachten Labor stellt sich Professor Crutzen freundlich unseren neugierigen Fragen.

»Vor über 20 Jahren schon haben Wissenschaftler vor den Folgen menschlicher Eingriffe in die Atmosphäre gewarnt. Warum wurden sie nicht ernst genommen?«

»Es hing damit zusammen, daß am Anfang die Meßdaten nicht zur Verfügung standen, um die Ozonabnahme wirklich zu begründen. Und wir haben längere Zeit auch keine sehr starke Ozonabnahme vorhergesagt. Dann kam das Ozonloch, das da plötzlich entstand. Nun muß man sagen, daß die Politik uns ernst nimmt, nicht nur auf dem Gebiet der FCKW-Gase, sondern auch auf dem Gebiet des Klimas. Ich schätze, daß seit fünf, in anderen Ländern seit zehn Jahren eine politische Revolution stattgefunden hat in dieser Hinsicht. Wir werden ernst genommen, und das Problem wird sehr ernst genommen. Eindeutige Messungen in der Antarktis, jetzt auch in der Arktis haben bewiesen, daß an diesen Stellen unter bekannten Temperaturbedingungen Reaktionen ablaufen, die die Chlor-Chemie so aktivieren, daß das Ozon abgebaut wird. Dies wurde aber nicht vorhergesagt! Für diese Entwickung war die Wissenschaft nicht bereit, sie kam zufällig aus Messungen. Das beweist auch wieder, wie wichtig Messungen sind.«

Dieter Perner hat in Mainz eine kilometerlange Laser-Meßstrecke aufgebaut. Was hat er vor?

»Mit unserer Apparatur messen wir OH-Radikale in der Atmosphäre. Sie sind sehr wichtig für die Reinhaltung, die Chemie der Atmosphäre, denn sie oxidieren fast alle Stoffe, die vom Boden oder vom Menschen in die Atmosphäre abgegeben werden. Deshalb werden sie auch als Waschmittel der Atmosphäre bezeichnet. Zur Messung benutzen wir eine sehr starke Lichtquelle, einen Laser. Dieser Laser dient wiederum dazu, einen Farbstofflaser zu pumpen. Dieses Licht wird dann noch einmal verdoppelt, um die Wellenlänge zu erreichen, in der man das OH-Radikal sehen kann. Wir benutzen dazu eine lange Lichtbrücke – wir müssen fünf Kilometer Lichtweg haben, um empfindlich genug zu sein, das OH zu sehen. Unser Ziel ist, das OH in einer bestimmten Luftmenge hier in Mainz zu messen, um zu sehen, ob unsere Modellvorstellungen richtig sind.«

Ich schaue dem dünnen Laserstrahl aus dem Fenster nach: Was braut sich da zusammen? Wie verhalten sich die Gase im Chaos der Atmosphäre? Was steuert ihre Wechselwirkungen mit dem Leben auf der Erde? Fragen, die über die Klimaforschung hinausreichen. Chemiker, Physiker, Biologen, Meteorologen und Ökologen sollten eng zusammenarbeiten und gemeinsam nach Antworten suchen.

Wieder Paul Crutzen: »Von diesem Ozon haben wir in der Troposphäre noch immer viel zuwenig Messungen. Das gleiche gilt für die Kohlenmonoxid-Moleküle, die ja auch eine sehr wichtige Rolle im Gesamten spielen. Auch davon haben wir zuwenig Messungen. Sehen Sie, die meisten Spurenstoffe, die sich in der Atmosphäre befinden, kommen aus der Biosphäre und gehen auch wieder in die Biosphäre zurück, auch unsere Schadstoffe, die dann der Biosphäre schaden können. Man kann die Atmosphärenchemie nicht studieren, ohne irgendwie auch in der Ökologie tätig zu sein. Wir müssen Zusammenhänge herstellen, aber das ist nicht einfach.«

Frage: »Müssen die Menschen Angst haben vor der künftigen Entwicklung des Weltklimas?«

»Ich würde sagen: Angst ist ein schlechter Ratgeber. Oft kann man auf zweierlei Art reagieren, man gibt auf oder man gerät in Panik. Ich glaube, daß man noch vieles machen kann. Wenn wir einsehen, daß wir die Umwelt mit unserer heutigen Lebensweise schädigen, heißt das: weniger Ausstoß von Spurenstoffen in die Atmosphäre. Natürlich muß man hinzurechnen, daß die Menschheit sich viel zu stark vermehrt. Auch das ist ein Teil des Problems.«

»Wieviel Zeit bleibt uns noch?«

»Die Forschung muß weitergehen. Auch wenn die Zeit jetzt sehr kritisch ist. Die nächsten zehn, zwanzig Jahre sind von außerordentlicher Bedeutung. Wenn politisch-international nicht größere Maßnahmen getroffen werden, und das erfordert Zusammenarbeit zwischen den Ländern, dann sehe ich leider ein bißchen dunkel.«

Hinsichtlich des Treibhauseffekts hält Paul Crutzen detaillierte Prognosen für höchst unsicher. Noch wissen wir zu wenig über die Zusammenhänge zwischen den Vorgängen in der Lufthülle und deren Wechselwirkungen mit den Ozeanen, die als gigantische Wärmespeicher wirken. Auch wissen wir nicht, wie sich der hydrologische Zyklus (Wolken, Niederschläge) zu dem verhalten, was der Mensch in die Atmosphäre bringt zur Förderung des Treibhauseffekts.

Ein Gottesgeschenk

● Reise-Tagebuch, 30. Juni 1990. Wiedersehen mit Wolfgang Seiler. Inzwischen ist er Direktor des renommierten Fraunhofer-Instituts für atmosphärische Umweltforschung in Garmisch-Partenkirchen. Hier beobachteten wir schon Diane Zardine beim Studium uralter Eisbohrkerne (siehe S. 283).

»Professor Seiler, welche Erkenntnisse wurden gewonnen, seit wir uns 1975 in Mainz sahen?«

»Wir haben nachweisen können, daß die in der Atmosphäre vorhandenen Spurengase tatsächlich dynamischen Kreisläufen unterliegen, die durch unterschiedliche Prozesse gesteuert und kontrolliert werden. Wir konnten nachweisen, daß diese Prozesse durch eine Vielzahl von anthropogenen Aktivitäten beeinflußt werden und daß daraus eine Änderung der chemischen Zusammensetzung resultiert. Das wiederum wirkt sich auf eine Änderung einer Vielzahl von Umweltparametern, lokal, regional und global, aus.«

»Uns beschäftigt ja ständig das Ozonloch.«

»Ich bin der Auffassung, daß das antarktische Ozonloch, so schlimm das jetzt auch klingen mag, im Grunde genommen ein Geschenk Gottes war. Hätten wir dies dynamisch auftretende Loch, das nicht mehr wegzudiskutieren ist, nicht gehabt, dann, das ist meine persönliche Auffassung, würden wir heute noch darüber diskutieren, ob die Veränderungen, die wir in der Stratosphäre sehen, durch natürliche Variabilitäten bedingt sind oder ob sie anthropogen sind. Aber durch die Dynamik des antarktischen Ozonlochs war das nicht mehr wegzudiskutieren.«

»Sie sagten einmal, es mache Ihnen Sorge, daß diese Atmosphäre ein sehr träges System ist, wo Ursache und Wirkung mit langen Zeitspannen aufeinander folgen?«

»Wenn wir heute die Konzentrationen ändern, hinkt das Klima mit einer Zeitverzögerung von 30 bis 40 Jahren hinterher. Das heißt aber auch, und das muß man immer wieder betonen: Wenn wir heute nachweisen können, daß die Änderungen in der Atmosphäre auf anthropogene Effekte zurückzuführen sind, dann können wir die weitere Entwicklung des Klimas für die nächsten 30 oder 40 Jahre nicht verhindern – auch wenn wir sofort reagieren würden.«

»Trotzdem plädieren Sie dafür, daß Politik und Wirtschaft jetzt handeln und nicht weitere Meßdaten abwarten, was ja auch vorgeschlagen wurde?«

»Nicht obwohl – gerade deshalb müssen wir reagieren! Denn wenn wir nachweisen, daß die beobachtete Temperaturänderung anthropogenen Ursprungs ist, können wir eben nichts mehr tun für die nächsten 30 Jahren. Deshalb müssen wir jetzt unbedingt handeln, sofort handeln, damit wir diese Möglichkeit von vornherein ausschließen.«

»Auch an Sie die Frage: Wieviel Zeit bleibt uns noch?«

»Gar keine! Durch diese Zeitverzögerung haben wir eigentlich schon das Fundament für eine mögliche Klimaänderung gelegt. Wir müssen sofort handeln, sofort reagieren. Wir verfügen ja nur über eine Erdatmosphäre, die sehr schnell verschmutzt ist. Tschernobyl ist ein typisches Beispiel, es passierte innerhalb weniger Tage. Es dauert aber Jahrzehnte, Jahrhunderte bis Jahrtausende, bis diese Klimaveränderungen abgeklungen sind. Das heißt, eine Verschmutzung erfolgt sehr schnell, aber wir haben sehr lange mit dieser Verschmutzung zu kämpfen, selbst wenn wir die Emission dieser Substanzen sofort einstellen würden.«

Immer wieder dieses »Anthropogene«, das Menschengemachte, mit seinen unabsehbaren Folgen weit in die Zukunft hinein. Wenn man Seilers Daten zurückrechnet von 1991, dann ist man am Beginn der sechziger Jahre. Unser heutiges Klima zeigt also die Wirkungen dessen, was man damals in die Luft gepustet hat. Kein tröstlicher Gedanke, mit dem wir von Garmisch-Partenkirchen nach Hamburg fahren zum Max-Planck-Institut für Meteorologie.

Hamburger Modelle

Man nennt ihn schlicht CRAY-2S, und er steht im Deutschen Klimarechenzentrum seit 1988. Ein Computer höchster Rechenleistung. Man braucht so ein teures Stück, denn die überaus komplexen Wechselwirkungen zwischen, sagen wir, Ozonverteilung, CO_2-Konzentrationen, Erdoberflächen-Temperaturen und Ozeanzirkulationen können nur mit Hilfe aufwendiger numerischer Modelle erfaßt, begriffen werden. Die Deutschen beteiligen sich lebhaft an der internationalen Weltklimaforschung. Sie steht vor extremen Herausforderungen, denn die von den Modellen vorhergesagte globale Erwärmung von zwei bis fünf Grad Celsius in den nächsten 50 bis 100 Jahren, wegen der Zunahme der Treibhausgase, besonders des Kohlendioxids, stellt eine Klimaänderung dar, die mit einer solchen Stärke und Geschwindigkeit noch nie in der Geschichte der Erde eingetreten ist.

Frage an den Direktor des Hamburger Max-Planck-Instituts für Meteorologie, Professor Hartmut Graßl: »Ist es beim Klima wie mit dem Wetter: Man weiß nicht, wie es kommt – oder warum sind die Vorgänge in unserer Lufthülle so schwer zu begreifen?«

»Wenn wir vom Klima reden, reden wir vom kompliziertesten System, das der Mensch bisher zu ergründen versucht hat. Deshalb ist es kein Wunder, wenn wir da nicht gleich durchblicken, und es wird noch Jahrzehnte dauern, und es wird immer wieder Überraschungen geben. Trotzdem können wir fundamentale physikalische Effekte in diesem System sauber erklären. Eines dieser Phänomene ist der Treibhauseffekt der Erdatmosphäre, der uns das Leben gestattet. Es wäre um etwa 30 Grad kälter hier auf der Erdoberfläche, wenn wir nicht Wasserdampf, Kohlendioxid, Ozon, Lachgas und Methan in der Atmosphäre hätten. Es ist ein physikalisches Faktum: Wenn eines dieser Gase zunimmt, dann muß es auf der Erde wärmer werden. Die Frage, die uns umtreibt, ist, wann wird es wo um wieviel wärmer.«

»In Hamburg ist ein bedeutendes Zentrum der Klimaforschung entstanden. Uns interessiert: Was kann Hamburg beitragen, damit wir alle das Klima ein bißchen beser verstehen?«

»Hamburg hat die Modellentwicklung bei Ozean- und Atmosphärenmodellen so weit vorangetrieben, daß jetzt *gekoppelte* Ozean-Atmosphären-Modelle gerechnet werden können, die den größten zur Zeit für die Klimatologie zur Verfügung stehenden Rechner im Deutschen Klimarechenzentrum nutzen. Denn Klimatologie ruht auf zwei Hochtechnologie-Säulen: auf den größten Rechnern und auf der Beobachtung der Klimaparameter vom Weltraum aus durch Satelliten.«

Dazu Peter Schlüssel: »Die Satelliten umkreisen die Erde, wenn die Erde sich darunter wegdreht, und können so die Erde innerhalb weniger Tage vollständig erfassen und Meßwerte über der ganzen Erde sammeln. Das ist der Vorteil der Erderkundungssatelliten. Auf unserem Schirm dargestellt ist ein Feld des Wasserdampfes in der Atmosphäre. Wasserdampf ist ein Gas, das zur Wolkenbildung führt und wesentlich zum Treibhauseffekt beiträgt. Der Wasserdampf in der Atmosphäre hängt stark von der Temperatur ab. Je höher die Temperatur, desto mehr Wasserdampf kann in der Atmosphäre gehalten werden.«

Ulrich Cubasch modelliert das Klima: »Wir haben in Hamburg Klimamodelle entwickelt, mit denen wir voraussagen können, wie sich das Weltklima ändern wird, wenn sich der Kohlendioxidgehalt ändert. Für unseren heutigen Versuch haben wir das CO_2 auf den doppelten heutigen Wert geschraubt, wie er ungefähr im Jahre 2030 vorliegen wird, und können erkennen, wie sich die Temperatur des Ozeans ändern wird, wenn das passiert. Man sieht in den Tropen ein Überhandnehmen der roten Farbe, das heißt, es wird dort wärmer. In den mittleren und hohen Breiten wird es dagegen nicht so warm oder sogar etwas kälter. In unserem neuesten Projekt sagen wir die zeitliche Entwicklung des CO_2 von jetzt bis zum Jahre 2030 voraus.«

Frage an Hartmut Graßl: »Können, dürfen wir Modellen trauen?«

»Die gegenwärtigen Zuwachsraten der Treibhausgase sind so hoch, daß die Aussage, es wird wärmer, schon sehr sicher gegeben werden kann. Es kann leider noch nicht gesagt werden, ob Hamburg die Region sein wird, wo es kälter – sogar kälter! – werden könnte, oder wo es weniger regnet oder mehr. Daß der Meeresspiegel weiter ansteigt, gilt unter Wissenschaftlern als nicht ganz sicher, aber mit extrem hoher Wahrscheinlichkeit versehen. Weitere 30 oder 50 Zentimeter, wie sie von den Klimatologen vorhergesehen werden, bedeuten für Niederungen auf der ganzen Erde Einschneidendes. Für den Hamburger Raum bedeutet es nur, ich formuliere salopp, eine Umverteilung weniger Promille des Bruttosozialprodukts, und damit wäre die Sache in Ordnung gebracht. Aber es gibt Länder, die chancenlos auf diesem Sektor sind. Beispiel Indonesien. 70 000 Kilometer Küstenlinie, davon 40 000 Kilometer Marschniederungen. Etwa 20 Millionen Menschen leben zwischen Meeresspiegel und einem Meter über dem Meeresspiegel. Wenn da auch nur zwei oder drei Dezimeter Meeresspiegelanstieg kommen, dann heißt das, daß Millionen Menschen ihre Lebensgrundlage verlieren werden.«

»Wieviel Zeit bleibt uns noch?«

»Die Entscheidungen müssen jetzt getroffen werden, schon aus dem Grund, weil die genannten Gase wie das CO_2, das Methan, aber auch das Lachgas lange lebende Gase sind, die Jahrzehnte bis Jahrhunderte in der Atmosphäre verweilen können. Das heißt: Heute gebremst, hilft den Enkeln. Oder ich formuliere es manchmal anders: Wenn unsere Regierung in diesem Jahr Entscheidungen fällt, ist sie nicht sicher, ob sie die richtige getroffen hat. Sie muß einen Brief an die Enkel hinterlegen, und diese müssen gefragt werden, hat es etwas genützt, was wir damals entschieden haben?«

Mainz, Garmisch-Partenkirchen, Hamburg – Die Aussagen dieser profunden, weit über ihr enges Fachgebiet hinausschauenden Wissenschaftler lassen für mich eine vorsichtige Schlußfolgerung zu: Keine Klimakatastrophe – bisher. Doch es kann eine werden, wenn wir alle weiterhin so tun, als seien nicht *wir* verantwortlich für das, was sich da über unseren Köpfen zusammenbraut.

Wird der Enkel tauchen?

Noch sind wir weit davon entfernt, zu begreifen, was wir anrichten. Weil wir das verwirrende Spiel der Rückkopplungen und Wechselwirkungen, »Klima« genannt, nicht durchschauen. Nun etwas zu tun, ist riskant; es könnte das Falsche sein. Nichts zu unternehmen, ist genau so riskant, denn manche Folgen des Vor-sich-Hinwurstelns sind längst absehbar. Wir haben die vereinfachte Kette vor Augen:

CO_2-Anstieg = Erwärmung.

CO_2 entsteht unter anderem bei der Verbrennung fossiler Energieträger.

Weniger Energieverbrauch hieße:

Weniger CO_2 = weniger Erwärmung.

Nun sind wir aber an die Steckdose gewöhnt, an den Zapfhahn der Tankstelle. Energie hat da zu sein und möglichst billig.

Moderne Zivilisationen sind ohne Energie nicht lebensfähig. Doch es gibt die Technik. Seit vielen Jahren bietet sie ihre Alternativen an: Kernfusion eventuell, Wasserstoff, Wärmetauscher, Sonnenenergie, Wasserkraft, Windenergie, Biogas, sparsamere Autos, Elektroautos, Magnetschwebebahn, Verkehrskonzepte … Einsparen mit Hilfe der Technik, ohne den gewohnten Lebensstandard einzuschränken beziehungsweise ihn auch in Zukunft genießen zu können.

Es klingt überzeugend, weil wir daran gewöhnt sind, daß Technik noch immer eine Lösung anzubieten hatte. Und sicher können die Vorschläge aus den Ingenieurbüros dazu beitragen, daß Energie nicht mehr sinnlos verschwendet wird, daß fossile Energieträger gespart werden. Können aber Technik und Wissenschaft die Probleme allein lösen?

Ich melde Zweifel an. Ich denke auch in andere, in unbequeme Richtungen.

Wir haben von Mutter Abba gehört, der Fulbe-Frau im Ferlo des Senegal. Mühsam hat sie das Holz herangeschleppt aus dem Busch, Ast für Ast, und kocht nun den Hirsebrei für die Familie. Zentimeter für Zentimeter schiebt sie die Holzstücke in der kleinen Flamme nach, ängstlich bedacht, daß nur so viel Hitze entsteht, wie nötig ist, um die Hirse zu garen. Sie weiß aus der Tradition ihres Volkes, daß Holz = Energie = kostbar ist und schwer zu beschaffen. Abba gehört zu einer Gesellschaft auf der untersten Stufe des Weltenergieverbrauchs. Ihr Beitrag zum CO_2-Anstieg ist minimal.

Ich bin weit davon entfernt, deutschen Hausfrauen und -männern zuzumuten, ihr Feuerholz aus dem Stadtpark zu holen. Doch das Verhältnis zur Energie, wie Abba es hat, könnte auch uns zu denken geben. Wir könnten ja sparen bis zur Schmerzgrenze, uns einschränken bei allen Gelegenheiten. Derer gibt es viele - von der elektrifizierten Küche übers Büro bis zum Einkaufsbummel im Auto.

Wir könnten sparen, mit weniger Aufwand zufrieden sein, verzichten auf das nicht Notwendige.

Es wären Übungen für den Ernstfall, Wege hin zu einer Milderung künftigen Unheils. Damit die Hitzewellen, die Dürren auf den Kontinenten vielleicht nicht gar so hart treffen. Es wäre dann nicht das Abschieben der Verantwortung auf andere, technisch-politische anonyme Instanzen (die es schon richten werden), sondern die gewollte Änderung gewohnten Verhaltens.

Das ist schwer, und mancher hält es für ganz unangebrachten Altruismus und fragt: Was bringt das mir?

Für Sie bringt es nichts. Aber es bringt vielleicht, daß der Enkel in 50 Jahren nicht nach der Brille tauchen muß, die der Großvater in der Bar des Hotels auf den Malediven beim Biertrinken verlor - bevor die Flut kam.

Sachregister

Ortsregister

Namensregister

Literaturverzeichnis

Abregana, B.C., Causal Attributions for Success and Failure in Farming among Upland Farmers in Balinsasayao Region, Phil. J. of Psych., Vol. 21, 1988

Annegers, J. F., Seasonal Food Shortages in West Africa, Ecology of Food and Nutrition, 1973, Vol 2, (251–257)

Baconguis, S. R. et al., Medical Plants: One of the Resources in a Secondary Dipterocarp Forest, The Philippine Lumberman, January 1989

Beck, U., Gegengifte, Frankfurt a. M. 1988

Berman, M., Wiederverzauberung der Welt, 2. Aufl., München 1984

Binnig, G., Aus dem Nichts, München 1989

Biologie im Fernsehen. Hrsg. Ökologische Außenstelle Schlüchtern der J.-W.-Goethe-Universität, Frankfurt, Heft 5

Bogen, H. J., Die Stunde des Menschen, München 1980

Bosinski, G., und D. Evers, Jagd im Eiszeitalter, Köln 1979

Brown, L. R., C. Flavin, S. Postel, World without end. Natural History, Canada, May 1990 (89 ff)

Bruenig, E. F., und J. Poker, Management of Tropical Rainforests, Baden-Baden 1989

Bruenig, E. F., Forstwirtschaft und Klimaveränderung, Referat, Bonn, 7. November 1989

Bussauer, Manifest zur umweltpolitischen Situation, hrsg. von der Gesellschaft für Umweltfragen und Naturschutz, Lüchow 1986

Cadeliña, R. V., The Lake Balinsasayao and the Negrito Upland Sites, in: Silliman Journal, Vol. 32, Nos. 1–4, 1985

Calder, N., Chronik des Kosmos, Frankfurt a. M. 1984

Carson, R., Der stumme Frühling, München 1968

Cherfas, Langzeitökologie, Bild der Wissenschaft, Nr. 10/1988 (58 ff)

Clapham jr., W. B., Natural Ecosystems, New York 1973

Colinvaux, P., Introduction to Ecology, New York 1973

Commoner, B., Wachstumswahn und Umweltkrise, München 1973

Coulborn, R., Der Ursprung der Hochkulturen, Stuttgart 1962

Crutzen, P. J. und M. Müller (Hrsg.); Das Ende des blauen Planeten?, München 1989

Davis, G. R., Krise im globalen Energiesystem, Spektrum der Wissenschaft, Nr. 11/1990 (50 ff)

Davoren, W.T., Our Bay, our Problem. In: Bay on Trial, San Francisco, Vol. 2, No. 1, Spring 1990

Der geschundene Planet, Der Spiegel, Nr. 29/1989

Dzwillo, M., Prinzipien der Evolution, Stuttgart 1978

Ellenberg, H. und R. Mayer, J. Schauermann (Hrsg.), Ökosystemforschung, Stuttgart 1986

Evenari, M., Und die Wüste trage Frucht, Gerlingen 1987

Evenari, M., Ökologisch-landwirtschaftliche Forschungen im Negev, Darmstadt 1982

Flavin, C., The Heat is on, Worldwatch Institute, Washington D.C., Nr. 12/1988

Frese, W., Auf der Suche nach dem zweiten Ozonloch, Bild der Wissenschaft, Nr. 11/1988 (53 ff)

Gedzelman, S. D., The Atmospheric Temperature Balance, The Informed Reader, ed. by C. Bazerman, Boston 1983

Gesellschaft für Ökologie, 6. Jahresversammlung, Göttingen, 20.-24. September 1976

Gesellschaft für Ökologie, Studienführer Ökologie, März 1983

Global Change, Report No. 7:2, Stockholm 1989 (288 ff)

Gordon, M., Changes in History, An Illustrated History of Yuba and Sutter Counties, Northridge 1988

Graedel, T.E. und P. J. Crutzen, Veränderungen der Atmosphäre, Spektrum der Wissenschaft, Nr. 11/1989 (58 ff)

Graßl, H. und H. Vieser, Des Menschen gefährlichstes Experiment: Dürre, Flut und Stürme, Bild der Wissenschaft, Nr. 11/1988 (861 ff)

Hamm, P., Welt-Ordnung, Fischer TB 9173, Frankfurt 1984

Hansen, J. E., Modelling Greenhouse Climate Effects, Statement, presented to United States Senate, May 8, 1989

Holdren, J. P. Die Zukunft des globalen Energiesystems, Spektrum der Wissenschaft, Nr. 11/1989 (168 ff)

Hopf, M., Plant remains and early farming in Jericho, in: Peter J. Ucke and G. W. Dimbleby, London 1969

Horstmann, U., Cultivation of the Green Alga Caulerpa racemosa, in tropical waters and some aspects of its physiological Ecology, Aquaculture, No. 32 (1983), 361–371, Amsterdam

Horstmann, U., Observations on the peculiar migration of redtide dinophyceae in tropical shallow waters, J.o.Psyh., No. 16/1980 (481–485)

Huber, O., Pflanzenphysiologische Untersuchungen im Gebirgsnebelwald von Rancho Grande, Dissertation, Innsbruck 1976

Jacob Blaustein Institute for Desert Research, Scientific Activities 1987, Sede Boqer 1988

Josephus, Flavius, Der Jüdische Krieg, 1. Band, München 1965

Kafka, P., Der Gordische Knoten, Gedanken zur politischen Ökologie, Öko-Mitteilungen, Nr. 1/1983

Karmon, Y., Israel, Eine geographische Landeskunde, Darmstadt 1983

Kirchhoff, J.-F. und K. Uebelhör, Die Forst- und Holzwirtschaft der Philippinen, Holz-Zentralblatt, Stuttgart, Nr. 6/1989

Die Lage ist abenteuerlich, Der Spiegel, Nr. 1/1991

Leakey, R., R. Lewin, Wie der Mensch zum Menschen wurde, Hamburg 1978

Lebenselement Wasser, Der Spiegel, Nr. 32/1988

Lovelock, J. E., M. Alleby, Gaia - die Erde als Organismus, in: Viele Wege, hrsg. von S. Kumar und R. Hentschel, München 1985

Lutz, R., Die sanfte Wende, München 1984

MacNeill, J., Strategien für die Wirtschaftsentwicklung, Spektrum der Wissenschaft, Nr. 11/1989 (136 ff)

Maydell, H.-J. von, Tropische Feuchtwälder, Biotope im Umbruch, Wilhelm-Münker-Stiftung, Heft 27, Siegen o.J.

Merian, Philippinen, Nr. 4/35

Michell, J., Vorschlag für eine andere Denkart, in: Metapolitik o.J.

Miehe, S., Inventur und Überwachung der Vegetation auf Weideparzellen, in: Vindou Tiengoli, Ergebnisse der Untersuchungen 1988–1990 und vorläufige Gesamtwertung des Standweideversuchs nach zehnjähriger Laufzeit, unveröffentlichter Projektbericht der GTZ, Eschborn 1990

Milne, L. J., Das Gleichgewicht in der Natur, Hamburg 1965

Muller, R., Planet der Hoffnung, München 1986

Neuweiler, G., Evolution und Verantwortung, Mitt. A. v. Humboldt-Stiftung, Dezember 1986, Heft 48

Newell, R. E., H. G. Reichle jr., W. Seiler, Kohlenmonoxid in der Erdatmosphäre, Spektrum der Wissenschaft, Nr. 12/1989 (86 ff)

Odum, E.O., Ökologie, München 1967

Oracion, E.G., Negrito Farming Productivity and Food Deficiency, in: Silliman Journal, Vol. 32, Nos 1–4, 1985

Overbeck, J., in: Max-Planck-Gesellschaft, Jahrbuch 1983, München (73 ff)

Plate, H., Das Beste aber ist das Wasser, Hamburg 1966

Prigogine, I., I. Stengers, Dialog mit der Natur, München 1981

Reisner, M., The next water war: cities vs. agriculture, in: Bay on Trial, San Francisco, Vol. 1, No. 1, Spring 1989

Repetto, R., Die Entwaldung der Tropen Ein ökonomischer Fehlschlag. Spektrum der Wissenschaft, Nr. 2/1990 (3 ff)

Riedl, R., Die Strategie der Genesis, München 1976

La Riviere, J.W.M., Bedrohung des Wasserhaushalts, Spektrum der Wissenschaft, Nr. 11/1989 (80 ff)

Rosswall, T., Introductory Welcome, in: Global Change Report, Nr. 7:1, Stockholm 1989

Roszak, T., Person und Planet, München 1985

Round, F. E., Biologie der Algen, Stuttgart 1968

Rozengurt, M. A., The impact of water diversions on the river-delta-estuary-sea ecosystems of San Francisco Bay and the Sea of Azow, NOAA Estuary-of-the-Month Seminar, Series No. 6, October 1987

Ruckelshaus, W. D., Politik für eine lebensfähige Welt, Spektrum der Wissenschaft, Nr. 11/1989 (152 ff)

Russell, W.M.S., Man, Nature and History, London 1967

Schädle, W., Habitat, in: Weltprobleme, hrsg. von P.J. Opitz, München 1982

Schneider, C.-D., Veränderungen des Klimas, Spektrum der Wissenschaft, Nr. 11/1989 (70 ff)

Schönwiese, C.-D., Der Treibhaus-Effekt, Bild der Wissenschaft, Nr. 9/1987 (92 ff)

Schwabe, G. H., Ehrfurcht vor dem Leben – Eine Voraussetzung menschlicher Zukunft, in: O. Schatz (Hrsg.), Was bleibt den Enkeln?, Graz/Wien/Köln 1983

Seidenschwarz, F., Forest Types of Cebu Island, Philippine Quarterly of Culture and Society, Vol. 16 (1988)

Seiler, E., U. Schmidt, New Aspects on CO and H_2 Cycles in the Atmosphere, Max-Planck-Institut, Mainz o.J.

Sitte, P., Unterwegs zu einem Weltbild der Naturwissenschaften, Die Naturwissenschaften, 66. Jg., Heft 6, Juni 1979 (273–278)

Sontheimer, M., Aus Wasser wird H_2O, Die Zeit, 15.9.1989

Stocker, O., Persönliche Mitteilung, 25. Oktober 1978

Suchantke, A. (Hrsg.), Mitte der Erde, Stuttgart 1988

Thienemann, A. F., Leben und Umwelt, Reinbek 1956

Tischler, W., Einführung in die Ökologie, Stuttgart 1976

Tischler, W., Getreidestoppeln als Winterlager für Kleintiere, Zool. Jb. Syst. 95, 1969 (523–541)

Tobias, P.V., African Cradle of Mankind, Optima, Vol. 25, No. 1/1975

Toynbee, A., Menschheit und Mutter Erde, Frankfurt a.M. 1982

Uexküll, J. v., Streifzüge durch die Umwelten von Tieren und Menschen, Reinbek 1956

Uexküll, J. v., Der alternative Nobelpreis, München 1985

Vandelow, G., Der weggeworfene Wald, Die Zeit, 22. 9. 1989

Vareschi, V., Das ferne Venezuela, Caracas 1975

Vierzehn Milliarden Menschen?, Der Spiegel, Nr. 21/1990

Vogel, G., Keine Chance für Heilpflanzen?, Bild der Wissenschaft, Nr. 5/1981

Voigt, J., Das Große Gleichgewicht, Reinbek 1969

Voigt, J., La Destruccion del Equilibrio Biologico, Madrid 1971

Voigt, J., u. F. E. Gericke, D. Genth, Sprache der Zeichen, Köln 1975

Voigt, J., Lebensräume, in: Leben in Ökosystemen, hrsg. von G. Trommer und K. Wenk, Braunschweig 1978 (222–250)

Voigt, J., Vom Urkümel zum Atompilz, Niedernhausen 1984

Voigt, J., Ernährung der Menschen, Lehrerinformationen, hrsg. v. NDR-Schulfernsehen, Oktober 1985

Voigt, J., Denker, Grübler und Phantasten, Zu Gast bei der Wissenschaft, in: G. Myrell, W. Schmandt, J. Voigt, Neues Denken alte Geister, Niedernhausen 1987 (83–132)

Vrba, E., Late Pliocene climativ events and hominid evolution, in: The Evolutionary History of the Robust Australopithecines, F. E. Grine (ed.), New York 1988

Wallace, D. R., The living, dying Bay, in: Image, San Francisco, Dec. 6, 1987

Walter, H., Die ökologischen Systeme der Kontinente, Stuttgart 1976

Weck, J., Die Wälder der Erde, Verständliche Wissenschaft, 67. Band, Berlin 1957

Weizsäcker, C. F. v., Die Einheit der Natur, 2. Aufl., München 1982

Weizsäcker, C. F. v., Geist und Natur, Redems, Internationaler Kongreß »Geist und Natur«, Hannover, 21.–27. 5. 1988

White, R. M., Die große Klima-Debatte, Spektrum der Wissenschaft, Nr. 9/1990 (72 ff)

Wilson, E.O. Bedrohung des Artenreichtums, Spektrum der Wissenschaft, Nr. 11/1989 (88 ff)

Wunderlich, H. G., Die Steinzeit ist noch nicht zu Ende, Reinbek 1974

Jürgen Voigt, geboren 1926, bezeichnet sich selbst als »Reisender in Sachen Umwelt«. Er ist Autor und Regisseur zahlreicher Fernsehserien, zu denen teilweise Begleitbücher erschienen sind:

Akazien für den Senegal, ZDF, 10. Mai 1981
Auch von Hirse wird man satt, NDR, 29. November 1985
Das Beste aber ist das Wasser, WWF, 12. Februar 1970
Das Wattenmeer, ZDF/BBC, 11. Juni 1973
Das Weggeworfene, ZDF, 29. August 1976
Das Weltklima, ZDF, April 1991
Der Mensch und seine Umwelt, ZDF, 30. April 1978
Der Wasserkrieg, ZDF, April 1991
Die Bevölkerungslawine, ZDF, 19. September 1976
Die Llanos von Venezuela, ZDF, 21. Mai 1978
Die nächste Eiszeit kommt bestimmt, WWF, 26. Februar 1970
Die Suche nach dem grünen Planeten, WWF, 19. Februar 1970
Die Wege der Energie, ZDF, 5. September 1976
Ein Binnenmeer, ZDF, 28. Mai 1978
Ein Feuchtgebiet, ZDF, 11. Juni 1978
Ein Nebelwald, 18. Juni 1978
Ein See, ZDF, 7. Mai 1978
Eine Wüste, ZDF, 4. Juni 1978
Eisberge, WWF, 17. November 1972
Fünf Minuten vor zwölf, ZDF, 26. September 1976
Im Kreislauf der Schmarotzer, ZDF, 17. Mai 1981
Korallenmeere, ZDF, April 1991
Lebensraum Acker, NDR, September 1977
Nationalpark Wattenmeer, NDR, 13. Juni 1975
Naturreservate, ZDF, April 1991
Pflanzen haben keine Lobby, ZDF, 3. Mai 1981
Regenwälder, ZDF, April 1991
Sind Löwen schädlich?, WWF, 5. März 1970
Treffpunkt Nordatlantik, ZDF, 21. Januar 1974
Trockengebiete, ZDF, April 1991
Überleben ist alles, WWF, 22. Februar 1973
Vergiftete Umwelt, ZDF, 12. September 1976
Verlorene Böden, ZDF, 26. April 1981
Vom Acker auf den Tisch, NDR, 22. November 1985
Vom Kreislauf der Stoffe, ZDF, 3. Mai 1976